L'ABBÉ A. RICHAUD

CHANOINE THÉOLOGAL DU CHAPITRE DE DIGNE

AUMÔNIER DU LYCÉE

Monseigneur Meirieu

ÉVÊQUE DE DIGNE

Sa Vie et son Œuvre

LETTRE-PRÉFACE

de Son Éminence le Cardinal de CABRIÈRES

Évêque de Montpellier

AVIGNON

AUBANEL FRÈRES, LIBRAIRES-ÉDITEURS

IMPRIMEURS DE N. S. P. LE PAPE

Monseigneur Meirieu

Imprimatur :

Avenione, die 11 februarii 1914.

E. LUCQUIN,
vic. gén.

L'ABBÉ A. RICHAUD

CHANOINE THÉOLOGAL DU CHAPITRE DE DIGNE
AUMÔNIER DU LYCÉE

Monseigneur Meirieu

ÉVÊQUE DE DIGNE

Sa Vie et son Œuvre

LETTRE-PRÉFACE
de Son Éminence le Cardinal de CABRIÈRES
Évêque de Montpellier

AVIGNON
AUBANEL FRÈRES, LIBRAIRES-ÉDITEURS
IMPRIMEURS DE N. S. P. LE PAPE

A MONSEIGNEUR CASTELLAN

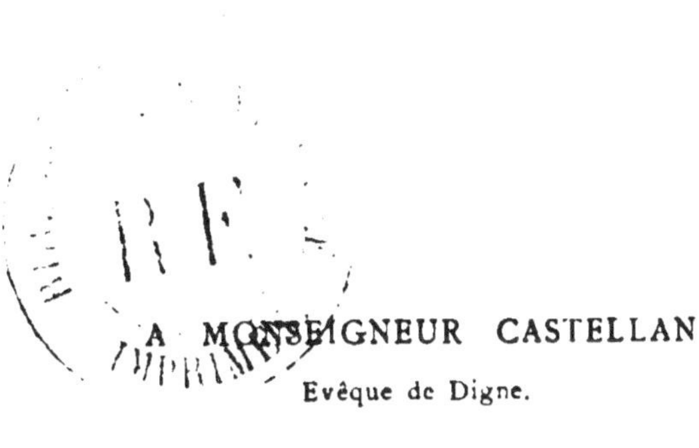

Evêque de Digne.

MONSEIGNEUR,

J'ai écrit avec joie la vie de Mgr Meirieu; je suis heureux de vous la dédier.

Quelque opportune que paraisse l'occasion, je n'en profiterai pas pour faire votre éloge : mon hommage perdrait tout son prix à vos yeux. Vous estimez, j'en suis certain, qu'il est meilleur et plus noble de glorifier les morts que les vivants.

Je dirai seulement que par votre attachement au Saint-Siège, votre abnégation et votre zèle, vous avez fait revivre parmi nous les figures à jamais vénérées de Mgr de Miollis et de Mgr Meirieu. Vous avez continué, défendu, sauvé leur œuvre ; et lorsqu'il a fallu trouver de nouvelles ressources réclamées par de nouveaux besoins, aucun effort, aucun sacrifice ne vous a coûté.

Évêque providentiel en des temps difficiles, vous avez ajouté de belles pages à l'histoire de l'épiscopat dans l'Église de Digne.

Puissiez-vous, Monseigneur, continuer longtemps encore, dans notre pauvre diocèse, votre pénible mais fécond apostolat.

A. RICHAUD.

LETTRE

de S. G. Monseigneur D. CASTELLAN

ÉVÊQUE DE DIGNE

Digne, le 25 décembre 1913.

Mon cher Chanoine,

Par votre notice biographique de Mgr Meirieu et la publication de ses œuvres, vous nous montrez que Digne n'est pas un tombeau ou du moins qu'on n'y meurt pas tout entier. Trente ans après sa mort, un prélat, qui a consacré à ce diocèse sa belle intelligence et toutes les forces vives de sa riche nature, trouve une résurrection et comme une seconde vie dans la piété filiale de l'un de ses fils. Et comme ce sentiment de gratitude a rencontré pour le servir une plume délicate et un noble cœur, c'est un vrai regain de popularité qui va couronner sa mémoire et la perpétuer.

A l'Evêque qui vous touchait de plus près par votre confirmation, votre sacerdoce et les débuts de votre ministère, vous avez uni le souvenir du fondateur de ce diocèse, Mgr de Miollis, parce que l'un a été le continuateur de l'autre, perfectionnant par une sorte de génie ecclésiastique ce que le premier avait créé par la grâce de la sainteté. Ainsi tous deux, dans un épiscopat de trente-deux ans chacun, ont apporté à l'Eglise de Digne les éléments d'une solide et glorieuse constitution, la dotant de ses principaux monuments, de ses usages et des principes de vie qui ont fait la dignité de son clergé et conservé la foi de ses populations.

Ce sont de beaux exemples, que je voudrais suivre de loin. J'admire encore les traces très reconnaissables de leur action pastorale. Quand je retrouve de leurs œuvres, survivant aux temps et aux révolutions, je m'efforce de les défendre, de les conserver et de les mettre en honneur.

C'est à ce titre très modeste que je puis accepter votre dédicace et je me plais à louer votre ouvrage. C'est un beau portrait que vous venez de nous peindre, bien vivant, nettement dessiné, artistement ombré et coloré. En le documentant des pages magistrales que vous sortez de la poussière, on peut dire que vous ajoutez une grande figure à la galerie des évêques français du XIXe siècle. Elle ne sera pas déplacée à côté de celles des Pie, des Plantier, des Dupanloup, des Gerbet et des Salinis.

Avec mes remerciements et mes chaleureux éloges, agréez, cher Monsieur le Chanoine, l'expression de mon affectueux respect.

† D. CASTELLAN,
Évêque de Digne.

LETTRE

de S. Em. le Cardinal de CABRIÈRES

ÉVÊQUE DE MONTPELLIER

A M. LE CHANOINE RICHAUD, AUMÒNIER DU LYCÉE
DE DIGNE.

Monsieur le Chanoine,

Quand je fus appelé au très grand honneur de prononcer, à Digne, dans votre belle cathédrale, l'éloge funèbre de Mgr Meirieu, je pus dire, avec vérité. que, parmi les personnes appelées à cette cérémonie, plus d'une était accoutumée, comme le Mercure de la fable, à tenir les foules, suspendues à ses lèvres par les chaînes d'or de son éloquence ; mais que, en me choisissant, on avait voulu rappeler plus directement les souvenirs de la jeunesse de votre si saint évêque, et tenir compte de *l'affection que j'avais toujours éprouvée pour lui.*

Je vous répéterai aujourd'hui, sous une autre forme, les mêmes paroles. C'est encore à la communauté de patrie, c'est aux vieux liens d'amitié, qui m'ont attaché à Mgr Meirieu, que je devrai d'avoir été invité par vous, Monsieur le Chanoine, à mettre quelques pages, en tête de la monographie que vous allez lui consacrer.

Combien cette pensée est délicate, et combien elle me touche! J'étais bien jeune quand, auprès de Mgr Plantier, j'ai été admis à voir de très près et à entendre l'évêque de Digne. Le voir et l'entendre me le firent aimer; et je pus dès lors lui appliquer ce verset de nos saints Livres : Si oculus tuus fuerit simplex, totum corpus tuum lucidum erit [1]. *Quel œil plus simple, plus limpide que le sien, et aussi quel regard plus pénétrant, plus lumineux et plus capable d'éclairer toute sa personne ?*

C'est, dans son humble maison de Saint-Gilles, auprès de ses vénérables parents, dans l'atmosphère familiale, créée par la

---

1. S. Matth. VI, 22.

haute probité de son père et par l'ardente piété de sa mère; c'est à l'ombre du vieux clocher et des voûtes antiques de l'abbaye; c'est dans ce milieu d'honneur et de vertu, que le jeune Meirieu reçut en son âme le germe d'une vocation, qu'on oserait presque appeler naturelle, tant elle répondait, à son éducation, aux vœux secrets des siens et aux soins assidus du curé de la paroisse, M. l'abbé Dorte, sorti victorieux des épreuves et des dangers de la Révolution.

Le peuple de Saint-Gilles était alors profondément imbu de l'esprit chrétien : fidèle aux souvenirs de l'histoire de ses ancêtres, il n'ignorait rien ni des hérésies et des schismes, qui les avaient fait souffrir, ni des violences, commises au treizième siècle contre Pierre de Castelnau, et au seizième par le prince de Rohans, ni de la sauvage destruction de la splendide église, que des pèlerins du monde entier avaient visitée, ni enfin des ruines, amoncelées chez eux par la Réforme et par les excès révolutionnaires. Le jeune Meirieu reçut là, en respirant l'air natal, ce fond d'éducation, sur lequel s'éleva tout l'édifice de sa formation intellectuelle et religieuse, comme sur des assises de granit monte facilement une construction élégante autant que solide.

Le diocèse de Nîmes était encore à cette époque rattaché à celui d'Avignon ; tous les aspirants au sacerdoce devaient passer par les séminaires de cette illustre cité, sur laquelle semble toujours planer un reflet des splendeurs pontificales. M. Meirieu entra au petit séminaire, puis au grand, et s'y fit remarquer par les qualités de son âme et de son cœur, autant que par celles de son intelligence.

Il eut pour premier maître, cet abbé de Prilly, ancien officier de cavalerie, qui servit son Dieu dans l'Eglise, comme il avait servi son prince dans l'armée, avec zèle, constance et énergie. En vrai chef, ce supérieur excellent, appelé à devenir un excellent évêque, remarqua le jeune élève, qui lui était venu de Saint-Gilles, et fut content de cette âme, à la fois si confiante et si gén'reuse : il le recommanda à M. Sollier, supérieur du grand séminaire, qui, dans les études de philosophie et de théologie, distingua cet élève appliqué, laborieux, dont l'esprit était ouvert aux sciences aussi bien qu'aux lettres et aux spéculations métaphysiques.

Avignon eût pris volontiers à Nîmes ce brillant sujet — mais la Providence avait ses desseins. En 1823, le diocèse de Nîmes reprit sa complète autonomie, et la nouvelle administration diocésaine se préoccupa tout d'abord d'organiser la pépinière du sacerdoce, le grand séminaire. Elle y appela M. l'abbé Boucarut, ancien vicaire de Saint-Gilles, qui y avait remarqué les rares talents de M. Meirieu.

Au grand séminaire, avec des jeunes hommes qu'il fallait former à la science et plus encore aux vertus de leur sublime état, M. Meirieu fut dans son véritable élément. La Dogmatique et la Morale lui ouvrirent à l'envi la vaste étendue de leur domaine, et son esprit méditatif, facilement concentré en lui-même, se jeta avec ardeur dans la lecture des grands auteurs scolastiques. Ce qu'il apprit d'eux, ce fut la méthode, la rigueur du raisonnement; ce qu'il leur demanda, ce fut de l'accompagner et de le soutenir dans l'examen des questions brûlantes, que la parole et la plume, également ardentes, de Lamennais avaient excitées et jetées, comme des brandons de discussion et quelquefois de discorde, entre les esprits les plus savants et les plus curieux de chaque diocèse.

A Nîmes, c'était autour du chanoine Sibour, que les discussions étaient le plus vivement agitées, et le jeune abbé d'Alzon y apportait aussi son tribut de travail, de science et de sainte passion.

La Providence préparait ainsi votre futur évêque, Monsieur le Chanoine; et quand, en 1838, Mgr Miollis donna sa démission pour se renfermer dans le silence, précurseur de celui du tombeau, le gouvernement n'hésita point à envoyer à Digne Mgr Sibour, dont la valeur réelle et les tendances politiques lui étaient connues. Mieux préparé aux études spéciales qu'à l'administration, le nouvel évêque se donna, pour compagnon et pour conseil, M. l'abbé Meirieu, dont il avait apprécié le mérite et la discrétion.

Celui-ci, surpris par cet appel et encore étranger à la conduite des affaires dans une chancellerie épiscopale, ne consentit à une sorte d'abandon, même momentané, de

son pays natal qu'en prenant avec lui-
même la résolution de se donner tout entier
à cette nouvelle vie, dans l'intérêt du
diocèse qu'il allait adopter, et dans celui
du prélat, dont il devenait le bon ange et le
« diacre ».

Vous savez, Monsieur le Chanoine, avec
quelle fidélité cet engagement a été tenu, et
comment, venu à Digne en étranger,
Mgr Meirieu a si bien adopté votre ville
qu'il y a vécu et qu'il y est mort.

La Révolution de 1848 vint en effet changer subitement la situation de Mgr Sibour,
plus attaché encore de cœur au nouveau
régime qu'il ne l'avait été à la Monarchie
de Juillet. Placé sur le siège le plus en vue
dans toute la France, il voulut du moins
laisser, des dix ans qu'il avait passés à
Digne, le meilleur et le plus durable
souvenir : il demanda et obtint, comme
successeur, son confident, son auxiliaire et
son ami, Mgr Meirieu. Et comment ne pas
signaler la différence de leurs destinées ?
Placé si haut, Mgr Sibour a connu les plus
cruelles tristesses ; et son humble successeur, pieux et doux comme son modèle,
Mgr Miollis, reçoit de vous tous, après

tant d'années, l'hommage de souvenirs et de regrets que le temps a consacrés !

Il serait déplacé de ma part, Monsieur le Chanoine, de tracer le tableau des œuvres et de la vie épiscopale de votre savant évêque. Ce tableau est devant la mémoire du clergé et du peuple de Digne. Mais, en songeant à ce qui se passe de nos jours, comment ne pas admirer les sages prévisions de Mgr Meirieu?

Dès son élévation à la charge et à la dignité de pasteur d'un vaste troupeau, il se préoccupa de l'éducation et de l'enseignement. La construction coûteuse d'un petit séminaire modèle, le soutien d'une grande école de Frères, les plus instantes recommandations aux familles pour les soins religieux à donner aux enfants et pour une constante vigilance à exiger la fréquentation exacte des catéchismes : ne sont-ce pas, aujourd'hui comme alors et comme toujours, les grands objets de nos soucis, de nos lettres et de nos discours?

Quand, en face des jalousies et des tracasseries du pouvoir, qui prétendait s'opposer à la liberté de communication et de concert des évêques entre eux, Mgr Meirieu réclamait, avec autorité et avec éclat, pour l'entière indépendance de son ministère et de celui de ses collègues, il pressentait que viendrait un jour où nous serions plus libres à certains égards, mais où notre liberté aurait été achetée par le sacrifice absolu de la situation morale et matérielle, que la foi des peuples et la marche des siècles nous avaient assurée.

Vous résumerez, Monsieur le Chanoine, avec compétence et avec talent, l'œuvre doctrinale, accomplie par Mgr Meirieu; vous en ferez comprendre la valeur et. rapprochant, comme vous l'avez fait, sa manière de penser et d'écrire de celle des grands modèles du dix-huitième et du dix-neuvième siècle, Rousseau, Châteaubriand, Lamennais, vous en ferez remarquer les traits supérieurs. Il n'a pas voulu soigner son style avec recherche, il n'a pas emprunté ses idées à de vastes lectures : il a tout tiré de son propre fonds. Evêque de montagne, il a fait ce que font les bergers, qui choisissent, en vue du sol même où ils vivent, le vêtement qu'ils doivent porter, la nourriture, qui sied et à eux et à leurs troupeaux, l'emploi même de leurs journées : lui aussi, il a vécu uniquement pour ses ouailles, et pour elles seules, il a recherché et dispensé les trésors intellectuels que ses longues méditations lui avaient permis d'acquérir.

Et malgré cette attention, cette vigilance à ne parler ou à n'écrire que pour les siens, combien au dehors ses Lettres pastorales et ses Mandements étaient lus et admirés !

Mille fois, à Nîmes, j'ai entendu Monseigneur Plantier, dont la renommée allait alors de pair avec celle de Mgr Pie et de Mgr Dupanloup, célébrer la valeur théologique et le mérite littéraire des œuvres de Mgr Meirieu. C'est le cardinal Mermillod, qui montrait du doigt, dans un pli des Alpes, ce « solitaire », ce « méditatif », ce « silencieux », dont il admirait la science autant que la vertu. C'était, disait-il, de cette source cachée, alimentée constamment par les prières et par les inspirations du zèle, que nous venaient les pages, si pieuses, mais si puissantes, par lesquelles, l'humble Evêque de Digne, dans son intention, ne s'adressait qu'à son peuple mais qui, remises par vos soins, Monsieur le Chanoine, sous les yeux de nos contemporains, leur feront aimer la douce physionomie d'un prélat, cher à Dieu et aux hommes.

Pie IX avait apprécié cet homme modeste, qui exaltait le mérite de ses collègues pour abriter et voiler le sien; Léon XIII se résolut avec peine à lui laisser quatre années de silence et de retraite, avant l heure où Dieu l'appellerait à Lui pour le récompenser. Cette ombre volontaire et imméritée, s'était, selon ses volontés dernières, étendue jusque sur sa tombe. Il y dormait, non point oublié de ceux qui avaient bénéficié de ses exemples et de ses conseils, mais de ceux qui, venus plus tard en ce monde, ne savaient guère de lui que son nom.

Vous faites, Monsieur le Chanoine, en célébrant aujourd'hui cette noble mémoire une œuvre dont, à bon droit, votre évêque actuel, Mᵍʳ Castellan, vous a déjà remercié en termes pleins de cœur. Vos confrères du Chapitre et tous les anciens du sacerdoce vous sauront gré de présenter aux nouvelles générations sacerdotales une image de Celui que leur jeunesse cléricale a entrevu et honoré; tout le peuple du diocèse, toutes les paroisses qu'Il a visitées, toutes les œuvres qu'Il a entreprises et encouragées, loueront cette biographie, écrite avec tant de chaleur d'âme, et qui représente si bien Celui qu'elle fera mieux connaître et louer davantage.

Et moi-même, Monsieur le Chanoine, je vous saurai gré de m'avoir, une fois de plus, rapproché de Mgr Meirieu, et permis de lui rendre avec vous un hommage public. Il avait rencontré à Saint-Gilles des membres de ma famille, je lui ai succédé, pendant quelques temps parmi les directeurs du grand séminaire de Nîmes; j'ai partagé la sympathie, à la fois tendre et respectueuse, de Mgr Plantier pour son collègue de Digne, dont il ne cessait de louer la capacité et la modestie; enfin j'ai demandé à Mgr Meirieu et à Mgr Mermillod d'être les évêques assistants de mon consécrateur, sachant bien que leurs prières unies me vaudraient un sûr accroissement de grâces. Puissé-je avoir recueilli quelque chose de leurs mérites communs! Mes années accumulées m'annoncent l'approche du temps où je les retrouverai : Dieu veuille que je sois associé par sa grâce au bonheur éternel, dans lequel ils sont entrés, en quittant ce monde !

Agréez, Monsieur le Chanoine, avec mes félicitations pour votre travail, l'assurance de mes sentiments dévoués et respectueux.

† *Le Cardinal de* CABRIÈRES,
Evêque de Montpellier.

20 janvier 1914.

Introduction

LE véritable rénovateur de la vie religieuse, dans nos Alpes, fut Mᵍʳ de
Miollis [1]. Envoyé par la Providence au
milieu de nos pères au lendemain de la
Révolution, il apparut avec tous les
caractères de l'apôtre, réalisant l'idéal de
l'ouvrier évangélique; et lorsqu'il s'éloigna
de nous, après avoir fourni sa carrière et

1. Le premier évêque nommé à Digne, après le Concordat
de 1801, Mᵍʳ Dessolle, n'a laissé dans le pays aucun souvenir;
il n'y fit, d'ailleurs, qu'un court séjour (juillet 1802; janvier 1805).
La correspondance de ce prélat avec le baron de Ladoucette,
préfet des Hautes-Alpes, a été publiée par M. l'abbé Guillaume,
archiviste de ce département, dans les *Annales des Alpes* —
6ᵉ et 7ᵉ année — Mᵍʳ Dessole s'y révèle comme un administrateur prudent, pacifique et plein de zèle; mais il était maladif et
avait la vue très affaiblie.

s'être consumé dans les travaux, dans les fatigues, dans les veilles, pour le bien des âmes confiées à ses soins [1], il portait au front l'auréole des saints.

Pendant tout le cours de son long épiscopat [2], il ne cessa de parcourir son vaste et montagneux diocèse [3], visitant jusqu'aux villages les plus lointains, jusqu'aux hameaux perdus dans des vallées inhospitalières, ou perchés sur des sommets que d'autres que lui eûssent regardés comme inaccessibles.

Traîné par une haridelle dans une méchante carriole, ou à dos de mulet, ou bien souvent à pied, il ne reculait ni devant les difficultés du chemin, ni devant les intempéries; et lorsqu'il était assailli par l'orage et que ses compagnons tremblaient de peur, il contemplait, tranquille, le terrifiant spectacle et levait les bras au ciel

1. Act. xx, 31, 32.
2. 1805-1838.
3. Ce diocèse comprenait deux départements : les Basses-Alpes et les Hautes-Alpes. Bien plus, par suite des attentats de Napoléon contre le Saint-Siège et des troubles qu'ils causèrent dans l'Eglise de France, il fut, en réalité, pendant près de dix ans, l'évêque de toute la Provence, depuis le Var jusqu'au Rhône, et du littoral à la Romanche.

en disant : *Benedicite, fulgura et nubes, Domino!*

Sa bonté, sa simplicité, étaient bientôt devenues légendaires ; à l'annonce de son arrivée, pendant ses courses apostoliques, le pays où il était attendu prenait un air de fête ; les populations accouraient, joyeuses, à sa rencontre, et se pressaient autour de lui ; les scènes les plus touchantes et les plus gracieuses de l'Évangile se reproduisaient sur son passage.

Il fit donner de nombreuses missions qu'il présidait presque toujours et, devenu lui-même le plus zélé des missionnaires, il prêchait à son tour et entendait les confessions, de préférence celles des pauvres et des petites gens. Malgré son langage peu correct, son accent vulgaire, sa diction et sa prononciation souvent surannées, il exerçait, dans la chaire, un ascendant à peine croyable, l'ascendant qui est le privilège de la sainteté. Les plus délicats, les plus difficiles ne pouvaient s'empêcher de dire, en l'entendant : O le saint homme [1] !

---

[1]. Bondil. *Discours sur la Vie et les Vertus de Mgr de Miollis*, pp. 57, 58.

Il laissait parler son cœur et faisait couler des larmes.

Il chérissait les pauvres, se dépouillait pour eux et s'efforçait, autant qu'il était en lui, de se rapprocher de leur condition. Il voulait s'assurer lui-même si le pain qu'il leur faisait distribuer était bon, et la plupart du temps il n'en avait point d'autre sur sa table. Et non seulement il mangeait le même pain que les pauvres, mais il avait fini par se vêtir de la même étoffe qu'eux ; la seule différence était dans la couleur ; et ces vêtements grossiers il les portait usés, élimés, et même rapiécés. Il refusa de retirer ses lettres de baron de l'Empire, répondant au ministre qu'il n'avait pas encore eu, et qu'il n'aurait probablement jamais à sa disposition une somme de cent écus qui ne fût pas nécessaire aux pauvres de son diocèse.

Humble autant que charitable, il voulait pratiquer l'humilité même après sa mort. « Je veux que mon corps soit porté dans le sanctuaire de la cathédrale de Digne et déposé par terre, entre six cierges à droite et autant à gauche, qu'une simple pierre couvre le lieu de ma sépulture, et qu'il n'y ait pas d'autre épitaphe que ces mots : *Orate pro eo.* »

On a dit que le génie tend à la pratique : la sainteté plus encore, et nul, plus que le saint, n'a le sens de la réalité. Cet évêque, dont l'âme était si détachée des choses de ce monde et si intimement unie à Dieu, fut, en même temps et dans l'acception la plus juste et la plus vraie du terme, un homme d'action; son épiscopat, ce merveilleux renouveau de vie chrétienne, fut encore fécond en œuvres importantes et durables [1].

Son humilité profonde ne l'empêchait pas d'avoir un sentiment très vif et très délicat de sa dignité, et il était heureux de voir le prince de l'Eglise honoré en sa personne. Non pas qu'il trouvât, dans ces témoignages de respect dont il était l'objet, l'ombre d'une satisfaction d'amour-propre, mais parce que c'était le représentant de

---

1. Il fit bâtir le grand séminaire (qui fut augmenté et modifié dans la suite), la maison des religieuses Ursulines et celle de la Sainte-Enfance, à Digne; il contribua largement à la construction de la maison des Sœurs de la Présentation, à Manosque.

Dieu, le ministre de Jésus-Christ qu'on révérait en lui. Il ne consentait à oublier son rang qu'au milieu des pauvres et des malheureux. Se redressant dans toute sa majesté de pontife, il savait se montrer intrépide devant les persécuteurs de l'Eglise, quelque grands et redoutables qu'ils fûssent : on sait dans quelles circonstances, avec quel courage et quel à-propos spirituel, il tint tête à Napoléon [1]. Le Myriel des *Misérables* n'est qu'une caricature, un portrait fantaisiste et ridicule de Mgr de Miollis, dont les héroïques vertus

---

1. Rappelons ici l'anecdote que tous les contemporains de Mgr de Miollis connaissaient, mais que beaucoup, sans doute, ignorent aujourd'hui. C'était en 1811, lorsque Napoléon, après avoir emprisonné Pie VII, avait convoqué à Paris, pour un Concile à sa façon, c'est-à-dire pour une odieuse parodie de Concile, les évêques de France et d'Italie. Parmi tous ces prélats, celui que l'Empereur espérait gagner avec le moins de peine à ses desseins sacrilèges, c'était, assurément, l'évêque de Digne, frère d'un de ses anciens compagnons d'armes. Après un entretien pendant lequel le despote orgueilleux ne trouva le bon évêque ni aussi naïf ni aussi facile à séduire qu'il se l'était imaginé, celui-ci voulut prendre quelques heures pour réfléchir et consulter le Saint-Esprit : « Soit », lui dit Napoléon; et lorsqu'il le revit, le lendemain, et qu'il lui demanda, sur un ton ironique, ce que l'Esprit-Saint lui avait conseillé : « Rien, Sire, de ce que m'a proposé Votre Majesté. »

surnaturelles étaient faites de tout autre chose que de crédulité niaise, de sentimentalisme benêt et inconscient [1].

Lorsque son corps fut ramené à Digne, les témoignages de vénération furent si extraordinaires, si spontanés et si unanimes autour de son cercueil ; la foi populaire en son pouvoir auprès de Dieu était si grande et si émouvante, que dans la primitive Eglise on eût regardé ces funérailles comme une canonisation Ce fut moins une pompe funèbre qu'une marche triomphale par des chemins semés de fleurs, sous des arcs de triomphe, des guirlandes, des couronnes .. L'image du défunt était exposée

1. On peut tenir pour certain que Victor Hugo n'est jamais venu à Digne ; la description qu'il fait, dans les *Misérables*, de la ville et de ses environs, est vague, indécise, sans relief, comme il arrive toutes les fois qu'on parle de ce qu'on n'a pas vu : elle n'est cependant pas de pure imagination. On trouve dans les notes de Victor Hugo destinées à son roman (Bibliothèque nationale), un plan de Digne manuscrit ; c'est un croquis fait très grossièrement. Ce plan n'est pas signé ; on y voit représentés par des ronds, des carrés ou des rectangles, la cathédrale, l'évêché, la mairie, l'hôtel du Petit-Paris, le chemin de Riez, le grand séminaire... Nous croyons que Victor Hugo fut renseigné sur le pays et sur l'évêque par des Bas-Alpins proscrits comme lui, à la suite du coup d'Etat de Décembre 1851.

à la vénération publique sur des autels improvisés. « Les symboles de la mort et de la douleur étaient dominés et comme effacés par ceux de la joie, de cette joie calme et pure qui est fondée sur l'espérance, de cette joie qu'on n'éprouve qu'à la mort des saints [1]. »

Embaumée dans la vénération et l'amour, sa mémoire est impérissable parmi nous [2].

Mgr Sibour, qui succéda à Mgr de Miollis, fut un administrateur actif; mais il n'a attaché son nom à aucune création dans le diocèse de Digne; il consacrait ses loisirs à l'étude du droit ecclésiastique, et c'est à Digne qu'il publia ses *Institutions diocésaines.*

Mgr Meirieu poursuivit l'œuvre de Mgr de Miollis en la développant dans des proportions considérables, et en la complétant par une œuvre doctrinale d'une très grande portée. C'est de cet évêque, bâtisseur infatigable et docteur éminent, que

1. Bondil. Ouvr. cité, p. 97.

2. Après M. Bondil, Mgr de Miollis a trouvé un second biographe en Mgr Ricard : *Mgr de Miollis, Evêque de Digne (1753-1843), par Mgr Ricard, prélat de la maison de sa Sainteté.* Paris, Dentu, 1903.

nous publions la biographie. Le sujet était, certes, séduisant par la valeur intellectuelle et par la grandeur morale du personnage, que le prestige de la science et l'éclat des vertus imposaient à notre admiration, mais il était décourageant par son uniformité. *Multam enim casus nostri varietatem tibi in scribendo suppeditabunt, plenam cujusdam voluptatis, quæ vehementer animos hominum in legendo tuo scripto retinere possit* [1]. « Grâce aux événements divers de mon existence, il vous sera facile d'introduire de la variété dans l'ouvrage que vous vous proposez d'écrire, de cette variété pleine de charmes qui frappe fortement et retient l'attention du lecteur. » C'est ainsi que, par le souvenir de sa vie orageuse, Cicéron pouvait encourager le zèle de son historien ou de son panégyriste, et lui promettre le succès. Modestie à part, il eût été difficile à Mgr Meirieu de tenir un pareil langage. Sa vie entière s'écoula, silencieuse et cachée, dans le calme et la paix d'un grand séminaire, ou dans un humble évêché de montagne, éloigné des

1. Cicéron. *Lettres. Lucceio.* 108.

grandes routes, et dont, au surplus, il eut soin d'écarter, autant que les convenances et les obligations de son état le lui permirent, toute cause de dérangement, d'embarras et de bruit. Sa présence au milieu de ses ouailles ne se révélait guère autrement que par des chantiers qui s'ouvraient, des murs qui s'élevaient de terre, ou par les Mandements et les Lettres pastorales qu'il adressait aux prêtres et aux fidèles de son diocèse. C'est pourquoi, en supprimant de notre récit ce qui concerne son œuvre, il reste plutôt un portrait qu'une biographie.

Ce portrait, nous l'avons tracé d'une main reconnaissante et qui a voulu être fidèle [1]; que n'a-t-elle été plus habile? que n'avons-nous mieux rendu cette noble et attachante figure dont pas un trait n'est effacé dans notre souvenir? En tout cas, c'est joyeusement et de grand cœur que

1. Après M⁄gr Meirieu qui m'ouvrit généreusement les portes de son petit séminaire et m'a ordonné prêtre, je veux, ici, marquer ma reconnaissance envers mon premier maître, M. Graille, né aux Sagnières (Jausiers), curé de Salignac, mon pays natal, pendant plusieurs années, et mort, curé de Noyers-sur-Jabron, en 1890, âgé de quatre-vingts ans.

nous avons entrepris d'arracher à l'oubli une telle mémoire et — nous le verrons bientôt — de telles pages.

Mgr Meirieu ayant mis en pratique jusqu'à la perfection la maxime : *ama nesciri,* sa biographie n'est, en somme, qu'un chapitre d'histoire locale, de l'histoire de l'Eglise de Digne ; aussi avons-nous documenté ce chapitre jusqu'à la minutie, parfois, peut-être, jusqu'à l'excès : nous ne le regrettons pas.

A la lecture de la *Notitia ecclesiæ diniensis* de Gassendi et des notes dont l'abbé Bondil a fait suivre son *Discours sur la Vie et les Vertus de Mgr de Miollis,* nous avons pu nous rendre compte de l'intérêt que présentent, dans l'avenir, des détails jugés inutiles, fastidieux, même, par les contemporains; et cet avenir se hâte d'arriver. Le passé devient si vite obscur, impénétrable! Les inscriptions funéraires sont bientôt illisibles sous les ronces et la mousse, si, comme dans le roman de Walter Scott, quelque *Vieillard des tombeaux* ne vient de temps en temps les rafraîchir. Que de gens, que de choses dont le souvenir paraissait devoir être durable, et dont toute trace est effacée en moins de cinquante ans! Pour avoir un renseignement exact, une date précise, même lorsqu'il s'agit d'une époque peu éloignée de nous, il faut, souvent, de longues et ennuyeuses recherches; encore, ne trouve-t-on pas toujours. Aussi bénit-on, alors, ceux qui se donnèrent la peine de fixer les *choses vues*, ce qui s'était passé sous leurs yeux. C'est grâce aux notes, aux observations des témoins oculaires, aux croquis pris sur nature, aux *instantanés* que l'on peut obtenir des reconstitutions vraies et vivantes du passé.

Nous n'avons écrit l'historique des fondations dont Mᵍʳ Meirieu a doté le diocèse que pour nos compatriotes, les Bas-Alpins, et surtout pour nos confrères. Mais ce que nous publions de ses œuvres pastorales a un intérêt général. Nous avons la conviction d'ajouter quelques belles et fortes pages à la littérature chrétienne du XIXᵉ siècle; et plus d'un parmi nos lecteurs sera surpris, sans doute, que tant de doctrine et d'éloquence, après avoir vu le jour une première fois, soit retombé dans l'oubli [1].

La Lettre pastorale de Mgr Meirieu à l'occasion de la prise de possession de son siège fut, dans le diocèse et en dehors du diocèse, une surprise et une révélation : un maître en Israël venait de se révéler, une éclatante lumière, jusque là voilée, venait de sortir de l'ombre et se trouvait placée

[1] « Qui lira, sans être ému d'admiration, les Mandements de nos évêques ? Quelle richesse, quelle étendue, quelle profondeur dans les questions ! Par la noblesse des choses, par l'élévation des pensées, ces pages rappellent, de nos jours, les dialogues de Platon et, par la sublimité du sujet, si nouveau pour la plupart des hommes, elles semblent y reproduire celles de la *Cité de Dieu*. Ces Mandements, particulièrement sur la foi, la raison, la révélation, sur l'ordre surnaturel, le naturalisme, notre état social, tous nos besoins, enfin sur le pouvoir temporel et les imprescriptibles droits du Saint-Siège, formeraient le livre le plus fort qu'ait produit notre époque .. » C'est ce que nous lisons dans l'ouvrage de Blanc de Saint-Bonnet, l'*Infaillibilité* (p. 345, note). Le philosophe lyonnais tenait en haute estime les Mandements de l'évêque de Digne qui faisait, à son tour, grand cas de ses écrits. Nous le savons par un de ses familiers, Mgr Meirieu, qui lisait si peu, gardait habituellement sur sa table quelque volume de Blanc de Saint-Bonnet. Nous avons entre les mains un exemplaire de l'*Infaillibilité* provenant de la bibliothèque de Mgr Meirieu, à qui l'auteur en avait fait hommage. Une lettre, dans laquelle Blanc de Saint-Bonnet fait le plus grand éloge de la science théologique de l'évêque de Digne, y est jointe.

sur le candélabre pour briller aux yeux de tous ceux qui étaient dans la maison [1]. On savait que, pendant vingt ans directeur de grand séminaire, le successeur de Mgr Sibour était versé dans la science sacrée; mais on ignorait que le penseur et l'écrivain fussent, en lui, à la hauteur du théologien.

Ce qui frappe d'abord dans tout ce qui est sorti de la plume de notre grand évêque, c'est la puissance, la richesse et la facilité de conception. A peine a-t-il fait choix d'un sujet, qu'il l'agrandit naturellement et sans effort, que les horizons les plus larges s'ouvrent devant lui, que les principes les plus féconds, les aperçus les plus originaux, les considérations religieuses, morales, sociales, les plus élevées, se présentent aussitôt à son esprit. Idées, images, sentiments, naissaient ensemble, et dans son merveilleux cerveau tout s'ordonnait, tout s'enchaînait par le lien d'une logique rigoureuse.

Sans s'attarder un instant à la considérer par le dehors, il va droit au cœur de la question qu'il traite, s'en rend maître, et en met en lumière les points essentiels.

1. Matth. v, 15.

Noble et grave, la langue n'est pas moins abondante que la pensée dont elle suit la marche régulière et sûre, et dont elle rend fidèlement les nuances les plus diverses. Remarquable de justesse et de clarté, dans les questions les plus hautes comme dans les sujets les plus délicats, sobre d'ornements et d'une élégance sévère, quoique chaude et colorée, c'est vraiment une belle langue de philosophe, de moraliste et d'apologiste chrétien. La phrase se déroule simplement, sans artifice, avec autant d'aisance que d'ampleur ; elle est souvent d'un rythme heureux, cadencée, harmonieuse. Quelques-unes de ces pages sont bien près d'être parfaites et doivent, à bon droit, compter parmi celles dont pouvait se glorifier l'épiscopat français, au siècle dernier. Nous n'insistons pas davantage sur ce point, ne voulant établir aucune comparaison ; mais il est facile de constater, sans longue analyse ni étude critique, que si certains évêques célèbres de son temps cultivèrent beaucoup plus que lui la rhétorique et la littérature, ils furent loin d'avoir sa force de raisonnement, sa pénétration, sa profondeur. Et si d'autres, théologiens comme lui, furent plus didactiques, plus érudits, plus nourris de l'Ecriture et des Pères, leur pensée personnelle ne fut jamais ni plus vaste ni plus sûre que la sienne.

Il n'est pas de ceux dont une première lecture épuise tout l'attrait et, qu'après un premier contact, on abandonne pour toujours : il intéresse davantage, il captive plus fortement, à mesure qu'on le relit, comme ces eaux limpides et profondes qui retiennent et fascinent le regard.

M⁗ Meirieu porte, dans son style, l'empreinte de son époque; il a manifestement subi l'influence des romantiques, de Rousseau, de Châteaubriand, de Lamennais surtout, dont l'action sur les intelligences était dans toute son intensité et la renommée dans tout son éclat, lorsque le jeune abbé Meirieu commença ses études de théologie. Ecoutons-le parler de l'insurrection qui obligea Pie IX à quitter Rome, en 1848 : « Un peuple lâche et ingrat s'est fatigué de la splendeur et de la liberté qu'il devait au génie d'un grand homme et d'un saint Pontife. Il a poursuivi Dieu dans la sagesse de son ministre, et le trouble a succédé à cette douce paix que les étrangers allaient respirer à l'ombre des monuments de sa gloire, et sa liberté à expiré entre les bras des factions, et sa prospérité s'est changée en misère, et sa raison elle-même s'est tournée en mauvaise foi et sophismes, et l'Europe a fui cette terre maudite, et a fait cortège, comme en un jour de triomphe, à l'illustre proscrit [1]. »

Dans son Mandement pour le carême de 1852, *sur les Riches et les Pauvres,* il écrit : « Ne nous y trompons pas, tant que la grande image de Dieu ne sera pas présentée aux peuples pour les éclairer, les diriger, et pour épouvanter les méchants, toutes les ressources de la sagesse humaine, et la puissance matérielle, et la sainteté des lois, et l'appareil de la justice, et la munificence de l'Etat, et l'organisation de la bienfaisance publique, et toutes les généreuses inspirations des gouvernements, viendront échouer contre l'insatiable avidité et la violence indomptable des passions. »

---

1. Lettre pastorale à l'occasion de la prise de possession de son siège.

Il eut encore, de Lamennais, le pessimisme dramatique : comme lui, il jetait volontiers l'anathème au temps présent et dépeignait sous les plus sombres couleurs un avenir qu'il prévoyait chargé de catastrophes.

« La société est un homme en délire. On pourra, par une force supérieure à la sienne, contenir ses emportements et l'empêcher de nuire; mais on ne l'aura pas guéri. Si on cesse un instant de surveiller ses mouvements, la fièvre qui le dévore le poussera à de nouveaux excès et, devenu plus furieux par le souvenir de la contrainte qu'on lui a imposée, il brisera ses liens et portera des coups terribles sur ceux qui voulaient dompter sa fureur [1]. »

« Nous sommes arrivés à l'une de ces heures fatales que Notre-Seigneur a appelée l'heure de la puissance des ténèbres; heure lugubre où tout est enseveli dans les ombres de la nuit, où l'on ne voit que de fausses lueurs qui vous égarent et des fantômes qui vous effraient [2]. »

1. Mandement publiant l'*Encyclique* de Pie X, 1852.
2. Mandement pour le carême, 1873.

Ne croirait-on pas lire des fragments de l'*Essai sur l'Indifférence*, ou de quelque article de l'*Avenir*? Et nous pourrions multiplier les citations de ce genre.

L'Eglise, ses immortelles espérances; la nécessité, la plénitude et la splendeur de son enseignement; son influence bienfaisante sur les âmes, sur la famille, sur la société; la haine que Satan et le monde nourrissent envers elle; la faiblesse de la raison, son impuissance, lorsqu'il s'agit d'instruire les hommes de leurs devoirs et de leur destinée, tels sont les sujets qui lui étaient familiers, et qu'il lui plaisait plus particulièrement de traiter.

Voici par quelles considérations il relève le courage des catholiques, au jour de l'épreuve : « Notre-Seigneur a aussi entendu autour de sa croix les applaudissements de ses ennemis et leurs chants de triomphe. Selon les apparences, aux yeux de la sagesse humaine, la cause du divin Sauveur était perdue, son entreprise avait échoué; tant de prodiges, tant de vertus, tant de travaux avaient abouti à une fin dérisoire. Il n'avait recueilli de tout l'éclat de sa vie publique que l'ignominie d'une défaite.

Les grands, les sages, les puissants de la nation ne doutaient pas que le jugement des princes des prêtres, sanctionné par le gouverneur romain, n'eût fait justice de la crédulité du peuple et des prétentions du novateur. Les disciples eux-mêmes semblaient être revenus comme d'une brillante illusion : et, des espérances qu'ils avaient conçues et auxquelles les événements les avaient forcés de renoncer, il ne leur restait que l'épanchement secret de leur douleur et la tristesse de leur âme : *Nos sperabamus...*

« Certes, en ces jours de lugubre mémoire, lorsque le corps du Sauveur était scellé du sceau public dans le tombeau, et que les gardes veillaient autour pour prévenir les audacieuses entreprises de l'imposture, il se déclara, dans Jérusalem, une grande joie parmi les ennemis de Jésus-Christ. Leur haine et leur jalousie alarmées et irritées de la sainteté de sa vie et de l'éclat de ses miracles, jouissaient avec sécurité de la consommation de leur œuvre. Et les disciples ? et les amis ? Ils étaient consternés, abattus. Plusieurs se reprochaient peut-être l'entraînement de leur crédulité, et se dédommageaient de leur bonne foi trompée par une lâche et menteuse défection. Le mensonge triomphait pleinement de la vérité, l'hypocrisie de la droiture et de la simplicité, l'iniquité de la justice et la force de la faiblesse ; et ce triomphe sanctionné par l'autorité publique et par l'assentiment de la multitude, avait toutes les conditions désirables de durée. Et toutefois ce succès obtenu devant le tribunal de la justice humaine, aux applaudissements des grands de la nation et de tout un peuple, passa vite, et fut le prélude d'une humiliante défaite. Arriva bientôt le jour où ce qu'on pouvait appeler le parti du séducteur se releva et, par des prodiges de la toute-puissance divine, attesta aux yeux de tous qu'on n'étouffe pas longtemps le cri de l'innocence et la voix du ciel...

« Aujourd'hui, l'Eglise est attaquée et condamnée dans son Chef. Tout se réunit contre lui : la sagesse des sages, la défection des lâches, les moqueries et les sarcasmes de l'impiété, la politique et l'ambition des princes, et jusqu'à la volonté égarée ou violentée des peuples. Ses ennemis triomphent et les défenseurs qui lui sont restés fidèles sont réduits à le consoler par les stériles protestations de leur dévouement et par les accents de leur douleur. Mais le ciel se lassera de ce mystère d'iniquité et s'irritera de cette joie de l'enfer... [1]. »

« Les châtiments terribles de la justice divine pourront seuls lui rendre (à la société) le sens qu'elle a perdu.

« En attendant ces lugubres manifestations de la vengeance du ciel, l'Eglise continuera sa marche sur la terre et proclamera les lois éternelles de l'ordre et de la paix publique ; elle dira aux princes et aux peuples leurs droits et leurs devoirs ; elle protestera, malgré les clameurs ou les conseils hypocrites de ses ennemis, contre les projets des méchants ; elle dévoilera, à la face du monde, les desseins perfides, les égarements de la sagesse humaine, les entreprises des grands, l'ingratitude et l'injustice des peuples, et jusqu'à l'aveuglement et à la lâcheté de ses propres enfants [2]. »

1. Lettre circulaire sur la situation présente de l'Eglise, novembre 1860.

2. Mandement pour le carème de 1860.

Non seulement Mgr Meirieu était ultramontain et entièrement dévoué au Saint-Siège, mais il avait envers le Vicaire de Jésus-Christ une véritable piété filiale, dans le sens le plus religieux du mot. S'il n'a pas écrit de Mandement, comme le P. Faber un opuscule, sur *la Dévotion au Pape*, il n'en était pas moins un fervent de cette dévotion; c'est toujours avec le plus affectueux respect et une émotion touchante qu'il parle du Pape, dont il accepte les directions avec une obéissance aimante et sans réserve, et dont il cherche, même, à prévenir les désirs [1]. Dans les choses que l'Eglise commande, dirait Bossuet, il faisait connaître son obéissance; dans celles qu'elle insinue, il s'empressait de témoigner son affection. Le pouvoir temporel

---

1. Il a écrit un Mandement *sur l'Amour que nous devons avoir pour l'Eglise*. Nous y trouvons cette invocation : « Divin Sauveur, que vous êtes admirable dans la merveilleuse économie de votre amour! Nous voulons vous aimer, mais vous aimer partout où vous serez, dans quelque représentation que vous nous donniez de vous-même. Si donc, notre cœur, pour vous témoigner son amour, se tourne vers le ciel où vous résidez dans la gloire, vers le Sacrement de vos autels où vous êtes aussi réellement que dans le ciel, quoique caché à nos yeux, il se tournera aussi vers l'Eglise où il vous trouvera encore dans votre lumière et dans votre vie que vous répandez

et l'infaillibilité pontificale n'eurent pas défenseur plus courageux que lui. Il écrivait au retour de son voyage à Rome, en 1862 : « Nous l'avons vue, cette représentation du Sauveur sur la terre, nous avons joui de sa présence, nous avons entendu sa parole. A son aspect, une vive et insurmontable émotion nous a saisi, notre âme s'est remplie de sentiments que nous ne saurions décrire, nos yeux se sont mouillés de larmes, notre bouche est restée muette. Nous pensions que les convenances et même le devoir nous commandaient de maîtriser la vivacité de nos impressions, et toutefois nous goûtions en secret les douceurs de l'impuissance de parler. Nous voulions qu'elle nous fût pardonnée, et nous ne pouvions la regretter.

en elle. Nous ne voulons plus nous séparer de votre Eglise à laquelle vous êtes inviolablement et réellement uni, avec laquelle vous ne faites qu'un, puisqu'elle est votre corps et que vous êtes son âme. Vous avez dit : *Ce que Dieu à uni, que l'homme se garde bien de le diviser.* Nous, Seigneur, nous ne voulons pas la division. Nous voulons l'union et l'unité. Votre Apôtre a dit : *Que celui qui n'aime pas Notre-Seigneur Jésus-Christ, soit anathème;* nous disons aussi : qu'il soit anathème, celui qui n'aime pas l'Eglise. O mon Sauveur, vous, votre Eglise, serez toujours notre douce et ravissante contemplation, et l'unique objet de notre amour. »

Il est de ces moments dont il serait imprudent de composer la vie : la terre aurait trop peu de tristesse, et, peut-être, le ciel moins de charme...

« Tout s'est passé avec cet abandon et cette simplicité qu'on trouve au sein de la famille, et cependant tout était grand et solennel. Nous nous disions : voilà celui sur lequel reposent les destinées du monde, la stabilité des trônes et l'avenir des peuples. Lui seul est le conservateur intègre et inébranlable du droit. Il est immobile et inflexible comme la justice de Dieu, comme les principes essentiels de la vie sociale, comme les lois de l'existence humaine. L'homme qui met sa sagesse au service de ses intérêts, peut croire à l'empire des circonstances et à la puissance des événements, et y voir la règle de ses jugements et de sa conduite; mais le représentant de Celui qui s'est dit la vérité et qui l'a proclamée, aux dépens de sa vie, en présence des puissances de la terre, puise plus haut la lumière qui l'éclaire et la sagesse qui le conduit; il a constamment devant lui deux grandes choses qui l'inspirent et le fortifient : Dieu et les siècles.

4

« Aujourd'hui il est accusé et condamné, mais il ne s'en étonne pas. Il laisse passer d'un œil tranquille les flots tumultueux du torrent qui l'environne ; aux conseils qui voudraient le servir, il répond avec sérénité par le respect de ne pouvoir les suivre, et se confiant à la puissance de Celui qui semble dormir, en ce moment, sur la faible nacelle qui porte l'espérance du monde, il attend avec sécurité la justice de Dieu et celle de l'histoire. »

Un thème qui revenait sans cesse dans ses conversations comme dans ses écrits, et sur lequel il était inépuisable, c'est l'impuissance de la raison humaine dans l'ordre moral et religieux, ses aberrations et ses extravagances, tantôt ridicules, tantôt monstrueuses.

« On a invoqué contre la convoitise des pauvres les lois de la justice, l'assentiment des peuples, la sanction des siècles. On a dit : Le droit de propriété est consacré par le droit public de l'univers, il est la condition et le prix du travail, le lien des familles et le fondement même des sociétés ; l'ébranler, c'est faire violence à la loi de la nature et bouleverser le monde.

Certes, ce sont là des principes qu'on ne peut contester; mais, envisagés au point de vue des sages du siècle, ils n'ont pas la puissance d'enchaîner ni de modérer les passions qu'ils condamnent, ni même, nous osons le dire, de satisfaire pleinement la raison. Qu'importe à la cupidité qui veut jouir la justice des peuples qui lui impose la privation et la souffrance? Elle qui sort des entrailles du peuple, elle se dit une justice aussi sacrée que celle qu'ont fondée les législateurs des nations. Car, aux yeux même de la raison, l'homme est impuissant à créer un droit contre l'homme, un peuple contre un peuple, un siècle contre un siècle. Une justice fondée seulement sur les lois humaines est changeante et incertaine comme les conceptions de ceux qui les ont faites, et on oppose une faible barrière aux passions, lorsqu'on ne leur fait entendre que la parole de l'homme. La voix des peuples ne serait qu'un vain bruit, si elle n'était l'écho de la puissante voix de Dieu; les lois de la terre, de puériles formules d'intérêts divers, si elles n'étaient sanctionnées par la justice du ciel; les conceptions de la raison humaine, une lumière trompeuse ou incertaine, si elles n'étaient avouées par la Raison souveraine; et toute la sagesse des législateurs, une folie, si la sagesse de Dieu ne présidait à leurs conseils, et si sa loi ne réglait leurs lois... [1].

« En dehors de l'enseignement de la foi, des jugements terribles de Dieu, de ses promesses, de ses menaces, quel motif assez puissant offrirez-vous à l'homme pour le rendre vertueux, c'est-à-dire pour assujettir toujours et ses actes et les mouvements de son âme au joug du devoir? La beauté et le charme de la vertu? On le dit avec emphase dans les livres; pour la pratique, vains discours, impuissante barrière. Sages du monde, lorsque l'homme saisi par une passion pourra la satisfaire en échappant à la fois et au glaive de la loi et à une flétrissure publique, pensez-vous que votre brillante description des attraits de la vertu l'arrête et le captive? Quelque confiance que vous ayez en votre parole, vous ne le pensez pas. Vous savez qu'il

---

1. Mandement pour le carème de 1852, sur les *Riches et les Pauvres*.

n'ira pas chercher dans vos livres la règle qui le dirige et le frein qui le dompte. Il vous laissera discourir, et il suivra la violence de ses penchants. C'est une dérision de croire qu'il maîtrisera les mouvements impétueux qui l'emportent, pour se donner le plaisir de suivre vos leçons et de pratiquer votre philosophie.

« Mais vous prétendez invoquer aussi en faveur de la vertu l'autorité de Dieu et sa justice; vous promettez à l'homme des récompenses futures et vous lui faites craindre des châtiments. Et d'abord, qui vous a chargé de parler à vos semblables au nom de Dieu? Qui vous a donné cette magnifique et redoutable mission? Ensuite, sur quoi fondez-vous l'enseignement que vous vous attribuez? Comment en garantissez-vous la vérité et la certitude? Vous ne pouvez faire valoir que l'autorité et le témoignage de votre raison. Or, d'une part, la raison de votre semblable, indépendante comme la vôtre, et se croyant aussi éclairée qu'elle, peut lui donner d'autres leçons, lui enseigner une autre doctrine. D'autre part, accepterions-nous votre corps de doctrine, et Dieu et la vie à venir, pourriez-vous donner la mesure de la justice de ce grand Dieu et nous dire les lois qu'elle suit? Pourriez-vous pénétrer les mystères de cette vie future, franchir les portes de la mort, vous introduire dans cette éternité redoutable et discerner la nature et la durée de ces récompenses et de ces peines que vous étalez dans vos livres? Vous savez bien que Dieu a mis au terme de cette vie un voile que toute la pénétration de votre raison ne saurait percer. S'il nous est permis de voir quelque lumière en deçà de la tombe, vous n'apercevez au-delà qu'obscurité et incertitude. Or, vous conviendrez que les fragiles espérances et les vagues appréhensions d'un avenir enveloppé de ténèbres sont une faible puissance pour briser les passions humaines et leur interdire des jouissances et si vives et si assurées. Cessez de discourir, et confessez que les personnes et les menaces de votre philosophie n'ont guère, jusqu'ici, encouragé ni épouvanté les hommes [1]. »

[1]. Mandement pour le carême de 1858, sur les *Vertus humaines*.

« Dans quelles erreurs la raison n'est-elle pas tombée ? Tantôt pour rassurer l'homme contre les terreurs de sa conscience et l'affermir contre la crainte des châtiments, elle lui a fait la destinée de la bête : elle lui a promis le néant comme dernière ressource. Elle a brisé l'existence humaine sur la pierre du sépulcre, pour la dérober aux rigueurs de la justice... Tantôt, honteuse de ses excès, elle a essayé de promettre à l'homme des destinées moins abjectes ; mais, égarée par le désordre de ses conceptions, elle est tombée dans l'extravagance [1]. »

D'une rectitude d'esprit et d'une pureté de doctrine parfaites, d'une orthodoxie vigilante et jalouse, si nul ne discerna la vérité mieux que lui et ne la proclama plus hautement, nul, aussi, ne découvrit l'erreur d'un œil plus perspicace et ne la démasqua d'une main plus courageuse. Il avait soin de mettre en garde ses diocésains contre les dangers du libéralisme, de ces aspirations à l'indépendance qu'on étalait partout,

1. Mandement pour le carême de 1859, sur la *Fin surnaturelle de l'homme.*

sachant trop bien que ces séduisantes théories sur l'affranchissement des esprits et des peuples dissimulaient surtout le désir et le dessein de rejeter toute autorité.

« D'après ces superbes et ridicules apôtres de la liberté, Dieu ne doit plus apparaître dans les affaires humaines. Il n'a plus sa place sur la terre, et le gouvernement des sociétés se passe de lui, de l'autorité de son nom et de la sagesse de ses enseignements. Pour tout dire en un mot : ils veulent être libres de Dieu ; Dieu est le grand embarras de la vie, le tourment de l'âme humaine, à cause de cette vigilance incessante qu'il exerce sur eux et de la terrible perspective de ses jugements. Ils supportent la loi des hommes, parce qu'elle vient de l'homme, qu'elle en a souvent les faiblesses et qu'elle pourrait en avoir les injustices, et surtout parce qu'elle n'a pas la majesté importune de Dieu ; mais on ne peut pas supporter la loi de Dieu. La liberté qu'il réclame, c'est l'indépendance absolue vis-à-vis de Dieu, c'est la liberté des révoltés [1]. »

---

1. Mandement pour le carême de 1874, sur *la Liberté*.

Quels admirables développements dogmatiques, parfois! Dans son Mandement sur *la Fin surnaturelle de l'homme*, par exemple, la théologie est si belle, l'exposition si lumineuse et si large, que ce fragment du Traité de la Grâce ne serait pas déplacé dans les œuvres d'un Père ou d'un Docteur de l'Eglise.

En terminant la Lettre qu'il écrivait à ses prêtres, sur la Sainteté sacerdotale [1], il leur disait : « Oh! que nous voudrions aider chacun de vous de nos conseils, et vous fortifier de nos encouragements! Mais puisque cette consolation nous est refusée, nous tâcherons d'y suppléer par nos Lettres. Nous désirons que nos occupations nous permettent de les multiplier, et que le fruit que vous en retirerez en les lisant égale la joie que nous aurons à vous les adresser. »

En effet, pendant la première moitié de son épiscopat, il adressa à son clergé un certain nombre de Lettres de direction sur : *la Sainteté du prêtre, la Charité, les Rapports du prêtre avec le monde, la*

[1]. 2 février 1852.

Prudence sacerdotale, le Soin des enfants, qui sont autant de petits traités de morale surnaturelle où abondent les conseils les plus sages, les observations les plus fines et les plus hautes considérations : il est peu d'auteurs spirituels plus édifiants et dont la lecture soit plus profitable. A une étonnante connaissance du cœur humain et des choses de la vie — cette sorte d'intuition que donne l'habitude de la méditation et de la prière, — s'ajoute la piété la plus tendre, la plus forte et la plus éclairée. Le sentiment qui domine dans ces Lettres, c'est le respect profond que doit avoir le prêtre pour Dieu, pour les âmes, pour lui-même, pour son caractère sacré et sa mission. On y rencontre aussi des pages d'une malicieuse et charmante psychologie, et il y a tels portraits de maire de village qu'on ne lit pas sans sourire.

Le même sens du surnaturel se retrouve dans les courtes Lettres qu'il adressait, chaque année, à son clergé pour lui annoncer la Retraite pastorale : en faisant toujours suivre les mêmes avis des mêmes exhortations, il ne se répète jamais, et pas une fois il n'est banal.

Néanmoins, malgré ses rares talents, Mgr Meirieu resta presque inconnu, et son nom n'a pas jeté autant d'éclat que celui de maints personnages incontestablement moins bien doués que lui; il ne fut apprécié que d'une élite. Il est vrai que des Mandements théologiques et philosophiques, où dominaient les idées générales, et dans lesquels on réfutait les erreurs surtout par l'exposé des principes, sans citer jamais ni un texte ni un nom d'auteur, surtout d'auteur contemporain, ne pouvaient pas piquer bien vivement la curiosité. Le public ne s'intéresse guère qu'aux questions et aux hommes du moment; les polémistes, les publicistes auront toujours plus de succès auprès de lui que les philosophes et les théologiens.

Et puis, Mgr Meirieu qui n'avait jamais écrit une seule ligne par goût, pour le plaisir d'écrire, mais uniquement pour remplir ses obligations de pasteur, n'avait jamais eu la moindre préoccupation littéraire et n'avait pas, un seul instant, songé au succès, à la célébrité.

« Si j'étais sensible à la gloire, disait La Rochefoucauld, je pense qu'avec peu de travail je pourrais m'acquérir assez de réputation. » Mgr Meirieu aurait pu faire, sans présomption, le même aveu ; il a laissé quelques belles pages, il aurait pu laisser une œuvre beaucoup plus considérable, plus parfaite, et connue de tous. Examinant, un jour, un tableau dont certaines parties étaient excellentes, tandis que d'autres, moins soignées, laissaient à désirer, il lui échappa cette réflexion originale : « Si je savais faire aussi bien, je ferais mieux. » C'est ce qu'on ne peut s'empêcher de penser, en le lisant. Il a des morceaux achevés où l'on est saisi par la grandeur des idées, la magnificence de l'expression, la vigueur de l'éloquence et l'éclat des images. Ces morceaux, il n'aurait tenu qu'à lui de les multiplier et, bien qu'il n'ait jamais écrit une page médiocre, qu'il ne soit jamais ni faible ni commun, il se contente trop souvent de raisonnements, de développements, toujours logiques, sans doute, mais où sa pensée n'a pas tout l'attrait ni tout le relief qu'il aurait pu lui donner. Si la formule de Buffon n'est pas entièrement vraie, et si ni le travail ni la patience ne sont le génie, il est incontestable qu'il n'y a de complètement bon que le fruit de la patience et du travail.

Le secret des belles œuvres, c'est à l'effort continu qu'il faut le demander. Mgr Meirieu ne voulut pas s'imposer cette contrainte [1] : moins que personne il se donna la peine « d'étendre et de conduire son esprit aussi loin qu'il pouvait aller », pour parler encore comme l'auteur des *Maximes*.

Il composait très vite, trop vite ; il livrait sa copie feuille à feuille, écrivant à mesure qu'on imprimait et se relisant à peine ; aussi lui échappe-t-il des négligences, des incorrections même.

Dans les Mandements et les Lettres pastorales, genre sévère et qui convenait le mieux à ses habitudes intellectuelles, ce défaut d'application et de soin est moins sensible ; il fut manifeste, avec tous ses

---

1. Dans une lettre que nous avons sous les yeux, adressée, croyons-nous, au chanoine Teissonnier, de Nîmes, il dit d'un ouvrage sur lequel on l'avait consulté : « Il aurait besoin d'être retouché, chargez-vous de ce soin. Mais qu'il ne soit pas question de moi ; *laissez-moi tranquille.* » Ce fut un peu trop sa devise. On racontait, de son temps, que Mgr Pie lui aurait dit un jour : « Monseigneur de Digne, le bon Dieu vous demandera compte de votre paresse. »

inconvénients, dans ses *Entretiens sur l'Encyclique du 8 Décembre 1864* [1]; un dialogue est chose délicate, et l'art et le métier y sont indispensables : on s'en aperçut bien.

Leibnitz prétendait n'avoir jamais lu sans quelque profit même un méchant ouvrage. Mgr Meirieu lisait très peu, même les bons auteurs, même les meilleurs. Il n'était pas même l'homme d'un seul livre; il était uniquement l'homme de ses pensées; ce qu'il écrivait, ce qu'il disait, était le fruit de ses méditations et non de ses études. Aussi, les mêmes idées revenaient-elles sans cesse, dans ses publications comme dans ses discours, quel qu'en fût, du reste, le sujet.

---

1. *Entretiens sur l'Encyclique de Sa Sainteté Pie IX, du 8 Décembre 1864, et sur le Syllabus qui l'accompagne, par Monseigneur l'Évêque de Digne.* — Brochure in-8°.

« Je fais figurer, dans ces *Entretiens*, trois personnages qui représentent les trois principales fractions qui divisent la Société : un Catholique, un Libéral, un Démocrate. Le Catholique est catholique dans la saine appréciation du mot. Le Libéral se dit catholique, et il croit l'être; mais de vieux préjugés et les idées modernes ont altéré dans son esprit les vrais principes de la Foi. Le Démocrate n'a point de religion. Il est républicain, et ne s'occupe que de politique. » *(Entretiens... Avant-Propos).*

D'une élévation constante, son style garde je ne sais quoi de tendu, de solennel jusque dans ses lettres à des particuliers; avec plus de variété, on eût aimé en lui plus de simplicité et de naturel.

Mais, telle qu'il nous l'a laissée, l'œuvre de Mʳ Meirieu, prise dans son ensemble et malgré quelque monotonie, n'en reste pas moins une œuvre intéressante et précieuse, et nous ne pensons pas que notre piété filiale se soit fait illusion sur sa valeur. Nous avons éprouvé une joie très vive à tirer de la poussière ces pages oubliées, nous pourrions dire inédites et — nous l'avouons volontiers — nous sommes fiers d'en publier une partie considérable, presque la totalité. Perdues dans des archives paroissiales où l'on n'en retrouvait presque jamais que des fragments, enfouies sous une couche de jour en jour plus épaisse de documents divers, ces pages d'une originalité si puissante, si riches de doctrine et de grandes pensées, à mesure que vont s'éteignant les générations de prêtres qui avaient connu Mᵍʳ Meirieu, n'avaient plus que de rares lecteurs. Bientôt on eût même ignoré leur existence, et elles auraient fini par disparaître entièrement.

Nous croyons faire œuvre utile en empêchant cette disparition, car ces pages sont d'une actualité éternelle comme les principes de la raison et les vérités que l'Eglise proclame, comme les lois qui régissent les âmes, la famille, la société. La plume qui les a écrites n'était sans doute pas « un glaive tranchant », comme l'a dit Pie X de celle du plus grand publiciste du XIXe siècle, mais, pour parler encore avec l'auguste Pontife, elle était sûrement « un lumineux flambleau [1] ».

1. Bref de Pie X à François Veuillot.

CHAPITRE PREMIER

PREMIÈRES ANNÉES
L'ABBÉ MEIRIEU, PROFESSEUR AU GRAND SÉMINAIRE
DE NIMES

LA petite ville de Saint-Gilles-sur-Rhône, dans le département du Gard, patrie du pape Clément IV [1], a aussi donné le jour à l'un des plus éminents évêques de France au XIXe siècle : c'est à Saint-Gilles que naquit Mgr Meirieu, le 23 novembre 1800 [2].

1. *Un pape Saint-Gillois*, Clément IV (1195-1268). Par le chanoine Nicolas, ancien curé de Saint-Gilles. (Beau volume in 8° de 651 pages, orné de 12 illustrations, Nîmes, Gallion et Bandini, directeurs de l'Imprimerie Générale), 1910.

2. Acte de naissance : Du quatrième jour du mois de frimaire, l'an neuf de la République, acte de naissance de Jullien Meirieu, né le trois du dit, à midi, fils de Pierre Meirieu, ménager, et de Marie Menassieu, mariés, domiciliés à Saint-Gilles. Premier témoin, Guillaume Guinoir, chaudronnier ; second

Son père, Pierre Meirieu ou Meyrieu, homme judicieux, plein de sens et très recommandable à tous égards, qualifié de *ménager,* dans l'acte de naissance de son fils Julien, et de *négociant* dans l'acte de baptême, était propriétaire et s'occupait particulièrement de viticulture, alors, et encore aujourd'hui, la principale ressource du pays.

Pierre Meirieu eut quatre fils : l'aîné, Alexandre, exerça la médecine à Saint-Gilles ; le second, Louis, resta propriétaire-cultivateur, comme son père ; le troisième, Julien, devint évêque de Digne, et c'est lui dont nous écrivons la biographie ; le quatrième, Auguste, médecin comme son frère aîné, mourut à Paris, à l'âge de vingt-cinq ans. Il donnait les plus belles espérances et s'était déjà fait connaître par quelques publications qui avaient été remarquées ; il fut emporté par une angine.

Le jeune Julien passa son enfance à Saint-Gilles où il fréquenta l'école de M. Athanase d'Escudier de Beaulieu. Cet excellent homme n'avait pas évidemment le don de prophétie, car il disait souvent à

témoin, Adrien Soulier, propriétaire. Signé : Jean-Antoine, François Serrier, maire de Saint-Gilles.

Acte de baptême, extrait des registres de catholicité de la paroisse de Saint-Gilles : l'an 1800 et le 25 novembre a été baptisé Julien, né le 23 du courant, fils du sieur Pierre Meyrieu, négociant, et de Marie Menassieu. Le parrain est sieur Julien Mosteau, pharmacien ; la marraine, Marie Mazuel. Signé : Clavière, curé.

son élève, d'une intelligence très précoce et très vive, mais très espiègle : « *Oh ! tu jamai precharas.* (Oh ! toi, tu ne prêcheras jamais, tu ne seras jamais prêtre). Il nous est difficile de comprendre ce qui, de la part de l'enfant, motivait cette si peu clairvoyante prédiction, la vivacité ni l'espièglerie n'ayant jamais été regardées, chez un petit garçon, comme incompatibles avec la vocation ecclésiastique [1].

L'abbé Clavière qui l'avait baptisé, le prépara à sa première Communion. Peu de temps après, M. Dorthe, courageux prêtre réfractaire, qui n'avait voulu ni du serment civique, ni de l'émigration, remplaça M. Clavière comme curé de Saint-Gilles. Ce vénérable prêtre qui avait été, aux mauvais jours, confesseur de la foi, devait exercer autour de lui, et surtout sur l'âme des enfants, la plus salutaire influence. Nous en avons la preuve dans ce fait que Julien Meirieu et deux de ses condisciples à l'école de M. de Beaulieu : Jean-Baptiste de Beaulieu, fils de l'instituteur lui-même, et Guinoir André, reçurent les ordres sacrés.

Après quelques années passées au pays natal, ils allèrent tous les trois achever leurs études au petit séminaire d'Avignon,

---

1. Nous avons entendu parler quelquefois d'un coup de pierre providentiel que Julien Meirieu, encore tout jeune, aurait reçu à la tête et qui, de très ordinaire qu'il était jusque-là, aurait subitement fait de lui un prodige. Nous croyons que c'est là une légende renouvelée de Cornélius à Lapide.

puis ils entrèrent au grand séminaire de la même ville.

J.-B. de Beaulieu fut ordonné prêtre à Avignon, le 22 septembre 1821; quant aux abbés Guinoir et Meirieu, bien qu'ayant terminé leur cours de théologie, ils n'avaient pas, à cette date, l'âge canoniquement requis pour recevoir la prêtrise. Mgr de Cabrières, dans le discours qu'il prononça dans la cathédrale de Digne, le jour du service solennel pour le repos de son âme, nous apprit que Mgr Meirieu avait passé un an au grand séminaire d'Avignon, en qualité de professeur de philosophie.

L'année suivante, 1822, le diocèse de Nîmes que la Révolution avait fondu avec celui d'Avignon, fut rétabli, et Mgr de Chaffroy en était nommé évêque. La première pensée de ce prélat fut de créer un grand séminaire où il appela l'abbé Guinoir [1] comme économe et l'abbé Meirieu comme professeur de dogme; ils entrèrent en fonction, l'un et l'autre, le 1er octobre 1823.

Ordonné prêtre à Nîmes, le 12 juin 1824, l'abbé Meirieu après avoir occupé quelque temps la chaire de théologie dogmatique,

---

1. Après avoir, un peu plus tard, dirigé, pendant quelques années, le petit séminaire du diocèse de Nîmes, installé à Beaucaire, l'abbé Guinoir fut appelé en Syrie par Mgr Auvergne, archevêque d'Iconium, qui lui offrit le titre de vicaire général ; il mourut à Diabek, dans l'ancienne Mésopotamie, en 1836.

fut chargé d'enseigner la théologie morale. « Ses élèves, écrit l'un d'eux, n'oublièrent jamais cette parole magistrale, profonde, toujours facile, limpide comme le cristal et précise comme la doctrine même dont elle était la fidèle expression et le développement logique. Ils n'oublièrent jamais ces allocutions pieuses qu'il leur adressait avec une suave éloquence, le samedi soir. en guise de lecture spirituelle. L'abbé Meirieu, il est vrai, n'était pas doué d'une voix puissante, capable de vibrer au loin et de secouer fortement un vaste auditoire. Non, cette parole était perçante, insinuante et douce comme une mélodie. coulant sans effort, avec une élégance et un charme inimitables. Il y avait du cœur, de la piété, de l'onction, nous dirions presque du miel et des larmes délicieuses.

« Au point de vue des principes, l'abbé Meirieu fui inattaquable, parce qu'il fut romain, toujours franchement romain, dans un temps où le gallicanisme n'était point encore une hérésie [1].

Dans le portrait que vient de tracer du professeur un ancien élève du grand séminaire de Nîmes. beaucoup de prêtres Bas-Alpins, aujourd'hui encore, reconnaîtront

---

1. *Semaine Religieuse de Nîmes*, 1884, n° 21. Notice sur Mgr Meirieu, par M. Teisonnier, chanoine de Nîmes et de Digne.

avec bonheur l'évêque qui, si souvent, les étonna par sa science et les édifia plus encore par son angélique piété, lorsqu'ils étaient élèves au grand séminaire de Digne.

Mgr Meirieu était de ceux dont la parole tendre et forte, pleine de grâce et de vérité, pouvons-nous dire, comme le Verbe dont elle était un si fidèle écho, laissait dans les âmes une ineffaçable impression. L'enseignement de l'évêque, du docteur chargé d'instruire une notable portion de l'église, fut, nous le verrons plus loin, absolument romain, c'est-à-dire impeccable, comme celui du professeur de théologie.

Grâce à l'obligeance de M. l'abbé Nicolas, ancien curé de Saint-Gilles et actuellement chanoine titulaire de la cathédrale de Nîmes, nous avons pu prendre connaissance de quelques lettres que l'abbé Meirieu écrivait, du grand séminaire, à son frère, médecin, et à M. Mazer [1]. Nous y voyons que l'étude et l'enseignement de la théologie ne l'absorbaient pas complètement. Il se livrait, en même temps, à des recherches historiques et archéologiques relatives à l'histoire de Saint-Gilles et de sa magnifique et célèbre église.

---

1. Hector Mazer, né à Saint-Gilles en 1769, mort à Arles en 1845. Élève de Sorrèze, avocat, ancien maire de Saint-Gilles, membre de l'Académie du Gard, helléniste et mathématicien distingué.

A son frère (du 9 décembre 1835).

« Je remercie beaucoup M. Hector Mazer de la liste de quelques bulles de Clément IV que vous m'avez transmises. La notice de M. Mérimée sur Saint-Gilles me fait sentir la nécessité de donner une histoire abrégée de la ville et de quelques monuments que nous avons. Au moins, ces messieurs qui voyagent et qui écrivent, ne commettraient pas de fautes aussi grossières que celles de M. Mérimée [1]... »

Au même (du 25 février 1836).

« ... Je vous remercie du plaisir que m'a donné la lecture des notes de M. Hector Mazer. Il paraît avoir renoncé au projet de faire une histoire du Saint et de la ville de Saint-Gilles. Je voudrais bien me sentir capable de prendre sa place... »

A M. Hector Mazer (du 29 mars 1836).

« ... Je partage beaucoup votre passion pour notre grand pape Clément IV et pour

---

1. Lorsque Mérimée vint, en sa qualité d'inspecteur des monuments publics, visiter Saint-Gilles, il recueillit quelques renseignements erronés sur la célèbre église romaine de ce pays, et les publia dans ses notes d'un *voyage dans le Midi de la France*.

tout ce qui touche notre pays, et je m'estime heureux de savoir que vous avez, sur ce sujet, des documents très importants et très étendus... »

Au même (du 24 juin 1836).

« ... C'est vraiment un bonheur pour moi de savoir que j'ai pu vous procurer des pièces que vous n'aviez pas. Je doute bien si le plaisir que vous éprouvez en les recevant égale celui que j'ai de vous les fournir... »

La correspondance continue ainsi pendant des années entre les deux amis, et il y est toujours question de documents sur Saint-Gilles ; nous n'avons pas pu trouver à Digne une seule lettre de M. Mazer.

L'abbé Meirieu avait perdu sa mère en décembre 1836 ; le 11 de ce mois il écrivait, en effet, à M. Mazer : « L'intérêt que vous portez à ce qui me touche me fait un devoir de vous annoncer une bien triste nouvelle pour moi, la mort de ma pauvre mère. Elle a reçu tous les secours et toutes les consolations de la religion, ce dont j'ai reçu un grand soulagement dans l'excès de ma douleur... »

Au même (du 11 janvier 1837).

« Il vous sera facile de trouver des excuses à mon silence. Vous avez su mon affliction et vous m'avez fait l'honneur de la comprendre et de la partager. Il est bien triste de voir nos parents, et surtout une mère, nous échapper et se séparer de nous pour toujours. L'isolement dans lequel je me vois est une horreur à laquelle je ne puis me faire. Dieu, cependant, me console; je me repose sur les espérances de la religion et je crois que ma mère me sera rendue un jour... »

CHAPITRE II

L'ABBÉ MEIRIEU, VICAIRE GÉNÉRAL DE DIGNE

LE 19 octobre 1839, l'abbé Meirieu écrit à M. Mazer : « Vous devez, sans doute, savoir que M. Sibour, chanoine de Nîmes, mon ami particulier, est nommé évêque de Digne. Il est, en ce moment, à Paris, pour les informations d'usage... »

Et le 8 janvier 1840 : « Il faut enfin vous le dire, Mgr Sibour m'a fait promettre de l'accompagner à Digne comme grand vicaire. J'ai cédé aux instances très pressantes de l'amitié. Il m'en coûtera beaucoup de briser mes habitudes et de me séparer de mes amis, d'autant mieux que Monseigneur l'Evêque de Nîmes avait eu la bonté de m'offrir un canonicat dans sa cathédrale. Nous partons dimanche soir pour

Paris où nous resterons quinze ou vingt jours. Ce ne sera guère que vers la fin du mois de février qu'aura lieu à Aix le sacre de Mᵉʳ Sibour. Pourrais-je me promettre de vous y voir? D'Arles à Aix le trajet n'est pas long. Au reste, je me propose bien de vous faire une visite avant notre départ pour Digne. Voilà donc ma destinée : changer d'existence et de patrie. Cependant, je ne veux point renoncer ni à mon pays, ni surtout à mes amis. J'ai arrêté que je viendrais les voir tous les ans. Là-dessus, Monseigneur de Digne me laissera en pleine liberté. »

La lettre suivante nous fait connaître les impressions du vicaire général de Digne dans l'exercice de ses nouvelles fonctions, dans un pays nouveau pour lui.

A M. Hector Maⱬer (Evéché de Digne)
8 avril 1840.

Il y a près d'un mois que je suis à Digne et je ne vous ai point encore donné de mes nouvelles. Ce n'est pas que je n'aie souvent pensé à vous et à vos travaux qui m'intéressent toujours, parce que je n'ai point encore renoncé à la patrie. Vous parlerai-je de ma nouvelle position? A la considérer en elle-même, indépendamment des sacrifices qu'elle m'a commandés, elle serait supportable. Je vis retiré, tranquille, occupé

de mes petites affaires. La crainte de ne
point remplir comme il faut les devoirs qui
me sont imposés vient quelquefois jeter
dans l'âme des alarmes, mais j'espère
que Dieu me soutiendra et me dirigera
dans la nouvelle voie qu'il m'a lui-même
ouverte.

« Pour le pays, il n'est pas si mal qu'on le
fait. Il y a même des agréments, et dans
l'été surtout il doit être fort bien. Il ne faut
point se laisser effrayer par la vue de la
neige qui est là à un quart d'heure, sur la
montagne, car, dans la vallée, le temps est
beau. D'un côté de la vallée, sur le versant
nord de la montagne, vous avez en ce
moment la neige, et de l'autre côté. sur le
versant midi, l'olivier et les arbres fruitiers
en fleur.

« Avez-vous entendu parler des Bains de
Digne ? Ils sont à demi-heure de la ville, et
très remarquables. On a pratiqué dans le
rocher des cellules, et là, pour prendre un
bain, il suffit de s'asseoir sur des bancs
disposés tout autour. On a une température
de 36° Réaumur, du moins c'est celle de
l'eau du bassin placé au milieu. J'y ai passé
une ou deux minutes et déjà la sueur
sortait par tous les pores.

« Le peuple, dans ce pays, est bon,
religieux, de plus, docile, calme et bien
différent, sous ce rapport, de nos Nîmois. En
somme, je me trouverais assez bien, s'il ne
me fallait faire, de temps en temps, quelque

violence pour me faire à un genre de vie opposé presque à celui que j'ai quitté...

« Parlez-moi longuement dans vos lettres de ce qui vous intéresse, de vos recherches, de vos découvertes, etc... Vous me transporterez à Arles et à Saint-Gilles, et là je me trouverai bien. »

L'abbé Meirieu aimait beaucoup son pays et le Saint qui lui a donné son nom, témoin cette exclamation joyeuse que nous lisons dans une lettre du 29 juin 1840. « Savez-vous que nous trouvons Saint-Gilles partout, même à Digne? C'est peu de chose, mais tout ce qui nous rappelle le souvenir de notre Saint est beaucoup. J'ai trouvé dans une notice sur l'Église de Digne, faite par Pierre Gassendi, qui était de ce pays, qu'un bassin des eaux thermales s'appelait : bain de Saint-Gilles. Cette simple dénomination donnée à un bassin prouve que notre Saint avait quelque célébrité dans ces contrées.. [1]. »

Une lettre du 8 août 1840 nous apprend que le climat de Digne lui était favorable.

---

[1]. Dans une lettre du 2 mai 1862, il disait : « Je vous avais parlé des bains de Digne. Vous trouverez ci-joint l'extrait dont je vous avais parlé (fragment d'un ouvrage du P. Richeome : *Trois discours sur la religion catholique*, dans lequel il est question des Bains de Digne). J'y vois que la chapelle qui sert encore aux baigneurs et où on dit la messe durant la saison des bains est dédiée à Saint-Gilles. Afin de perpétuer et de consacrer ce souvenir, mon intention est de faire mettre sur l'autel un tableau représentant le Saint qui guérit les malades par l'attouchement de son manteau » Mgr Meirieu ne donna pas suite à cette idée.

« ... Ma santé se trouve bien dans ce pays, je vais mieux qu'à Nîmes. Mon mal de gorge (il était sujet aux esquinancies) qui me fatiguait souvent et me défendait toujours de parler longuement, me permet aujourd'hui, sinon des excès, du moins un usage assez raisonnable de l'organe... »

Enfin, nous savons par une lettre du 31 décembre 1840, qu'il avait mis en relation M. Mazer avec le docteur Honnorat. « J'ai parlé de vous à un médecin de Digne, M. Honnorat, qui s'occupe d'un dictionnaire languedocien. Je lui ai dit que vous aviez recueilli quelques étymologies grecques de noms patois, et il m'a exprimé le désir bien vif de les connaître. Il m'a remis pour vous un projet de son dictionnaire et une lettre... [1].

Comme vicaire général, l'abbé Meirieu ne prit pas une bien large part à l'administration proprement dite, directe, du diocèse. Modeste, il se tenait à l'écart et aussi effacé que possible ; ami de la tranquillité jusqu'à chercher l'isolement, il évitait avec le plus grand soin les occasions de se produire, ne se liait que difficilement, ne se livrait à personne, et sa réserve n'avait d'égale que sa politesse.

---

1. C'est par suite d'une distraction qu'Honnorat donne M. Mazer comme médecin à Sommières. Nous lisons dans le *Dictionnaire de Langue d'Oc*, à l'article *Mai di* : (Tome II, p. 565). « Je dois à MM. Mazer et Dax, médecins à Sommières, ce mot et son étymologie. »

Il était naturellement sans attraits pour les occupations trop positives, et seul, le sentiment du devoir pouvait l'arracher aux charmes du travail de la pensée. Vingt années de vie calme et réglée, au grand séminaire, passées dans l'étude et dans l'enseignement de la théologie, avaient achevé de développer en lui ces tendances à la méditation. Il parlait peu dans les réunions où l'évêque était présent ; de même, il prenait rarement l'initiative et la responsabilité des affaires, et se renfermait dans son rôle d'ami, de confident et de conseiller. Mais alors, sa science théologique, sa pénétration et son jugement faisaient de lui le plus précieux des collaborateurs. M. Pillafort [1] nous racontait qu'un jour Mᵍʳ Sibour eut à résoudre, à l'improviste, un cas de conscience grave et qui lui paraissait très épineux. Il hésitait et ne savait quelle décision prendre, lorsqu'il fit appeler l'abbé Meirieu. Celui-ci dont l'attention était, en ce moment, absorbée par une expérience scientifique, tardait à descendre de ses appartements, et l'évêque s'impatientait, car il fallait donner une prompte réponse. Appelé de nouveau, le vicaire général arrive et à peine est-il au

1. M. Pierre Pillafort, natif de Villars-Colmars, mort en 1897 à Valensole, où il avait pris sa retraite après y avoir été curé pendant près de vingt ans. J'ai été pendant sept ans le vicaire de ce prêtre vénérable, dont je garde le plus respectueux souvenir.

courant de la difficulté qui mettait si fort l'évêque dans l'embarras, qu'il en donne la solution la plus claire et la mieux motivée; puis il remonte dans sa chambre et reprend l'expérience interrompue.

Il allait volontiers visiter les maisons d'éducation et les couvents, et s'intéressait à leur prospérité. « Je viens de temps en temps à Forcalquier, écrit-il à son ami Mazer, le 28 juillet 1841 ; j'y suis en ce moment pour l'examen qui doit durer environ huit jours. Nous tenons à faire des examens sévères, afin de fortifier de plus en plus les études. »

Au couvent de la Sainte-Enfance dont il était supérieur, on n'a pas encore oublié sa générosité aimable, son zèle pour les intérêts spirituels et temporels de la maison. Un jour qu'il se rendait à cet établissement, il aperçut une jeune novice qui revenait du jardin, ayant au bras un panier plein de légumes. Il la pria de porter à l'évêché une partie de sa cueillette, et au retour la novice remettait une pièce d'or à la Supérieure, de la part du vicaire général [1]. En octobre 1842, il accompagna Mgr Sibour en Algérie, lors de la translation des reliques de saint Augustin de Pavie à Bône, l'ancienne Hippone.

---

1. Nous tenons ce détail de la R. Mère Stanislas, morte Supérieure des Sœurs de la Sainte-Enfance; c'est elle qui portait le panier de légumes.

Nous ne le voyons qu'une fois en scène, au premier plan, dans une circonstance solennelle : c'était à la bénédiction du pont de Manosque, le 10 octobre 1847. Dans le discours qu'il y prononça, la première de ses œuvres imprimées que nous connaissions, il se révèle avec cette élévation et cette originalité de pensée dont il donnera bientôt de si fréquentes et si éclatantes preuves dans ses Mandements et ses Lettres pastorales ; nous croyons qu'il n'est pas sans intérêt de reproduire en entier cette pièce, d'ailleurs presque introuvable [1].

« La religion, en prêtant aux productions des arts l'appareil de ses cérémonies, a le dessein de relever à nos yeux le génie de l'homme, de s'associer à ses œuvres et de s'honorer elle-même.

« Accoutumée à toutes les gloires, elle ne veut pas borner la sienne à dévoiler les secrets du ciel et à raconter au monde les grandeurs de son Dieu. Elle s'abaisse encore vers la terre, et à mesure qu'elle rencontre les merveilles que l'esprit de l'homme a découvertes ou fondées, elle se les associe comme un accessoire de sa propre dignité, elle les consacre et les ennoblit. C'est une belle ambition que d'applaudir à toutes les grandeurs et d'en

---

1. Ce discours, joint à celui de Damase Arbaud, maire de Manosque, forme une petite plaquette imprimée à Digne, chez F. Guichard. (Fort rare).

revendiquer sa part. Elle est, cette religion divine, comme ces princes généreux et magnifiques qui, après avoir fait rayonner autour de leur trône toutes les gloires de leurs Etats, vont rechercher encore celles qui brillent dans des contrées lointaines, les encouragent de leurs bienfaits, et portent ainsi dans tout l'univers, avec le témoignage de leur munificence, le prestige de leur grandeur et l'éclat de leur majesté. Elle sait que depuis que l'homme a reçu, dans son origine et dans sa restauration, le sceau de la divinité, il n'y a rien en lui qui soit indigne d'elle, et que sa gloire serait incomplète si elle ne proclamait en même temps la puissance, la sagesse du Dieu du ciel et le génie du Dieu de la terre.

« Mais en s'honorant elle-même, elle croit rendre service à l'homme. Elle l'invite sans doute, à admirer en lui ce foyer de puissance et de lumière si ardent dans son énergie, et toutefois, si ordonné dans ses mouvements, qui le fait roi de la nature, elle excite son enthousiasme à l'aspect de la magnificence de ses propres ouvrages; mais elle lui dit que cette étincelle du feu sacré dont il s'enorgueillit, c'est le souffle de Dieu qui l'a allumé, et que toutes les productions de sa pensée, grandes ou ingénieuses, qu'il étale avec complaisance devant l'univers et sous les regards de la nature, ne sont que les restes d'une première puissance affaiblie, et comme les tronçons d'un sceptre brisé : traces nobles mais regrettables, d'une grandeur humiliée.

« Certes, elle n'a pas le dessein de les décourager ni de l'avilir : elle pense au contraire, l'élever plus haut qu'il ne se place lui-même. On n'abaisse pas un prince lorsqu'on lui rappelle la gloire de ses premières années, l'éclat de son nom et la noblesse de sa race : on ranime une ardeur qui tendrait à s'éteindre et on relève des espérances qui pourraient s'affaiblir.

« Cet enseignement de la religion apprend à l'homme que tout ce qu'il peut faire de grand ou d'utile, il le doit à l'activité de son intelligence et à la persévérance de ses efforts. Il n'est plus établi dans le domaine de la nature comme un souverain pacifique, respecté et obéi ; il y entre en conquérant, obligé de se servir de toutes les ressources de la force et du génie, afin de pourvoir aux convenances de sa dignité et aux besoins de sa condition. Cette nature n'affecte-t-elle pas, en effet, de se montrer à son maître comme un impénétrable mystère et de lui dérober ses trésors? Loin de se glorifier d'être sa servante et de venir d'elle-même lui étaler ses richesses, elle résiste à la main qui la fatigue et se rend sourde à la voix qui l'interroge.

« Grande leçon qui annonce à l'homme qu'il est dans un état de lutte, et que les succès qu'il obtient dans la vie présente sont une enquête et un triomphe. Sublime et salutaire enseignement que la religion consacre, et qui révèle une magnifique harmonie dans les lois de l'humanité. Partout, pour l'homme, efforts, violence et combat, afin d'assurer sa prééminence et d'étendre sa domination : combat pour se constituer le roi de la nature, combat pour se faire le citoyen et le monarque du ciel.

« Or, la religion, qui n'est qu'une ardente aspiration vers la suprématie de l'homme sur lui-même et sur tout ce qui l'environne, n'applaudit-elle pas aux efforts qu'il déploie dans toutes les branches de l'art et de l'industrie, et aux succès qui couronnent ses travaux? Pourrait-elle s'attrister lorsqu'elle voit cet enfant de sa puissance et de son amour s'affranchir de jour en jour de la servitude que la nature lui impose, la forcer elle-même à ruiner son empire en brisant les liens dont elle l'embarrasse; se soustraire presque par la rapidité de sa marche à la loi de l'espace et du temps; affermir ses pas au milieu des vagues tumultueuses, malgré la violence des éléments et la fureur des tempêtes; lutter avec avantage contre l'impétuosité des fleuves et déjouer leur menace par les inventions de son génie?

« Aussi s'est-elle empressée de répondre à votre appel et d'accourir pour admirer avec vous et consacrer le monument qui vient de s'élever sous nos yeux. Elle a déployé toute sa pompe pour célébrer avec plus de solennité la hardiesse et la magnificence de votre ouvrage. Elle bénit la pensée qui l'a conçu et les mains qui l'ont fait et embelli. Elle s'associe à votre joie et appelle de ses vœux la prospérité qui nous est promise. Votre gloire est la sienne. Elle est rehaussée, aujourd'hui, cette gloire, par l'affluence en ce lieu de l'élite de la cité, par le légitime orgueil de son magistrat, par la présence du dépositaire d'une autorité plus haute, de son représentant dans le pays et du défenseur auprès de la puissance souveraine de nos intérêts et de nos droits, qui, eux aussi, ont le sentiment de ce qui est grand et honorable pour nous. Ce jour, cette cérémonie sera une époque mémorable qui illustrera vos annales; et cette cité, la ressource et l'ornement de la contrée, qui sourit en ce moment à la fête, commencera une ère nouvelle d'activité, de gloire et de prospérité. »

Nous ne saurions dire dans quelle mesure il collabora aux *Institutions diocésaines* publiées par Mgr Sibour, ni même, s'il y mit la main. Ce genre de travail n'était certainement pas celui auquel il se livrait de préférence, et nous ne serions pas éloigné de croire qu'il y fut tout à fait étranger.

Nous ne croyons pas davantage qu'il ait beaucoup encouragé les projets ni partagé le moins du monde les illusions de l'évêque de Digne, lorsque ce dernier conçut la malencontreuse idée de jouer un rôle politique en 1848, et pour cela, assistant aux banquets populaires et acceptant une candidature aux élections à l'Assemblée nationale. La délicatesse extrême de l'abbé Meirieu ne pouvait que souffrir des menées, du tumulte et du sans façon des comices, surtout des comices provençaux ; sans qu'il y eût de sa part, le moindre dédain, tout dans sa personne exprimait *l'odi profanum vulgus* d'Horace. Et puis, il était trop clairvoyant pour ne pas se rendre compte des inconvénients et de la vanité d'une pareille tentative [1].

1. Rejetté par le plus grand nombre des électeurs, M⁣ᵍʳ Sibour se désista : « A l'exemple du divin Maitre, bénissons ceux qui nous repoussent et rendons le bien pour le mal. Ils sont toujours mes enfants. » (Lettré circulaire de Mᵍʳ Sibour faisant connaître son désistement, 12 avril 1848).

CHAPITRE III

MONSEIGNEUR MEIRIEU, ÉVÊQUE DE DIGNE

SES ŒUVRES

L'ATTITUDE et les harangues démocrati-
ques de Mgr Sibour avaient attiré sur lui
l'attention du gouvernement républicain
qui avait succédé à la Monarchie de Juillet,
et il fut choisi pour remplacer, sur le siège
de Paris, Mgr Affre, le martyr des barri-
cades.

Le nouvel archevêque de Paris désirait
vivement entraîner dans la capitale celui
qu'il avait amené dans le petit chef-lieu
des Basses-Alpes et dont il avait eu, main-
tes fois, l'occasion d'apprécier la prudence
et les lumières; mais ses propositions les
plus flatteuses rencontrèrent un insurmontable refus. L'abbé Meirieu aimait avant

tout à vivre en lui-même et tenait, par dessus tout, à rester maître de son temps et de ses pensées. Le genre de vie qui l'attendait à Paris n'avait rien qui pût le séduire, et tous les avantages d'une situation qu'eussent enviée tant d'autres, n'étaient pas capables de lui faire échanger une existence obscure, mais paisible, contre une existence agitée, dévorée par mille occupations diverses, si brillante fût-elle.

Mgr Sibour dut se contenter de le désigner pour son successeur à l'évêché de Digne, que son départ allait rendre vacant.

« Au moment de nous séparer de vous, prêtres et fidèles de l'Eglise de Digne, écrivait-il, nous ne devons pas vous taire l'immense consolation par laquelle il a plu à Dieu d'adoucir tous les déchirements de notre cœur. Celui qui nous était depuis si longtemps uni par les liens de l'amitié, qui avait le secret de toutes nos pensées, qui partageait nos joies et nos peines, qui était la moitié de notre âme, celui-là vient d'être désigné pour être notre successeur. Nous ne craignons pas de vous en féliciter, N. T. C. F. Cette gravité, cette prudence, cette foi vive, cette tendre piété qui ne se sont jamais démenties dans l'abandon même de la vie intime, toutes ces vertus jointes à une connaissance approfondie de la sainte doctrine, nous sont un sûr garant des succès de son ministère. Votre futur pasteur, avec toutes ces éminentes qualités de l'esprit et du cœur, en continuant ce qu'il peut y avoir de bien dans notre administration, en réparera aussi les fautes et vous les fera oublier. Qu'il nous soit donc permis de lui exprimer ici publiquement notre reconnaissance pour avoir laissé vaincre sa modestie par l'ascendant de l'amitié et par le mérite de l'obéissance [1]. »

Préconisé dans le Consistoire du 11 décembre 1848, Mgr Meirieu prit possession de son siège le 6 février 1849, et il fut sacré dans la vieille cathédrale de Notre-Dame du Bourg, le 24 février suivant [2].

1. Mandement de Mgr l'Archevêque de Paris, à l'occasion de la prise de possession de son siège, 9 octobre 1848.

2. Des chaises et des bancs furent disposés en grand nombre ; le prix des places attribué à la Conférence de Saint-Vincent de Paul, varia en raison de leur commodité et de leur proximité du sanctuaire. On n'oublia rien pour garantir les assistants contre le froid et l'humidité ; plusieurs poêles brûlèrent dans l'église quelques jours à l'avance. La petite porte latérale qui s'ouvre dans la cour de la Sainte-Enfance, fut exclusivement réservée aux membres du clergé, aux musiciens et aux personnes munies de billets des premières catégories. Pour toutes les autres places, on entrait par la grande porte.

Distinction et prix des places : 1° Les cartes roses représentaient les places réservées, à l'un des côtés du sanctuaire, au prix de 5 francs, sauf le premier rang dont les chaises étaient à 10 francs ; 2° les cartes bleues donnaient entrée aux deux premiers rangs de chaises de la nef, prix : 5 francs au premier et 4 francs au second ; 3° les cartes jaunes donnaient droit aux places qui venaient immédiatement après les deux premiers rangs, prix : 2 francs ; 4° les cartes rouges représentaient les chaises de la dernière catégorie, prix : 1 fr. 50 ; 5° les cartes blanches permettaient de se placer aux bancs disposés derrière les chaises, prix : 0 fr. 25. Pour avoir des billets on s'adressait à la salle de réunion de la Conférence, place de la Poterie ou du *Milan*, n° 18, maison Builly, au 1er étage, et chez M. Gui-

Mgr Darcimoles, archevêque d'Aix, fut le prélat consécrateur, assisté de Mgr Cart, évêque de Nîmes, et de Mgr Depery, évêque de Gap. Une inscription placée dans le chevet de Notre-Dame-du-Bourg rappelle cet événement [1].

Le jour même de sa consécration, il adressait à ses diocésains sa *Lettre pastorale à l'occasion de la prise de possession de son siège; le début en est touchant :*

« Qui nous eût dit, il y a neuf ans, lorsque pour la première fois nous parûmes au milieu de vous, que Dieu nous destinait à devenir votre premier pasteur !

« L'amitié nous avait enlevé à la solitude pour nous faire partager ses travaux et sa vie. La condition qu'elle nous avait faite pouvait alarmer notre inexpérience et notre faiblesse; elle était, du moins, pour le cœur, une délicieuse compensation aux douceurs de la retraite. Accoutumé que nous étions à des jours tranquilles, nous croyions être arrivé au terme des vicissitudes qui nous étaient réservées et avoir fixé

---

randy, trésorier de la Conférence, rue de l'Hubac (Journal des Basses-Alpes, n° du 18 février 1849). D'après une lettre adressée par M. Fortoul, vicaire général, aux prêtres du diocèse, la cérémonie devait avoir lieu sur les 8 heures du matin *(id.,* n° du 8 février).

1. *Anno Dom. 1849 die 24ª Februarii in hâc ecclesiâ, consecratio D. D. Mariæ Juliani Meirieu in episcopum Diniensem, a D. D. Petro Mariâ Joseph Darcimoles, arch. Aquen. Assist. D. D. Joan. Franc. Maria Cart epis. Nemaus. et Joan. Iren. Depery episcop. Vapins.*

à tout jamais nos destinées. Mais le Seigneur avait d'autres desseins qu'il voilait à nos yeux. Les premiers pas que nous faisons dans cette voie nouvelle devaient nous acheminer à une haute et redoutable dignité. Au souvenir de nos espérances trompées, nous ne pouvons répondre que par ces paroles : *Les pensées de Dieu ne sont pas nos pensées, ni ses voies ne sont pas nos voies* [1].

« Nous ne sommes pas un inconnu qui, arrivé d'un pays lointain, aborderait vos contrées comme une terre étrangère et s'attristerait de se voir exilé sur le sol de sa nouvelle patrie, et ignoré dans le sein même de sa famille. Nous avons habité depuis de longues années votre demeure, respiré l'air de vos montagnes et vécu avec vous sous le même ciel. Nous avons appris à vous connaître, et cette connaissance nous a fait contracter des liens qu'il nous suffira d'entretenir et de resserrer toujours davantage. Notre cœur ne devra pas se donner de nouvelles affections; il n'aura qu'à conserver et à rendre plus vives celles que vous lui avez inspirées. Et ainsi nous continuerons le cours de notre existence, occupé des mêmes soins, vivant de la même vie. Rien, sous ce rapport, ne sera changé pour nous, et nous pourrons dire

---

1. Isa. LV, 8.

comme le sage : Qu'est-ce qui a été ? Ce qui sera [1]; et nous puiserons dans ces paroles un encouragement dans nos appréhensions et un adoucissement dans nos peines...

« ... La bonté de Dieu nous offre des modèles qui nous instruisent et nous encouragent. Nos prédécesseurs nous ont déjà tracé la voie dans laquelle nous devons marcher. L'un, Mgr de Miollis, nous enseigne la simplicité qui charme les cœurs et la charité qui les gagne, et nous fait admirer, durant son long épiscopat, l'association touchante d'une haute dignité avec l'innocence et la candeur de l'enfance chrétienne. L'autre, Mgr Sibour, a su joindre aux vertus qui font les saints Pontifes la science et les grandes qualités qui distinguent les prélats illustres. Il nous a honoré depuis longues années de son amitié et de sa confiance, et dans le rang élevé où Dieu, par un dessein remarquable de sa Providence, l'a fait monter, il veut conserver encore le souvenir des jours passés, et entretenir les liens qui nous ont unis [2]. »

Un peu plus tard, annonçant sa première tournée pastorale, il disait : « Comme ce saint patriarche qui avait envoyé ses enfants à la conduite du troupeau dans un

---

1. Eccl. i, 9.
2. Voir à la suite des *Mandements* la lettre par laquelle il demandait des prières pour l'âme de Mgr Sibour (5 janvier 1857).

pays lointain, Dieu nous charge de savoir comment vont et le troupeau et les pasteurs... Nous connaissions déjà plusieurs de vos contrées. Les lieux que vous habitez sont devenus comme notre demeure, et ont acquis déjà pour nous les charmes de la patrie. »

De sa nouvelle dignité il ne voulut voir que les nouvelles obligations, les responsabilités et les charges qu'elle lui imposait. « Elle doit concevoir des alarmes, la créature en qui Dieu semble avoir mesuré l'excellence et l'élévation des fonctions qu'il lui confie, à la profondeur de sa misère. Ce sentiment a pénétré toutes les puissances de notre âme [1]. » Sa conversation était trop dans le ciel, il trouvait de trop vives joies dans la contemplation des réalités éternelles, pour que l'intérêt, l'ambition, la vaine gloire vinssent, un seul instant, l'effleurer. Après avoir ainsi ouvert son cœur à son peuple et fait appel à toutes les bonnes volontés, il se met à l'œuvre, et c'est l'épiscopat le plus fécond et le plus glorieux pour le diocèse de Digne qui commence.

Les temps, d'ailleurs, étaient propices et les jours d'alors, malgré leurs peines, n'étaient pas de trop mauvais jours. Outre que l'évêque pouvait compter sur

---

1. Lettre pastorale à l'occasion de la prise de possession de son siège.

l'obéissance et sur le dévouement de son clergé, l'administration religieuse, rarement contrariée, le plus souvent secondée par l'administration civile, était loin de se heurter, comme trente ans plus tard, à des difficultés sans cesse renaissantes. Si les lamentables événements accomplis de nos jours, dissolution des congrégations religieuses, dénonciation et rupture du Concordat, suppression du budget des Cultes, eussent surpris Mgr Meirieu sur son siège, nous croyons qu'il se fût hâté de fuir dans la solitude, comme saint Grégoire de Nazianze, laissant échapper à la fois des malédictions et des prières, et secouant la poussière de ses pieds sur les auteurs de ces tristes mesures. Autoritaire, moins encore par tempérament et par supériorité de nature que par le respect souverain qu'il avait lui-même de l'autorité venant de Dieu, ayant conscience de la beauté et de la nécessité de la mission de l'Eglise sur la terre, animé des intentions les plus droites et les plus pures, ne poursuivant aucun but personnel, il n'eût pas supporté longtemps la contradiction et les tracasseries. On le constate en lisant la collection de ses œuvres pastorales : à mesure que les temps devenaient plus difficiles, il écrivait de moins en moins ; il finit par s'en tenir à l'indispensable, et non pas tant par fatigue que par tristesse et dégoût, sentiments dont l'expression devenait chez lui, de jour en jour, plus fréquente et plus amère.

Les mécontents [1] — Mgr Meirieu, qui ne pouvait souffrir les médiocrités remuantes et vaniteuses, devait en faire — s'en allaient répétant volontiers la parole qu'un de ses vicaires généraux aurait eu le courage de lui lancer un jour, et qui était, d'après eux, la plus piquante des critiques : « Monseigneur, votre diocèse n'est pas dans la lune ! » Le digne homme aurait été, paraît-il, fort surpris et presque scandalisé de voir l'évêque consacrer de si longues heures à l'étude des astres et oublier ainsi les affaires du diocèse. A coup sûr, le mot n'est pas authentique et il a été sottement prêté à celui que l'on prétendait en être l'auteur [2]. La vérité est que Mgr Meirieu, cet homme à la pensée et à la parole

___

1. « Mais dans le cours d'une longue administration ne fit-il pas des mécontents ? Il y en eut toujours sous quelque gouvernement que ce fût ; et il y en aura partout, sous quelque régime que ce puisse être. Le gouvernement le plus sage est assuré d'avance d'encourir le blâme de plusieurs ; pourquoi ? Parce que les vues des chefs doivent être générales et non particulières, comme celles de chaque individu ; parce que les supérieurs ont à répondre de la communauté, et non pas uniquement d'un seul ;... parce qu'enfin ils sont hommes et que placés quelquefois entre des conseils contradictoires, ils ne peuvent se promettre, même avec les intentions les plus droites, de choisir le meilleur. Il ne faut donc point se récrier, si Mgr Miollis ne fut pas exempt de la loi commune, ni s'étonner si ceux qui le chérissent et l'honorent sincèrement ne prétendent point qu'il ne se soit jamais trompé. » (Bondil. *Discours sur la Vie et les Vertus de Mgr de Miollis*, pp. 79-80).

2. M. l'Abbé Fortoul.

si puissantes, fut également puissant en
œuvres : les murs qu'il a bâtis, les
établissements qu'il a fondés, le proclament.
Te saxa loquuntur, pourrait-on dire de lui,
comme d'un évêque de Salzbourg ; *lapides
clamabunt*, [1] pour emprunter le langage de
l'Ecriture. Dans l'ordre des choses positives, son esprit n'était ni moins clairvoyant
ni moins juste que dans le domaine de la
spéculation et des idées pures, et si le docteur sut enseigner et instruire, l'administrateur sut créer et organiser.

Faisant peu de cas de ce qui n'aurait été que
sagesse ou habileté simplement humaines,
dédaigneux du formalisme bureaucratique,
stérile et vide, son administration, c'est-à-
dire l'application, sous l'œil de Dieu, de
toutes ses facultés à l'intelligence et à la
satisfaction des besoins de son diocèse, fut
vivifiante, créatrice et à longue portée.
« Nous vivons de lui », disait Mgr Servonnet,
et l'on devra longtemps encore redire cette
parole. On peut, en toute vérité, lui appliquer ce qu'il écrivait lui-même dans sa
Lettre circulaire sur le petit séminaire de
Forcalquier : « ... Nous donnons une sorte
de perpétuité au bien que nous avons fait.
Nous pouvons laisser dans les lieux où nous
passons des traces durables de l'esprit qui
nous a animés, et dont nous avons rempli
les âmes. Plusieurs générations peuvent se

---

1. Luc XIX, 40.

ressentir de l'effort de notre zèle et recueillir le fruit de nos travaux. Notre nom peut être béni après nous et rappeler le souvenir de nos œuvres [1]. »

La première œuvre dont il s'occupa fut la réorganisation de la maîtrise de la cathédrale, et il fit paraître une Lettre circulaire à ce sujet, 18 juin 1849. « Depuis longtemps MM. les Chanoines ont exprimé le dessein de réorganiser la maîtrise de la cathédrale. Malgré tous leurs efforts et toutes les modifications qu'ils ont cru devoir successivement apporter, elle n'a pas répondu à leurs espérances, ni pleinement rempli la fin pour laquelle elle était instituée. Il leur restait toujours un obstacle qui s'opposait aux améliorations projetées et contre lequel ils ont lutté en vain. D'une part, les enfants obligés à prendre leurs repas chez eux, échappaient à une surveillance active et constante, nécessaire pour les plier à des habitudes d'ordre et de discipline ; d'autre part, appliqués qu'ils étaient à tout le service de la paroisse, ils perdaient la très grande partie de leur temps et ne faisaient presque aucun progrès dans leurs études.

« Pour obvier à tous ces inconvénients et obtenir le but que l'Eglise s'est proposé dans l'établissement des maîtrises, nous avons pensé qu'il fallait tenir continuellement les enfants sous la surveillance des

---

1. Lettre circulaire du 22 juillet 1849.

maîtres, et les appliquer à l'étude tout le temps qui est consacré à cet objet dans les autres maisons d'instruction publique. A cet effet, ils n'assisteront qu'aux offices du dimanche et des fêtes, et à une messe basse les jours de semaine; ils seront reçus comme pensionnaires, logés et nourris dans le local de la maîtrise et assimilés sous tous les rapports aux élèves du petit séminaire...

« Trois prêtres dévoués à l'œuvre seront chargés de tout ce qui se rattache à l'instruction et à la bonne éducation. Une construction nouvelle qui va être ajoutée à l'ancienne maison, nous offrira un logement assez spacieux [1]... »

Ces projets furent immédiatement réalisés; d'externes qu'ils étaient, les enfants de chœur devinrent pensionnaires et quelques-uns d'entr'eux, encore vivants, m'ont dit que Mgr Meirieu allait souvent les visiter,

---

1. Lettre circulaire du 15 juin 1849. Cette maîtrise réorganisée fut installée dans la maison qui porte aujourd'hui le n° 1 de la rue de l'Hubac; c'est la première, en allant de l'est à l'ouest, en contre-bas de la Montée des Prisons ; elle est précédée d'une petite terrasse. Les conditions d'admission furent les suivantes : 1° être âgé de moins de 10 ans ; 2° savoir au moins lire et écrire; 3° joindre à une bonne conduite des formes et un extérieur convenables à des enfants de chœur ; 4° avoir l'oreille juste et une voix agréable. Le prix de la pension fut fixé à 200 francs par an. Le directeur fut l'abbé Ventre, chantre à la cathédrale; les professeurs : l'abbé Aubert, organiste à la cathédrale et l'abbé Richaud, mort, secrétaire particulier de l'évêché. Cette maîtrise fonctionna jusqu'à l'ouverture du petit séminaire de Digne en 1854.

Antérieurement, la maîtrise était établie dans un local contigu à la cathédrale, là où est maintenant la sacristie. Nous avons

et ont gardé le souvenir de sa bonté paternelle ; il ne les quittait jamais, ou ne les recevait jamais chez lui, sans leur offrir quelques friandises.

Peu de temps après, ses préoccupations et ses soins allaient au petit séminaire de Forcalquier, et il appelait l'attention du clergé sur cet établissement diocésain par une Lettre circulaire du 22 juillet 1849. « Le petit séminaire, par les appréhensions que les événements ont fait naître dans les familles (la Révolution de 1848) et aussi par la diminution des ressources qu'a amenée l'état général des affaires, a perdu un certain nombre d'élèves... C'est pour l'Eglise de Digne un malheur déplorable que nous devons nous appliquer à faire cesser. » Il exhorte ensuite les prêtres à rechercher, dans leurs paroisses, ceux des enfants qui auraient des dispositions pour

entre les mains le règlement de cette ancienne maitrise, écrit par l'abbé Maurel, vicaire général et daté du 1ᵉʳ octobre 1835. Les «nfants de chœur allaient à l'école publique, mais ils venaient e s'amuser entr'eux à midi » sur la *Placette* de la cathédrale; ils faisaient leurs devoirs dans les locaux de la maitrise et y couchaient ; ils prenaient leurs repas chez leurs parents. Les revenus de cette maîtrise consistaient en une allocation annuelle de 4.220 francs que donnait le gouvernement et en une rente de 150 francs laissée par M. Ricaudi. Les enfants de chœur, lorsqu'ils servaient la messe « devaient n'allumer qu'un cierge, et seulement lorsque le prêtre s'habillait, à l'autel où il devait dire la messe ; ils allumeraient l'autre lorsqu'ils arriveraient à l'autel avec lui. Ils se garderont bien de boire du vin qui doit servir ou qui a servi pour la messe et seront polis et obéissants, sous peine d'être renvoyés. » Ce règlement nous apprend que le sonneur avait « une stalle au chœur et couchait au clocher ».

l'état ecclésiastique. « L'enfance a naturellement, et surtout par l'action de la grâce divine, une tendance remarquable à se rapprocher des ministres des autels. Tout ce qui porte le caractère de la religion a pour elle un attrait mystérieux. C'est un souvenir de ce qui se passait auprès de notre Sauveur ; c'est la vertu de son nom et de son ineffable bonté qui se perpétue dans ses disciples, et qui attire et charme à la fois l'innocence et la faiblesse... »

« Quelle joie et quelle gloire pour nous, si nous ouvrons les portes du sanctuaire au jeune lévite que nous aurons formé de nos mains, et en qui il nous aura été donné de faire ressentir les premières impressions de l'esprit de sainteté! Semence précieuse, elle eût péri dans le sein d'une terre stérile, si nous ne l'eussions transportée dans le champ du père de famille où elle s'est développée sous l'influence d'un ciel propice. Etincelle sacrée que le souffle du siècle eût éteinte, nous l'avons ranimée, et le Seigneur la destine, peut-être, à devenir un jour une lumière éclatante qui répandra au loin les magnifiques splendeurs de la vérité et les saintes ardeurs de l'amour divin. Flambeau mystérieux, caché sous le boisseau, nous l'avons placé sur le chandelier où il a éclairé l'Eglise, dissipé les ténèbres de l'erreur, et ramené les fidèles dans les voies de la sainteté et de la justice. »

Une Lettre pastorale adressée au clergé bas-alpin annonçait, le 8 mars 1850, le rétablissement de la liturgie romaine dans le diocèse de Digne. « Dès que Dieu nous eut imposé la charge de premier pasteur de ce diocèse, notre désir fut d'y rétablir l'unité de prières et de rite. Vous avez regretté vous-même plus d'une fois de voir cette unité altérée, et déploré la tendance malheureuse qui, au siècle dernier surtout, enfanta tant de liturgies diverses. Ces nouveautés avaient deux défauts qui devaient les rendre suspectes : elles étaient une violation manifeste de la Constitution du saint pape Pie V, elles apparaissaient dans un temps où les liens de dépendance et de filiale affection qui doivent nous unir à l'Eglise, mère et maîtresse de toutes les Eglises, étaient notablement affaiblis. »

« Comme la brebis la plus simple et la plus soumise du troupeau, nous mettrons toujours notre joie et notre gloire à suivre les inspirations du premier Pasteur, et à marcher aveuglément dans la voie qu'il voudra nous tracer. Nous ne voulons avoir d'autre pensée et d'autres sentiments que ceux qu'il nous donnera. Nos yeux seront sans cesse fixés sur lui pour nous déterminer et pour agir au moindre signe de sa volonté. Notre bonheur sera de l'aimer comme notre Père, et notre gloire de lui obéir comme à notre maître. »

La Lettre circulaire était suivie d'un Bref de S. S. Pie IX, daté de Portici. Le souverain Pontife y joignait à des félicitations et au témoignage de sa satisfaction profonde, certaines concessions relatives au bréviaire.

Les prêtres, que l'influence de Lamennais avait détachés du gallicanisme, suivirent docilement l'évêque dans ce retour complet vers Rome, et toute trace de la liturgie dite parisienne disparut. Bien mieux, une initiative partie de Digne vint contribuer puissamment à répandre dans de nombreux diocèses les livres liturgiques de « chant romain traditionnel en France », depuis le paroissien noté des fidèles jusqu'à l'antiphonaire in-folio. Il est vrai de dire que cette entreprise remontait à Mgr Sibour : c'est lui qui avait nommé la commission chargée de préparer une édition de ce « chant romain traditionnel » aussi correcte, aussi pure que possible, en mettant à profit les divers travaux publiés sur ce sujet; — il n'était pas encore question, alors, de chant grégorien. Mgr Meirieu n'eut donc qu'à continuer l'œuvre de son prédécesseur.

Lorsque la commission eut à peu près achevé son travail, Mgr Meirieu, d'accord avec elle, par acte du 7 juin 1850, céda en toute propriété à Etienne Repos, imprimeur à Digne, le manuscrit des livres de chant romain, en lui donnant pouvoir de les imprimer en autant de formats qu'il lui plairait, sous l'unique condition qu'il soumettrait les épreuves à l'autorité épiscopale, toutes les foisqu'il ferait de nouvelles éditions [1].

En septembre 1850, Mᵍʳ Meiricu se rendit à Aix pour prendre part au Concile provincial qui allait se tenir dans cette ville. « Nous obéissons à un sentiment de joie, écrivait-il à son clergé et aux fidèles, dans son Mandement du 5 août 1850, en vous annonçant la tenue prochaine du Concile provincial d'Aix. L'ouverture en est fixée au 8 septembre de cette année...

« C'est la première fois que vous apprenez que les évêques de la province vont se réunir pour s'occuper des intérêts de leurs Eglises. Le malheur des temps et les alarmes injustes des puissances temporelles avaient empêché ces saintes et salutaires

1. La commission qui signa cet acte se composait de MM. Alphonse, secrétaire-général de l'évêché ; Aubert, prêtre, organiste de la cathédrale de Digne ; Freud, chanoine ; Gastinel, chanoine ; Audemar, prêtre, chantre ; Ventre, prêtre, et Feraud, curé des Siéyes, secrétaire de la commission.

Etienne Repos continua d'imprimer les livres de la commission ecclésiastique de Digne jusqu'au jour où il fut mis en faillite. La commission passa alors avec Jean Mingardon, libraire demeurant à Marseille, un nouveau traité dont la principale clause était que la commission ecclésiastique de Digne vendait et cédait, avec toute garantie et à perpétuité, à Jean Mingardon, acceptant, et en cas de décès, à sa veuve et à ses enfants, pour l'exploiter, gérer ou aliéner comme bon lui semblera, le fonds de chant romain traditionnel, connu sous le nom de fonds de la commission ecclésiastique de Digne.

assemblées. Sous prétexte de prévenir les abus de la puissance spirituelle, on avait voulu en limiter l'exercice et en modérer l'action. On s'était donné des craintes puériles.

« Oui, les assemblées des évêques ne sauraient inspirer des alarmes. Elles sont, au contraire, un gage d'espérance et de paix...

« Mais pour répondre aux desseins de Dieu et au vœu de l'Eglise, nous avons besoin de l'assistance du Ciel. Nous ne pouvons rien de nous-même. Les lumières de notre raison et les leçons de notre sagesse seraient défectueuses... »

Le Concile d'Aix fut clôturé le 23 septembre [1].

Dans les Basses-Alpes, le coup d'Etat du 2 décembre 1851 fut suivi, nul ne

---

1. Faisaient partie du Concile d'Aix : NN. SS. Darcimoles, archevêque d'Aix : de Mazenod, évêque de Marseille : Casanelli d'Istria, évêque d'Ajaccio ; Depery, évêque de Gap ; Wicart, évêque de Fréjus ; Pavy, évêque d'Alger ; Meirieu, évêque de Digne. Etaient présents à titre d'invités : NN. SS. Debelay, archevêque d'Avignon ; Cart, évêque de Nimes ; Guigues, évêque de Bayton (Canada).

Mgr Meirieu y était président de la Congrégation des décrets. MM. Bondil, délégué du Chapitre de Digne ; Jordany, ancien supérieur du grand séminaire de Digne, et le P. Denis, mariste, supérieur actuel, y étaient en qualité de théologiens. M. Bondil fut notaire du Concile et témoin synodal ; M. Jordany, maître de cérémonies. Mgr Meirieu célébra la messe synodale le 14 septembre.

(*Concilium Provinciæ Aquensis in urbe metropolitaná celebratum, anno Domini MDCCCL. Aquis Sextiis. — Typis Vitalis*).

l'ignore, d'un mouvement insurrectionnel qui n'alla pas sans quelques troubles. De tous les points du département et de la partie haute du Var, les « vengeurs de la Constitution » avaient marché sur Digne où ils arrivèrent par milliers. Les esprits étaient très surrexcités et l'on sait combien facilement les mauvais instincts fermentent au sein des foules. De fâcheux incidents s'étaient produits, de plus graves et de plus tristes étaient à craindre ; la confusion et le tumulte allaient croissant ; des cris peu rassurants éclataient çà et là. On remarquait principalement un « insurgé » qui portait, piqué à son chapeau, un oiseau rouge en guise de cocarde et qui venait fréquemment proférer des menaces devant la porte de l'évêché. Moins par peur du danger que par dégoût des scènes de désordre dont les rues de Digne étaient le théâtre, Mgr Meirieu quitta son palais épis-copal et, accompagné de quelques-uns de ses gens, se dirigea vers Marcoux où l'on fit halte, puis vers Chanolles où l'évêque et sa suite reçurent l'hospitalité dans la famille Richaud. Peu de jours après, le calme ayant été rétabli, il revint à Digne [1].

Les actes du Concile provincial d'Aix ayant été approuvés par le Saint-Siège, ils furent promulgués dans un synode diocésain

---

1. Nous tenons ces détails d'un témoin oculaire, M. Blanc Casimir, marchand d'ornements d'église.

convoqué pour le 29 septembre 1852, jour de la clôture de la retraite pastorale. Après avoir indiqué quels étaient les membres du clergé qui devaient en faire partie, l'évêque ajoutait : « Le synode n'aura pour objet, cette année, que la promulgation des décrets du Concile provincial.

« Notre dessein est de retoucher le recueil des Ordonnances diocésaines, soit pour les compléter, soit pour les mettre en harmonie avec les prescriptions du Concile provincial. Mais nous voulons nous aider auparavant de vos lumières. A cette fin, le recueil des Ordonnances actuellement en vigueur sera la matière des conférences ecclésiastiques de l'année prochaine. MM. les Secrétaires constateront dans leurs procès-verbaux toutes les observations qui auront été faites et approuvées dans les réunions cantonales. Nous soumettrons ces observations à notre Conseil et nous arrêterons ensuite les dispositions qui devront entrer dans le nouveau recueil d'Ordonnances. Ce recueil sera enfin promulgué dans un synode...

« Vous n'oublierez pas qu'il est bon de retenir des anciennes Ordonnances tout ce qui peut être conservé. Elles ont été sanctionnées par un vénérable et saint évêque (Mgr de Miollis), dont la mémoire vous est chère à tous : le temps les a consacrées, elles ont contribué à former les mœurs et les habitudes du clergé. Il n'est pas sage d'ébranler, sans de graves raisons, ce qui est établi, surtout ce qui rappelle de respectables et glorieux souvenirs [1]. »

Lorsque les divers travaux des conférences ecclésiatiques au sujet des anciennes Ordonnances qu'il s'agissait de modifier, eurent été analysés, Mgr Meirieu adressa à son clergé une Lettre pastorale pour l'Indiction du synode diocésain.

« Nous avons examiné et fait examiner soigneusement les procès-verbaux et nous y avons puisé un grand nombre d'observations judicieuses. Pour procéder avec toute la maturité désirable, il nous a paru nécessaire de faire de ce premier travail, ainsi que des Ordonnances diocésaines, l'objet d'un examen plus détaillé au sein de notre Conseil. MM. les Vicaires généraux et les Chanoines de notre cathédrale, dans des réunions longues et multipliées, sont venus nous apporter aussi le tribut de leurs lumières. Vous avez donc tous concouru à la rédaction des statuts qui font l'objet du synode. Ils seront votre ouvrage [2]... »

Furent convoqués au synode : 1° MM. les Vicaires généraux ; 2° MM. les Chanoines titulaires et honoraires; 3° MM. les Curés de canton; 4° MM. les Supérieurs du grand et du petit séminaire, et deux

1. Lettre pastorale du 3 septembre 1852.
2. Lettre pastorale du 25 avril 1856.

professeurs du grand séminaire; 5° un prêtre de chaque canton nommé au scrutin secret, dans les conférences de juin, par tous les prêtres approuvés du canton.

Ce dernier article fut, toutefois, modifié ainsi qu'il suit : les cantons de Digne et de Barcelonnette durent nommer chacun deux prêtres députés. Il y eut une nomination, dans chaque chef-lieu des conférences ecclésiastiques, à laquelle prirent part les prêtres de la conférence, c'est-à-dire à Digne, à Thoard, à Barcelonnette et à Jausiers. Le canton d'Allos se réunit à celui de Colmars, le canton de Senez à celui de Barrême, le canton de Peyruis à celui de Volonne [1], pour nommer un seul délégué au synode.

Tous les prêtres convoqués au synode devaient être rendus à Digne au plus tard le 15 septembre au soir ; et l'ouverture eut lieu le 16, à 7 heures du matin, dans la chapelle du grand séminaire. Les séances continuèrent le lendemain, et dans un Mandement du 1er juillet 1857, Mgr Meirieu annonçait la publication des « statuts synodaux de son diocèse » et les rendait obligatoires à partir du 15 août [2].

---

1. Le pont des Mées n'était pas encore construit.

2. Ils parurent en un volume in 8°, chez Mme Vve A. Guichard, Digne, 1857. Un synode diocésain tenu à Digne, le 29 août 1883, dans la chapelle du grand séminaire, sous la présidence de Mgr Vigne, y ajouta un supplément. — *Synodus Diniensis prima, sedente R.R. Episcopo Angelo Vigne,*

Son attention se porta ensuite sur les conférences ecclésiastiques et il publia, le 24 septembre 1854, une Lettre circulaire à ce sujet : « Nous avons organisé des comités chargés d'apprécier le mérite et, au besoin, de relever les défauts de chaque procès-verbal. Le travail des comités sera lu ensuite dans une réunion générale et fournira la matière d'un compte rendu où chacune des conférences aura sa part d'éloges ou de remarques critiques...

« Dieu bénit notre fidélité à remplir toutes nos obligations, surtout, nous osons le dire, celles qui nous paraîtraient moins importantes. Les obligations graves se défendent assez par elles-mêmes contre notre négligence naturelle ; tandis que les autres, étant plus nombreuses et faisant moins d'impression sur nos esprits,

---

anno 1883 — brochure in 8°, chez Barbaroux, Chaspoul et Constans, 1884, Digne.

En publiant de nouveaux statuts synodaux (synode du 22 au 26 août 1903, in 8°. Digne, imprimerie Chaspoul et Vᵛᵉ Barbaroux, 1903), Mᵍʳ Hazera écrivait : « Devons-nous dire *statuts nouveaux ?* Nous avons travaillé, les uns et les autres, dans le même esprit : nous voulions maintenir, en la complétant et en l'accommodant aux besoins des temps actuels, l'œuvre de nos prédécesseurs, qui fut surtout celle de Mᵍʳ Meirieu, ce grand évêque dont le nom ne sera jamais oublié dans nos Alpes. C'est lui qui, le premier, nous traça ces larges et lumineuses voies, dans lesquelles nous marchons encore. Il y a de cela un demi-siècle et ce qu'il disait alors, nous ne pouvons pas mieux faire que de le redire aujourd'hui. Permettez-nous donc, chers Messieurs, de vous faire entendre encore les accents de cette grande voix... » Et Mᵍʳ Hazera cite presque en entier le Mandement de Mᵍʳ Meirieu.

réclament une attention plus soutenue et des efforts plus constants. »

Il prépara une nouvelle édition du catéchisme. « Nous venons de donner une nouvelle édition du catéchisme diocésain. Elle a été l'objet de nos soins.

« Les éditions précédentes laissaient à désirer sous le rapport typographique et étaient remplies de fautes. Elles renfermaient de plus, des questions qui ne paraissaient pas offrir beaucoup d'intérêt aux enfants et entraînaient des longueurs inutiles : nous avons cru devoir les retoucher. Mais, pour les questions conservées, nous avons respecté l'ancien texte, sauf quelques rares et légères rectifications... Ainsi, nous vous donnons le même catéchisme. En cette matière surtout, il faut s'abstenir d'opérer des changements sans de très graves raisons [1]. »

Puis il donne aux catéchistes d'excellents conseils, auxquels s'entremêle une psychologie très fine de l'âme de l'enfant. « Pour apprendre aux enfants la doctrine chrétienne, il ne suffit pas de mettre un catéchisme entre leurs mains et de les obliger à en retenir la lettre. L'instruction n'est pas la mémoire des mots, mais l'intelligence des vérités de la foi et des préceptes de la morale. Or, quelque perfection que l'on apporte à la rédaction d'un catéchisme, il

---

1. Lettre circulaire du 18 octobre 1860.

ne saurait suffire, pour donner à des intelligences toutes jeunes, toujours bornées et grossières quelquefois, des notions justes sur les articles les plus essentiels de la religion. Les termes ne sont pas compris, ou ils engendrent dans l'esprit des idées fausses, singulières et obscures. Il importe de prévenir ces premières impressions défectueuses ou erronées...

« N'oubliez pas que le sens véritable d'un grand nombre d'expressions échappe à l'enfant. Il en est qu'il entend pour la première fois : comment pourrait-il en savoir la signification? Et comme il veut attacher des idées aux mots qu'on lui apprend, il lui arrive de se faire des notions souvent étranges, bizarres quelquefois...

« Une autre source d'erreurs pour l'enfant c'est l'analogie que peuvent avoir certains mots du catéchisme avec ceux de sa langue maternelle; et cette analogie, il la prend non pas toujours dans une similitude d'expressions usitées dans l'une et l'autre langue et radicalement identique, mais dans une simple consonnance qui égare son esprit et lui fait concevoir quelques articles de la foi d'une façon étrange. Lorsque les familles étaient chrétiennes, l'éducation domestique pouvait prédisposer l'âme de l'enfant à l'intelligence de l'enseignement chrétien. Aujourd'hui, cet enseignement est, pour plusieurs, une nouveauté qui les surprend ; c'est comme une révélation de choses inouïes. Ils sont transportés dans une région où ils se sentent d'abord étrangers...

« Votre premier soin sera donc de bien expliquer les mots du catéchisme. Ne craignez pas de vous étendre trop sur ce point. Vous serez surpris de voir que des expressions très claires et très simples, n'étaient pas entendues dans leur véritable sens, ou n'éveillaient dans l'esprit de l'enfant aucune idée. Il s'occupe bien moins à saisir la signification des termes qu'à les retenir dans la mémoire, et il se persuade qu'il sait lorsqu'il a bien récité.

« Vos explications devront être courtes, simples et exactes. L'enfant n'est pas capable d'une attention longtemps soutenue, ni surtout de démêler dans l'abondance des paroles celles qui lui disent clairement ce qu'on veut lui apprendre. Il faut bien se mettre à sa portée, c'est-à-dire prendre ses idées et parler sa langue. Les idées et la langue de l'enfant diffèrent beaucoup de celles de l'âge mûr. Ses idées sont élémentaires et un peu confuses, sa langue est pauvre, imagée et simple. Enfin, parlez-lui peu et faites-le beaucoup parler. Par ce qu'il vous dira, vous saurez ce qu'il sait, et vous vous appliquerez à lui apprendre ce qu'il ignore.

« Il sera souvent nécessaire d'expliquer en langue vulgaire le texte du catéchisme.

Les idées de l'enfant s'étant associées aux termes de cette langue, ils deviennent plus propres à lui communiquer d'autres idées et à lui donner le sens des termes inconnus. Nous désirons que vous appreniez aux enfants qui ne vont pas à l'école les demandes et les réponses du catéchisme dans leur langue maternelle.

« Il importe de choisir les comparaisons les plus convenables et les plus justes. Lorsqu'il s'agit de certains mystères de la religion, gardez-vous de proposer celles qui pourraient donner de ces hautes vérités des idées grossières. Elles altèreraient dans l'esprit de l'enfant les notions de la foi et pourraient quelquefois donner lieu à d'indécentes plaisanteries. Prenez vos comparaisons dans l'ordre d'idées où son âge et sa condition l'ont placé, dans ce qu'il a vu et entendu dans sa famille et dans son pays. Mais n'abaissez pas trop les hauteurs de l'enseignement chrétien, et respectez toujours dans votre langage la dignité de votre ministère...

« Cherchez moins à apprendre beaucoup à l'enfant qu'à le bien instruire des points essentiels de la religion; il est nécessaire qu'il ait des notions claires et justes sur les principales vérités de la foi. C'est pourquoi, il est indispensable de les lui rappeler très souvent et de les graver de telle sorte dans son esprit qu'il puisse s'en souvenir après avoir oublié tout le reste.

8

« Voulez-vous être utile aux enfants, même sous le rapport de l'instruction, ayez pour eux une vive et sincère affection. Presque tout en eux doit vous les faire aimer : leur âge, leur faiblesse, et le besoin qu'ils ont du secours de Dieu...

« Abstenez-vous avec soin de tout ce qui pourrait altérer en lui cette sainte affection.

« Soyez doux et affables dans vos discours. Ne vous permettez jamais une parole dure ou blessante. Gardez-vous surtout de l'humilier. Vous feriez à son âme une blessure qu'il ressentirait, peut-être, toute sa vie. Soyez toujours convenables et, nous devons le dire, respectueux. Ne faites jamais de lui un sujet d'amusement et de plaisanterie. En oubliant, un instant, la gravité de votre ministère, vous risqueriez d'en compromettre pour toujours la sainteté et l'autorité.

« Employez rarement les reproches et les punitions pour obtenir la correction des défauts et des fautes de l'enfant. Il a surtout besoin d'être encouragé, et les châtiments, comme les reproches, le déconcertent, l'abattent et, même, l'irritent.

« Usez encore plus sobrement des punitions publiques : l'enfant s'y soumet avec dépit et en garde souvenir. Les punitions ne doivent jamais être ni sévères, ni ridicules.

« Continuez donc de faire du catéchisme l'objet de votre sollicitude et de le regarder comme la principale et la plus utile des fonctions de votre ministère. Songez que, pour un grand nombre d'enfants, l'enseignement du catéchisme sera la seule instruction qu'ils recevront dans le cours de leur vie.

« Nous vous recommandons de ne pas retenir trop longtemps les enfants : il faut craindre de faire naître en eux l'ennui et le dégoût. Vous cessez de les intéresser, lorsque vous avez épuisé la mesure d'attention dont ils sont capables [1]. »

Le 28 octobre 1864, un décret de Mgr Meirieu rendait obligatoires pour tout le diocèse les suppléments au bréviaire et au missel qu'avait rédigés une Commission nommée par lui et que Rome avait approuvés.

Dans un avis qui faisait suite à une Lettre circulaire pour l'établissement régulier de l'Œuvre du Denier de Saint-Pierre (25 juillet 1866), il donnait des instructions pour fixer d'une manière invariable les jours d'adoration perpétuelle dans chaque paroisse. « De cet ordre définitif il résultera que les paroissiens s'habitueront à leur adoration perpétuelle comme à une fête locale dont ils connaîtront le jour. Suivait un *tableau de l'adoration perpétuelle diocésaine, à jours fixes*.

Le 16 juin 1816, Mgr de Miollis avait établi à Forcalquier l'école ecclésiastique

---

1. Lettre circulaire du 18 octobre 18 o.

qu'une Ordonnance de 1814 permettait à
chaque évêque de fonder dans son diocèse [1]. Cette école, qui prit le titre de
collège-séminaire, fut placée sous la direction des Pères Jésuites et devint rapidement
très florissante ; elle comptait parmi les
maisons d'éducation les plus importantes
de France. Mais son existence ne fut
pas longue ; une Ordonnance royale du
16 juin 1828, pour atteindre les Jésuites,
la supprima.

La ville de Forcalquier n'ayant pas
obtenu du gouvernement de Juillet le
collège royal qu'elle demandait en compensation, offrit à l'évêque le local de l'ancien
collège des Jésuites. Mgr de Miollis accepta
la proposition et transforma cette maison en
petit séminaire diocésain (6 février 1829) [2].
L'arrangement était heureux, et le petit
séminaire ne pouvait que gagner en faisant
suite à un collège réputé dans tout le Midi.
Cependant la division de la France en
départements et la nouvelle organisation
religieuse survenue après le Concordat,
avaient donné à la ville de Digne une
importance considérable. Outre qu'elle
avait conservé son évêché dont les limites
se trouvaient singulièrement élargies, elle
était devenue le chef-lieu des Basses-Alpes

---

1. Une sœur de Mgr de Miollis avait épousé Bertrand Jean-
François, lieutenant général de la sénéchaussée de Forcalquier,
et avait été ensevelie dans un caveau de la cathédrale.

2. Il en a été question à la page 35.

et, par conséquent, le siège de diverses administrations et le séjour de nombreux fonctionnaires. D'ailleurs, les programmes d'enseignement devenaient de jour en jour plus étendus, et il était de plus en plus difficile de préparer convenablement, jusqu'à leur entrée au grand séminaire, les jeunes gens qui se destinaient au sacerdoce. La pensée vint donc naturellement à Mgr Meirieu d'avoir un établissement religieux d'instruction et d'éducaion dans sa ville épiscopale; c'était répondre à un besoin réel. Il s'en ouvrit à son clergé dans une Lettre circulaire du 22 février 1853.

« Nous venons vous donner connaissance d'une œuvre que nous allons entreprendre. Depuis quelque temps surtout, nous concevons des alarmes sur l'avenir prochain du sacerdoce dans le diocèse. Les vocations ecclésiastiques diminuent chaque jour et ne nous permettent plus déjà de pourvoir aux besoins des paroisses...

« Il y a, sans doute, diverses causes qui ont amené ce malheur; mais il est inutile de les énumérer : il suffit de constater le fait.

« Votre piété et votre foi vous feront partager nos alarmes et vous inviteront à rechercher les moyens de les calmer. Il en est un que nous devons mettre en œuvre et auquel, nous en avons l'assurance, vous applaudirez. Notre dessein est de fonder, à

Digne, *un établissement d'instruction secondaire.* Nous avons déjà fait l'acquisition d'une propriété spacieuse et agréablement située [1], sur laquelle nous nous proposons d'élever des constructions dans des proportions convenables.

« Le Conseil municipal de la ville vient de nous autoriser, sur notre demande, à y amener de l'eau de la grande fontaine... [2].

« Nous avons pensé qu'en vous pressant de concourir à une œuvre aussi excellente à la fois et aussi nécessaire, nous devions vous donner l'exemple et nous mettre à votre tête. C'est pourquoi nous nous engageons pour la somme de 20.000 francs que nous avons réalisée au moyen d'un emprunt personnel. Ne soyez pas surpris de l'étendue de ce sacrifice. L'œuvre à laquelle nous voulons consacrer tous nos soins et toutes nos ressources, est la condition première de la prospérité de la religion dans nos pauvres contrées. Nous nous y dévouerons sans réserve et dans toute la joie de notre âme... Les travaux sont ouverts ; ils seront continués avec activité et les dépenses seront considérables ; nous

---

1. Au pied de la colline de Saint-Vincent, quartier de *Rebaro-Mouisso* — là où se ramassent les mouches, à l'approche de l'hiver — c'est-à-dire un endroit bien ensoleillé et bien abrité.

2. Depuis la loi de Séparation, cette faveur a été retirée à l'établissement qui doit payer à la ville de Digne une redevance annuelle de 250 francs pour l'usage de l'eau amenée de la grande fontaine.

pensons qu'elles s'élèveront à la somme
de 80.000 francs [1]. Mais n'en soyez ni
étonnés, ni découragés, un établissement
de cette nature doit répondre à sa destination, et notre ambition, très légitime
aux yeux de la foi, est justifiée par
les ressources sur lesquelles nous pouvons déjà compter; elles représentent, y
compris notre souscription, la somme de
25.000 francs. »

M. Raymond, architecte à Digne, avait
dressé les plans de l'édifice, et les frères
Arnaud, maîtres-maçons de la même ville,
furent les entrepreneurs des travaux. A
peine avait-on mis la main à l'œuvre, que
Mgr Meirieu adressait à ses prêtres une
nouvelle Lettre circulaire sur le même
sujet. « Nous devons porter à votre
connaissance la nouvelle destination que la
Providence donne à la maison d'instruction
secondaire dont nous vous avons annoncé
la fondation. Elle sera le petit séminaire
diocésain. Les membres du Conseil municipal de Forcalquier, redoutant par avance la
concurrence qu'elle pourrait faire au petit
séminaire situé dans leur ville, m'ont
adressé, par l'organe d'une députation, la
demande qu'il leur fût retirée dès cette
année, à la rentré des classes. Il nous a
répugné d'entrer en discussion avec des

---

1. Le montant total des travaux, d'après le décompte arrêté
entre les parties, le 24 septembre 1859, fut de 86.625 francs.

hommes honorables et si dignes de notre estime, sur le droit qu'ils croyaient avoir de reprendre sitôt l'usage d'un local concédé depuis plus de trente ans au diocèse, et nous avons accepté leur proposition...

« Les élèves seront placés, cette année, dans le grand séminaire... L'année prochaine, ils seront reçus dans la nouvelle maison...

« La science est l'apanage de tous. L'Eglise la revendique et comme un droit commun et comme un brillant héritage de son passé. Elle a tous les éléments nécessaires pour la cultiver avec succès et pour la féconder : intelligence, dévouement, persévérance et passion du travail. Dans son sein et sous son inspiration, la pensée est toujours placée à une grande hauteur, et l'exercice que cette pensée fait d'elle-même dans cette région, la rend propre aux conceptions les plus élévées de la science humaine, et lui facilite singulièrement l'acquisition des connaissances inférieures et secondaires qui n'en sont que l'image et le rayon affaibli. » Et pour encourager prêtres et fidèles à la générosité, il ajoutait : « Les œuvres de charité produisent souvent au centuple dans le même ordre de biens, comme la semence confiée à la terre, et le secret d'avoir ce qui suffit à nos besoins et aux convenances de notre état, c'est de donner. Les enfants du siècle n'entendent rien à ce langage : ce ne sont pas là leurs maximes, ni les règles de leur prudence terrestre. Et cependant, que de fois cette prudence est en défaut ! Que de fois elle semble travailler, et elle travaille, en effet, à ruiner une prospérité acquise ! Que de tristes retours de fortune ! Que de richesses dissipées par les mêmes moyens qui les avaient amassées ! L'histoire de la cupidité est celle de ses mécomptes et de ses revers [1]. »

Dans le courant de septembre 1853, tout le mobilier scolaire n'appartenant pas à la ville de Forcalquier, fut apporté à Digne où, dès le mois d'octobre de cette même année, le petit séminaire était officiellement installé ; la direction de la maison fut confiée aux Pères Maristes qui, déjà, dirigeaient le grand séminaire. Ainsi que l'avait dit Mgr Meirieu, les élèves furent logés, pendant l'année scolaire 1853-54, au grand séminaire, en attendant que le nouveau local fût terminé ; et l'évêque, impatient de son naturel, ne négligeait rien pour hâter l'achèvement [2]. « Combien

---

1. Lettre circulaire du 16 juin 1853.
2. Le grand séminaire — aujourd'hui collège de filles — fut divisé en deux parties par une cloison en planches établie dans les deux grands corridors. La partie réservée au personnel du grand séminaire s'étendait depuis la grande porte d'entrée du milieu, y compris le grand escalier, jusqu'à la cuisine ; la partie affectée au petit séminaire comprenait l'aile faisant suite à la chapelle, et le reste du bâtiment ; à l'exception des grandes fêtes où les repas se prenaient en commun, chaque communauté mangeait séparément. Le grand séminaire dinait à onze

de fois, durant l'hiver de cette année
1853-54, ne l'avons-nous pas rencontré, par
le froid et la pluie, enveloppé dans son
manteau, le parapluie à la main, venant
au milieu des ouvriers, les stimuler par sa
présence, leur donner ses conseils et ses
avis, se rendre, par lui-même, un compte
minutieux de l'état des travaux. Puis, après
avoir tout vu, tout examiné, il ne dédaignait pas de s'arrêter dans le rez-de-chaussée
encore sans distribution, encore ouvert à
tous les vents, et là, il se faisait une joie de
présider, de sourire à nos yeux [1]. »

En octobre 1854, à l'ouverture des
classes, le petit séminaire fut inauguré et
définitivement occupé et, en avril 1855, le
soir d'une grande fête, suivie d'une illumi-
nation de tout l'édifice pour célébrer la
définition du dogme de l'Immaculée-
Conception, Mgr Meirieu annonça, aux
applaudissements de tous, que le vocable

heures et demie et soupait à sept heures moins un quart; le
petit séminaire dînait à midi et soupait à sept heures et
quart. La cour et les allées s'étendant devant la maison, au
midi, étaient réservées au grand séminaire; les autres cours, au
nord et au couchant, étaient à l'usage du petit séminaire. Dès
cette première année, le nombre des élèves fut de 80 à 90.
(Note de Mgr Bonnefoy).

1. *Eloge funèbre de Mgr Meirieu, évêque de Digne, fondateur et bienfaiteur du petit séminaire, prononcé dans la
chapelle de cet établissement, le 18 juillet 1884, par M. l'abbé
Bonnefoy, chanoine honoraire, supérieur de la maison.* —
In 8°, Lyon, Vitte et Perrusel. — (M. Bonnefoy est, actuellement,
vicaire général de l'évêque de Digne et protonotaire aposto-
lique).

de la maison serait : petit séminaire de l'Immaculée-Conception [1].

Pour obtenir, en si peu de temps, un pareil résultat, il avait fallu dépenser largement, et les ressources réunies pour l'entreprise étaient épuisées. Mgr Meirieu fit alors appel à la générosité de son clergé pour la seconde fois. « Nous venons encore solliciter votre concours pour l'œuvre du petit séminaire diocésain. Vous nous avez déjà prêté ce concours avec une générosité qui a soutenu nos efforts, affermi nos espérances et réjoui notre cœur : vous voudrez nous le continuer...

« Vous avez compris combien il devait nous être pénible de réclamer de vous de nouveaux sacrifices. Tendre la main, même dans de pressants besoins, à ceux qui ont à peine pour suffire aux nécessités de la vie, les presser de donner, renouveler auprès d'eux ses instances, c'est là une condition bien triste au point de vue humain. Lors même qu'on demande pour Dieu, pour les intérêts de sa gloire, pour le bien de l'Eglise, on est obligé de faire effort sur soi, de surmonter ses répugnances ; on sent tout ce que cette tâche a de difficile, nous allions dire, d'humiliant. L'empressement avec lequel vous avez

---

1. La fête de l'Immaculée-Conception, 8 décembre, fut choisie comme fête de la maison.

répondu à nos appels aurait dû cependant nous encourager, dissiper nos craintes et adoucir notre peine...

« Nous touchons bientôt au terme de nos dépenses, et il nous tarde plus qu'à vous de cesser nos demandes, de nous réduire à nos propres sacrifices, et de n'avoir qu'à vous féliciter de vos largesses et de la fécondité merveilleuse que Dieu leur a donnée. Nous avons le dessein, à la prochaine retraite pastorale, de vous produire l'état de nos recettes et de nos dépenses et vous admirerez avec nous les ressources dont la Providence dispose. Nous ne doutons pas que vous en soyez étonnés.

« Dieu continue de bénir et de faire prospérer le petit séminaire. Les élèves sont plus nombreux que nous ne pouvions l'espérer. Les études se fortifient et la discipline est fidèlement observée. Il convient de développer ces premiers éléments de bien et de tendre, par des efforts soutenus, à toute la perfection désirable. A cette fin, nous invitons MM. les Curés qui ont l'heureuse pensée de préparer des enfants au petit séminaire, à choisir ceux qui réuniront au plus haut degré les conditions de sagesse et d'intelligence, et qui seront en état de répondre, par leur conduite et par leurs succès dans les études, aux peines et aux soins dont ils auront été l'objet...

« Nous vous engageons à ne pas pousser trop loin vos élèves... Un prêtre occupé des fonctions du ministère n'a pas à sa disposition le temps et la liberté nécessaires pour diriger les classes supérieures. On s'applique partout à élever le niveau des études, et nous voulons que notre petit séminaire non seulement ne soit pas dans un rang inférieur à cet égard, mais qu'il acquière encore une distinction incontestée. En conséquence, nous avons arrêté qu'aucun élève formé par MM. les Curés ne pourra jamais être admis qu'à la classe de troisième [1]. » Suivait un programme des classes jusqu'à la troisième exclusivement.

L'évêque entreprend ensuite de créer des fractions de bourse en faveur des élèves pauvres : « Nous sommes toujours préoccupé des moyens de favoriser les vocations ecclésiastiques et de multiplier les ouvriers qui doivent moissonner le champ du Seigneur. Vous connaissez les besoins du diocèse. Plusieurs paroisses restent encore sans pasteur. Nous devons remercier Dieu, il est vrai, des bénédictions qu'il a répandues sur notre petit séminaire. Cette maison a fourni, cette année surtout, au grand séminaire, un bon nombre d'élèves...

« Mais il importe d'assurer pour l'avenir ce développement si désiré et si nécessaire

---

1. Lettre circulaire du 10 mai 1855.

des vocations, et de rendre, s'il se peut, plus abondante encore la source des bénédictions célestes. Dans ce dessein, **nous** avons exhorté plus d'une fois ceux à qui les occupations du ministère laissent du temps disponible, à préparer des élèves au petit séminaire. Mais il leur est arrivé de ne pouvoir se défendre de certaines inquiétudes... Ces enfants appartiennent presque toujours à des familles peu aisées, qui ne veulent pas consentir aux sacrifices que réclame une partie du cours de l'éducation cléricale, qui sont même quelquefois dans l'impossibilité de se les imposer.

« Pour obvier à ce grave inconvénient, nous avons conçu le dessein de donner une destination particulière aux quêtes pour les établissements diocésains, ainsi qu'à l'aumône pour le gras du carême. Ces fonds seront employés désormais à former des fractions de bourse applicables aux nouveaux élèves pauvres du petit séminaire. La somme que nous espérons recueillir, ajoutée au sacrifice que nous nous proposons de faire nous-même, nous permettra de créer pour la prochaine année scolaire trois quarts de bourse et quatre demi-bourses. Ces fractions de bourse seront obtenues au concours. La faveur accordée deviendra ainsi pour l'élève une distinction honorable et un moyen d'émulation. Les élèves concurrents seront logés et nourris au petit séminaire pendant la durée de l'examen [1].

« Les enfants soignés et instruits dans le presbytère nous inspirent, disait-il, une grande confiance [2]. »

Mgr Meirieu porta, jusqu'à la fin, le plus grand intérêt au petit séminaire : il y faisait de fréquentes visites. « Comme en un tableau, je revois dans le passé toutes ces belles premières communions, ces retraites édifiantes, ces joûtes littéraires, toutes ces fêtes de famille auxquelles il lui était si doux de présider avec son bienveillant sourire et son autorité paternelle ! Je le revois lui-même, et je l'entends encore, dans ces discours de fin d'année, mêlant les sentiments les plus nobles aux considérations les plus élevées, et ravissant toujours l'auditoire avec lui ! Je le revois surtout dans cette distribution des prix où sa modestie fut soumise à une si rude épreuve. Il venait de parler avec son ordinaire et merveilleuse facilité de parole, quand le préfet d'alors, se levant à son tour, rappelle un trait renouvelé de saint Charles Borromée : « Le choléra, disait en substance l'éminent fonctionnaire, le choléra étreignait naguère une localité ; à l'annonce du fléau, l'évêque du diocèse, se souvenant que le pasteur donne sa vie

1. Lettre circulaire du 20 juillet 1857.
2. Lettre circulaire du 24 mai 1864.

pour ses brebis, part pour aller visiter cette partie du troupeau ; il se fait l'infirmier des malades, et il les console, il les bénit, et ne revient chez lui que lorsque tout danger a disparu. » Et à ces mots, se tournant vers notre évêque. « Monseigneur, ajoutait le préfet, le ciel n'attend pas toujours après la mort pour récompenser les vertus : je suis heureux d'annoncer que la Légion d'honneur va compter un chevalier de plus ! » Et tandis qu'à ces paroles, les applaudissements éclataient enthousiastes et sans fin, lui, l'humble évêque, surpris, troublé, se recueillait dans le silence et la modestie [1]. »

Le petit séminaire n'avait pas de chapelle proprement dite ; les offices religieux se faisaient dans une salle du rez-de-chaussée

---

[1]. *Eloge funèbre...* par M. l'abbé Bonnefoy. Ce fut dans les premiers jours d'août que le choléra fit son apparition dans nos Alpes.

Par une Lettre circulaire du 29 juillet 1854, Mⁱᵉ Meirieu prescrivait des prières pour demander à Dieu de préserver son diocèse du choléra qui venait de se déclarer *dans un département voisin.* Quelques cas se produisirent à Digne, puis le mal se répandit dans les environs. Le canton de Barrème fut particulièrement éprouvé. Un soir, Monseigneur mande deux religieuses de la Sainte-Enfance, — il était sept heures, — il les fait partir aussitôt pour Barrème, où lui-même et le préfet se rendirent le lendemain, à la pointe du jour. Religieuses, évêque et préfet, accompagnés de trois médecins et de plusieurs gendarmes partirent pour les Sauzeries, commune de Clumanc — Saint-Honorat, où le fléau faisait d'affreux ravages. Depuis deux jours, des cadavres avaient été déposés dans l'église, faute de fossoyeur pour les ensevelir. Les gendarmes creusèrent des fosses, l'évêque donna l'absoute, puis, avec les autres personnes de sa suite, alla visiter les malades qui étaient nombreux, et,

— aujourd'hui salle de théâtre — qui devenait trop étroite à mesure que le nombre des élèves augmentait, et qui ne permettait pas de donner la moindre ampleur aux cérémonies. Mᵍʳ Meirieu voulut un local plus convenable pour le service divin, et en mars 1865, la première pierre de la chapelle actuelle fut posée. Achevée en 1867, elle fut bénite le 8 décembre de la même année, et consacrée le 25 mars 1885 par Mᵍʳ Vigne, comme le rappelle l'inscription gravée à l'intérieur, au-dessus de la porte d'entrée ¹.

Mᵍʳ Meirieu voulait, comme il l'avait dit, que le petit séminaire ne fût pas, au point de vue des études, dans un rang inférieur, mais qu'il acquît, au contraire, une distinction incontestée; et les études y étaient,

pour la plupart, dans des hameaux ou des fermes éloignés où ils ne recevaient aucun soin. Le même jour, quatre personnes moururent. Deux autres Sœurs, en arrivant à Chaudon, trouvèrent six cadavres étendus sur la place publique.

L'Etat accorda une rétribution aux religieuses de la Sainte-Enfance pour les défrayer des dépenses occasionnées par le déplacement des Sœurs envoyées auprès des malades. Par un décret en date du 1ᵉʳ septembre 1855, contresigné par M. Fortoul, ministre, Napoléon III décerna des mentions honorables aux quinze religieuses qui s'étaient particulièrement distinguées par leur dévouement; et ce fut cette même année 1855, que le préfet, M. de Bouville, qui avait accompagné l'évêque auprès des cholériques, annonça, à la distribution des prix, au petit séminaire, la nomination de Mᵍʳ Meirieu comme chevalier de la Légion d'honneur.

1 *Die XXV martii — MDCCCLXXXV. Ill. ac R. R. D. D. Lud. Jos. Mar. Angelus Vigne, Diniensis Episcopus Hanc Ecclesiam ab Ill. ac R. R. D. D. Mar. Juliano Meirieu ædificatam consecravit.*

en effet, aussi bonnes qu'elles pouvaient l'être dans une maison d'enseignement secondaire, en ce temps-là. Pendant plus de trente ans, à dater du jour où il fut ouvert, la plupart des bacheliers que comptaient les Basses-Alpes, sortaient de cet établissement.

Ne voulant rien négliger de ce qui pouvait assurer la stabilité et la prospérité de cette maison qui lui tenait à cœur, Mgr Meirieu établit l'*Œuvre des Vocations ecclésiastiques*, dont le but était de réaliser des fonds pour pouvoir accorder des faveurs plus considérables à un plus grand nombre d'élèves. Chaque prêtre était prié d'acquitter vingt messes dont les honoraires seraient appliqués à cette œuvre [1], et en même temps il recommandait avec instance à son clergé de rechercher et de discerner les vocations :

1. Comme il ne pouvait pas se procurer, dans son diocèse, toutes les intentions de messe dont il avait besoin, il en demandait à ses collègues dans l'épiscopat. Il écrivait à Mgr Ginoulhiac, évêque de Grenoble :

Digne, 5 avril 1869.

Très cher et vénéré Seigneur,

« Savez-vous que j'aurais envie de vous adresser des reproches ? Vous avez eu la bonté de me promettre des intentions de messe. Nous en demandons et on ne nous en envoie point. Ayez compassion de notre indigence, Vous, grands seigneurs, vous pouvez vous passer de ces industries de la charité ; mais, nous, pauvres montagnards, nous avons besoin de nous ingénier pour vivre... »

« Rien ne saurait être comparé à l'œuvre qui a pour objet d'en multiplier le nombre.

« Si donc vous parvenez à discerner dans un enfant des germes de vocation ecclésiastique, pourquoi ne vous appliqueriez-vous pas à en favoriser le développement? Un grave devoir vous est alors imposé, une grande responsabilité pèse sur vous. Un nouveau Samuel réservé au service du temple vous a été révélé. Vous devez entourer de soins plus assidus et plus tendres cet enfant de bénédiction, cultiver avec une sollicitude empressée et une sainte joie ces dispositions heureuses que vous avez reconnues. Vous avez l'annonce d'une glorieuse destinée, les prémices d'une vocation sacerdotale, le signe d'une prédestination divine.

« Nous vous exhortons à ne pas conduire les enfants au-delà de la cinquième. Il ne faut pas l'oublier : les études sont et doivent être plus fortes et plus complètes qu'elles ne l'étaient autrefois... Il n'est pas bon que nous donnions au monde le droit de nous placer, au point de vue de l'instruction, dans un rang inférieur. Le sacerdoce y perdrait de sa dignité et de son action sur les peuples [1]. »

Quelques mois après, il disait encore :
« Permettez-nous de vous conjurer de

---

1. Lettre circulaire sur l'*Œuvre des Vocations ecclésiastiques*. Cette œuvre disparut après la retraite de Mgr Meirieu.

nouveau de rechercher avec le plus grand soin ces enfants de bénédiction qui seront, un jour, l'instrument de salut pour un grand nombre d'âmes, si les desseins de Dieu trouvent en vous des coopérateurs. De notre côté, nous serons heureux de seconder vos saints efforts et nous vous en donnons l'assurance, vous pouvez compter sur tous les sacrifices que nos ressources nous permettront pour venir en aide aux enfants que vous nous enverrez [1]. »

C'est un sujet sur lequel il ne se lassait pas de revenir. « Penserions-nous qu'un enfant que Dieu appelle au sacerdoce, ne pourra pas suivre sa vocation, faute de ressources suffisantes de la part des parents? Il y a souvent, dans l'histoire des jeunes lévites, des merveilles d'assistance divine, des traits providentiels qui montrent l'action sensible de Dieu pour écarter les obstacles qui semblaient devoir s'opposer à l'accomplissement de ses desseins, pour faire naître des facilités inespérées, au moment même où il fallait renoncer à toute espérance de réussir...

« Promettez aux familles notre concours et dites-leur la résolution que nous avons prise de seconder aussi largement que possible leur pieux dessein.

---

1. Lettre circulaire au clergé pour lui annoncer la retraite pastorale, 1867.

« Si tous les prêtres qui en ont le temps, se consacraient à l'instruction de quelques enfants, que d'aspirants au sacerdoce pourraient sortir de là !

« Vous donnerez un soin tout particulier à leurs études. Ne vous persuadez pas qu'il soit toujours possible aujourd'hui d'ignorer ce qu'il n'est pas absolument nécessaire de savoir. On peut affirmer que ce qui semble suffire ne suffit pas. Le prêtre, pour assurer le succès de son ministère, pour mériter l'estime et la considération publiques, a besoin du prestige de la science. S'il n'a que celle que réclame rigoureusement la nature de ses fonctions, il sera placé par les hommes au-dessous du rang que lui assigne son sacerdoce; de là résultera une dépréciation du sacerdoce lui-même [1]. »

Cet évêque qui comprenait si bien la nécessité de la science dans la formation du prêtre, n'avait rien négligé pour donner à ses petits séminaristes une instruction aussi complète que possible. Cabinets de physique et de chimie, collections d'histoire naturelle, observatoire,... rien ne manquait au petit séminaire de Digne, et peu d'établissements de ce genre, à cette époque, même parmi les plus riches et les

---

[1]. Lettre circulaire au clergé sur la nécessité de favoriser les vocations ecclésiastiques, 1876.

plus en renom, étaient, au point de vue scientifique, aussi largement pouivus [1].

En 1869, les PP. Maristes cessèrent de diriger le petit séminaire et furent remplacés par des prêtres du diocèse. « Cette mesure a été prise d'un commun accord, sans que les rapports d'estime et de confiance réciproques aient été altérés... Il n'y aura rien de changé dans les conditions d'admission, dans l'ordre et la matière des classes, ainsi que dans tout ce qui se rattache à la discipline. L'avenir sera la continuation du passé [2]. »

Mgr Mortier, mort à Digne le 27 janvier 1889, après un an d'épiscopat, voulut que le petit séminaire fût seulement une

---

1. Les ressources du cabinet de chimie permettaient des expériences variées; on voyait, dans le cabinet de physique une puissante bobine de Ruhmkorff, un appareil de Melloni, une machine d'Atwood, de nombreux appareils électriques... L'observatoire renfermait : 1º un télescope équatorial de Foucault, à réflecteur de 0^m20 de diamètre, muni de plusieurs oculaires et grossissant de 200 à 300 fois en diamètre; 2º une lunette astronomique d'une longueur totale de 2^m20, montée sur un charriot à roulettes et à crémaillère...; 3º Un grand appareil pour démontrer les différents mouvements de la terre et de la lune, avec leurs positions respectives entre elles et par rapport au soleil, etc...; 4º Une horloge sidérale construite par Detouche; 5º Une autre pendule portant un globe terrestre incliné sur son axe et servant à démontrer le mouvement de translation de la terre autour du soleil, le parallélisme de l'axe terrestre, etc...; 6º Un astrogoniomètre inventé par Mgr Meirieu lui-même et dont il sera question plus loin.

2. Lettre circulaire annonçant le changement du personnel du petit séminaire.

école ecclésiastique et supprima la préparation au baccalauréat; mais cette mesure ne fut pas maintenue. Depuis la loi de Séparation, cette maison est devenue un établissement libre, sous le titre d'Institution de l'Immaculée-Conception [1].

La maîtrise de la rue de l'Hubac avait fermé ses portes après quelques années d'existence, et les enfants de chœur étaient pris parmi les élèves des Frères de la Doctrine chrétienne qui tenaient une école dans le pays [2]. Mgr Meirieu résolut d'élever une maîtrise plus importante où l'on pût recevoir, au besoin, une centaine d'enfants, et qui deviendrait une annexe du petit séminaire. L'emplacement choisi fut un terrain situé dans la partie est de l'avenue des Fontainiers et s'étendant jusqu'au Mardaric [3]. L'œuvre fut commencée le 25 mars 1867, ainsi qu'en témoigne l'inscription gravée au-dessus de la porte sud, du côté de la cour [4]. Le personnel enseignant fut pris d'abord parmi les ecclésiastiques du diocèse; plus tard, les Frères de

1. Cette institution que dirige actuellement M. l'abbé Martel, vicaire général de Digne, et ancien vicaire général de Bourges, est en pleine prospérité; on y reçoit surtout les élèves qui se destinent à la carrière ecclésiastique.

2. Leur maison d'école était au n° 1 du boulevard des Lices, aujourd'hui boulevard Soustre; il y a une école communale de garçons.

3. Le Mardaric n'était pas encore couvert.

4. *Hoc Gymnasium, Auspice Deiparâ Virgine ab angelo salutatâ, ædificari cœpit XXV Martii, anno MDCCCLXVII.*

Saint-Gabriel les remplacèrent. Ceux-ci ayant quitté la maîtrise, à leur tour, les prêtres du diocèse y revinrent et, pendant quelques années, sous l'administration de Mgr Servonnet, l'établissement fut florissant : M. l'abbé Martel, alors secrétaire général de l'évêché, en était le directeur. Puis la maîtrise cessa d'exister, et une communauté de Carmélites, venue de Saint-Dié, occupa la maison, d'octobre 1899 à septembre 1901. Lorsque Mgr Castellan fut expulsé du palais épiscopal et vint habiter les Fontainiers [1], on transporta les bureaux de l'évêché dans le local inhabité depuis le départ des religieuses du Carmel. La maîtrise a été rouverte par Mgr Castellan.

La maison des religieuses de la Sainte-Enfance et celle des religieuses Ursulines, qui n'étaient pas son œuvre personnelle, il est vrai, puisqu'elles existaient avant son arrivée et qu'elles agissaient, du reste, d'elles-mêmes, lui furent néanmoins redevables en grande partie de leur développement et de leur prospérité. Il les conseilla, les encouragea, et ne leur ménagea son concours sous aucune forme.

C'est sous son épiscopat que fut fondée la maison de retraite de Saint-Domnin et il annonça lui-même l'inauguration prochaine de ce nouvel établissement. « Un prêtre

---

1. Maison Alary-Colomb, n° 17.

connu de plusieurs d'entre vous [1], après avoir exercé avec distinction le ministère paroissial à Paris, a voulu consacrer sa fortune et son zèle à des œuvres de charité... Mais il n'a pas voulu borner son œuvre au lieu qui avait eu les prémices de son sacerdoce. Il s'est souvenu du diocèse qui l'a vu naître, où il a passé les jours de son enfance et une partie de sa jeunesse [2]. »

La maison put recevoir des pensionnaires vers la fin juin 1864, et la chapelle fut inaugurée en septembre 1869. A l'occasion de cette cérémonie, les Dignois purent entendre de nouveau le P. Hyacinthe qui avait prêché à la cathédrale, deux ans auparavant [3]. Ni ses phrases fleuries, ni sa voix agréable, ni ses gestes élégants, n'avaient pu faire, un instant, illusion à l'orthodoxie rigoureuse de l'évêque de Digne. Le soir même du jour où il avait entendu pour la première fois ce moine suspect, Mgr Meirieu, dans une conversation intime, manifestait son mécontentement et les craintes que lui inspirait cette prédication étrange, vide de doctrine et pleine de fadeurs malsaines, de complaisances à peine dissimulées pour

1. L'abbé Charles Bayle, né à Digne en 1829, mort à Paris en 1873. Vicaire général de Paris, il fonda en 1854 la Congrégation de Notre-Dame des Anges; il est inhumé dans la chapelle de l'établissement de Saint-Domnin, qui est desservi par des religieuses de cet ordre.

2. Lettre circulaire du 10 avril 1864.

3. Sa sœur, mariée à un sous-intendant militaire, habitait Digne, alors.

les passions et l'erreur. Bientôt une triste et piteuse apostasie ne justifiait que trop les inquiétudes du prélat clairvoyant.

C'est sous l'épiscopat de Mgr Meirieu que furent achevés les travaux de restauration de la cathédrale. Cette église, dédiée à saint Jérôme et bâtie par l'évêque Antoine Guiramand, de 1490 à 1500, sur le plateau de Bellegarde, à côté de son palais, était devenue cathédrale à la suite du pillage de Notre-Dame du Bourg par les huguenots en 1591. Choquante d'irrégularité, sans caractère, trop étroite pour contenir les fidèles, aux jours de solennité, il était question, depuis longtemps, de la transformer et de l'agrandir. Mgr Sibour put commencer la réalisation de ce vœu, et le 17 août 1846, le chantier fut ouvert. L'œuvre fut continuée sous Mgr Meirieu et achevée définitivement en novembre 1861 [1].

---

1. L'entrepreneur des travaux fut M. Maurin, qui fut aussi l'entrepreneur de la cathédrale de Marseille.

Nous croyons qu'il n'est pas inutile de donner ici quelques détails que nous ont appris des notes de M. Bondil.

Les travaux de restauration de la cathédrale commencèrent le 17 août 1846 ; (il s'agissait de l'agrandir d'une travée, de baisser le sol de deux mètres et de refaire la façade). L'adjudication fut donnée au maître-maçon Arnaud pour la somme de 283.000 francs. Au commencement de janvier 1852, grâce à l'appui du bas-alpin Hippolyte Fortoul, ministre des Cultes et de l'Instruction publique, l'Etat alloua 144.000 fr. Le 27 avril de la même année, toute l'église fut abandonnée aux ouvriers, à l'exception de la sacristie où les chanoines faisaient, dès lors, l'office quotidien ; le dimanche, ils disaient la grand'messe et les vêpres à la chapelle de l'hôpital (aujourd'hui le Musée). Du 15 au 30 mai, on cura les puits de Saint-Jérôme dont l'eau fut utilisée par les maçons. (Ce puits taillé dans le roc et dont peu de

Mᵍʳ Meirieu était trop romain pour ne pas saluer avec bonheur l'ouverture du concile général que Pie IX avait convoqué à Rome pour le 8 décembre 1869.

« Cet acte couronnera toutes les œuvres qui ont illustré ce long et glorieux pontificat. L'Eglise va donc réunir ses évêques de tous les points de la terre au centre de la catholicité. Ces solennelles assises, qu'on n'avait pas vues depuis trois siècles, supposent un grand dessein. L'univers entier ne se remue pas pour de médiocres intérêts, et la parole de celui qui a reçu la domination *d'une mer à l'autre et jusqu'aux extrémités du monde*, ne retentit pas au milieu de toutes les nations sans annoncer de graves et salutaires enseignements.

« L'Eglise connaît et apprécie le temps présent, parce qu'elle est de tous les temps.

Dignois connaissent l'existence, avait été creusé par les évêques pour le service du château. Le 4 juin, un tombereau d'ossements tirés des caveaux de la partie ouest de l'église est porté au cimetière ; (une partie de ces débris humains forment l'ossuaire que les curieux vont visiter parfois à Notre-Dame du Bourg). Le 15 juillet, Mᵍʳ Meirieu bénit la statue de la sainte Vierge qui est posée sur le portail, au-dessus de la rosace, dans une niche. Le 30 août 1853, la sacristie fut abandonnée aux maçons pour que le sol fût abaissé... La messe capitulaire se disait chaque jour à l'hôpital ; on n'y disait pas les vêpres. Le 16 avril 1854, jour de Pâques, office pontifical à la cathédrale où, à partir de ce jour, eurent lieu, tous les dimanches et fêtes d'obligation, messe, vêpres, prônes... Le 4 juin, retour complet à la cathédrale. Le 29 juin 1856, l'escalier est à peu près fini, et l'on met la main aux trois fenêtres du fond du chœur, séparé du reste de l'église par des cloisons en planches recouvertes de papier ;

Tous les siècles, comme toutes les nations, sont son héritage. Elle n'a pas été établie sur la terre seulement pour répondre aux besoins d'une époque de son histoire, mais pour satisfaire aux besoins de l'humanité à toutes les époques. Si son enseignement et sa constitution restent toujours immuables et inaltérables, elle sait revêtir des formes diverses selon les états divers par où passent les peuples et proportionner son action à l'œuvre qu'elle doit accomplir. Elle prend des aspects différents si elle fonde ou si elle organise, si elle élève et restaure des peuples barbares ou des peuples civilisés. Elle étend ou

en avant de cette cloison était placé un autel provisoire. (Les trois riches vitraux du fond furent donnés par le ministre Hipp. Fortoul). En juillet 1857, la chapelle de la sainte Vierge et la petite sacristie à côté furent terminées, et la voûte, en février 1858. En juillet 1859, le puits de Saint-Jérôme fut couvert par une voûte, après qu'on y eût placé une pompe à l'usage des prisons. Le 17 septembre 1860, l'autel de la sainte Vierge, destiné à conserver les saintes espèces, est consacré, et le maître-autel démoli; le 11 octobre, le maître-autel est consacré.

En 1861, l'Etat accorda 30.000 fr. pour la peinture de la cathédrale; l'auteur de ce travail, qui n'est pas sans mérite, fut M. Delannoy, de Paris, peintre décorateur. Mais on regrettera toujours qu'on ait recouvert d'une peinture, même agréable, la belle pierre froide. Pendant ce travail les offices capitulaires furent célébrés à l'hospice jusqu'à la fête de la Dédicace des églises, tandis que les offices paroissiaux furent célébrés à la chapelle des Pénitents; en novembre, rentrée définitive à la cathédrale.

Le 7 septembre 1865, bénédiction du grand orgue par M⁵ʳ Meirieu, et inauguration de l'instrument par M. Simon, organiste à la basilique de Saint-Denis, délégué par le ministre. (Pour le grand orgue, l'Etat avait accordé 70 000 fr.).

restreint son action selon la mesure du respect et de la confiance qu'elle inspire et du bien qui peut en résulter. Mais elle connaît toujours parfaitement le siècle où elle est, elle discerne le mal qui le travaille et le remède qui peut le guérir.

« Le Concile affermira toutes les vérités dont le monde a besoin, vérités fécondes et immuables comme Dieu qu'elles expriment, source intarissable de lumière et de vie, règle éminemment droite et inflexible, qui dirige et ordonne tout dans l'homme et la société, dans le temps et dans l'éternité.

« Vous aurez les yeux fixés sur Rome et vous attendrez, non pas avec anxiété, mais avec une sainte impatience et aussi avec joie, que la lumière se fasse et rayonne au loin pour organiser le chaos et embellir le monde. Ce sera un beau jour; plaise au ciel que ce soit le premier jour d'une ère nouvelle, d'une nouvelle période des merveilles divines [1]. »

On sait qu'un certain groupe d'évêques français de l'école dite libérale, ceux qui formèrent ce qu'on pourrait appeler la gauche du Concile du Vatican, redoutaient la définition du dogme de l'Infaillibilité Pontificale, prétendant que cette

_____

(1) Lettre pastorale et Mandement pour la publication de l'Indulgence plénière en forme de Jubilé, accordée par N. S. P. le Pape, à l'occasion du prochain Concile œcuménique, 1er août 1869.

définition, pour le moins inopportune, **ne** manquerait pas de soulever en France, **et** peut-être ailleurs, de graves difficultés. Soutenus par le gouvernement impérial, ils organisèrent de leur mieux, sur ce point, une opposition qui devait être tenace, sinon glorieuse. Ils cherchaient des adhérents à leur cause et l'un d'eux, Mgr Place, évêque de Marseille, vint en émissaire auprès de Mgr Meirieu. Il n'eut pas lieu de se féliciter de sa démarche ; l'humble évêque de Digne, ni ambitieux, ni intrigant, mais *pius et doctus*, comme on disait de lui à Rome, paraît-il, ne dissimula point l'étonnement pénible que lui causait cette visite pour un pareil motif, et sur un ton tour à tour amical, ironique et sévère, il fit à son hôte déconcerté une excellente leçon de théologie dont celui-ci n'eut pas l'esprit de profiter. Plus tard, à Rome, pendant le Concile, se plaignant des procédés vraiment peu délicats de certains membres de l'opposition à l'Infaillibilité Pontificale, il disait : « En perdant le sens de l'orthodoxie, ces gens ont tout perdu, même la politesse. »

Au moment de partir pour Rome, Mgr Meirieu, après avoir demandé aux prêtres et aux fidèles le secours de leurs prières, ajoutait : « Les évêques appelés à Rome vont déposer de la foi de leurs Eglises, offrir le tribut de leurs conseils, examiner et juger toutes les questions qui peuvent, dans le temps présent, intéresser la religion. Mais ils savent qu'en portant un véritable jugement, ils exercent l'office de juge inférieur et subordonné dont les décisions peuvent être rectifiées et réformées par la sentence définitive et irréformable de leur Chef. Tout en appréciant comme juges les matières soumises à leur examen, ils doivent écouter comme la voix même de Jésus-Christ, la voix de celui dont la foi ne connaît pas de défaillances et qui a la charge de *confirmer ses frères*. Ils ne voudront pas se donner une supériorité qui leur a été refusée, qui renverserait la constitution de l'Eglise et y mettrait tout dans le désordre et la confusion. Ils estiment que s'attribuer une prérogative, même douteuse, serait une intolérable témérité et une coupable usurpation [1]. »

Il se mit en route le 21 novembre [2], et par les lignes qui précèdent, on devine sans peine quelle fut son attitude pendant le Concile : les directions pontificales le trouvèrent toujours docile et soumis. Le bruit s'était même répandu et accrédité dans

---

1. Lettre pastorale à l'occasion de son prochain départ pour le Concile général, 4 novembre 1869.
2. Il écrivait à Mᵍʳ Ginoulhiac, évêque de Grenoble : « Comment irez-vous à Rome ? Je ne veux plus passer par la route d'Italie. Il n'est pas agréable de subir des avanies, même ridicules. » Il faisait allusion, sans doute, à la réception peu gracieuse qu'il avait reçue dans un hôtel de Gênes, lors d'un de ses précédents voyages, et où l'on avait exigé une somme exorbitante pour une chambre occupée pendant quelques heures seulement.

nos Alpes, qu'il avait personnellement contribué à la rédaction du décret de l'Infaillibilité du Pape parlant *ex cathedrâ*, et que les mots : *ex sese irreformabiles* [1], c'est-à-dire la partie capitale de la formule, étaient de lui. Il nous a été impossible de vérifier l'exactitude de la chose. Ses prêtres, qui connaissaient sa science profonde et sa puissance d'intuition, en même temps que son attachement sans bornes au siège de Pierre, ne lui avaient-ils pas gratuitement attribué ce mérite [2]?

Son Mandement de carême pour l'année 1870 est daté de Rome. «Nous sommes dans cette ville fameuse qui a reçu la mission de faire les destinées du monde...

« Qu'il est beau de contempler l'Eglise si grande, si forte, si vivante sur une terre où tout meurt! Nous la voyons tous les

1. Concil Vatican, Canon IV. *De Romani Pontificis infallibili magisterio.*

2. Voici ce que nous avons relevé concernant Mgr Meirieu dans : *Acta et Decreta SS. conciliorum recentiorum. Collectio Lacensis.* Fribourg — Herder, 1890. Tome VII. A assisté à la 1re session, 8 décembre 1869; à la 2e session, 6 janvier 1870; à la 3e session, 4 avril 1870; à la 4e session, 18 juillet 1870.

Il figure parmi les signataires des *Postulata* suivants : *pro dogmaticâ definitione infallibilis magisterii Romani Pontificis,* — *ad definitionem pontificiæ infallibilitatis* — *ut schema de infallibilitate SS. Pontificum statim proponatur (gravissimæ urgent causæ),* 10 mars 1870, — *ut schema de infallibilitate Romani Pontificis sine ullâ morâ Concilio proponatur,* 22 avril 1860 — *ut generali discussioni in schemâ Constitutionis primæ de Ecclesiâ Christi finis imponatur* — Signataire de : *Libellus gratulatorius. Documenta ad remotam concilii præparationem spectantia* (13 juillet 1870) — de : *Patrum contra libellos calumniatores protestatio.*

jours dans la personne de ses Pontifes, telle que Jésus-Christ l'a faite. Nous voyons tout le collège des apôtres, avec Pierre à la tête, mais Pierre transformé par Jésus-Christ, non pas Simon fils de Jonas, mais le fondement de l'Eglise, le dépositaire des clefs, le pasteur du troupeau, le soutien de ses frères. Il les a appelés de tous les points de la terre, lui, le successeur du pêcheur de Galilée, et ils sont venus... Ils savent que les prérogatives qu'ils tiennent de Jésus-Christ ne leur ont été accordées que par leur union avec Pierre, que Pierre seul a reçu la puissance et la promesse de l'assistance divine... Ils ne comprennent pas que le pasteur chargé de conduire puisse être dirigé et ramené dans la voie par le troupeau, que le fondement tienne sa solidité de l'édifice et que le corps commande à la tête... »

Par suite de la guerre franco-allemande (1870-71), le Concile avait suspendu ses travaux : après avoir pris part aux débats sur les grandes questions qui intéressaient l'Eglise universelle et qui s'étaient terminés par des définitions dogmatiques d'une si haute importance, Mgr Meirieu se hâta de regagner son diocèse. En le recevant, le jour de son entrée solennelle dans sa ville épiscopale [1] le vénérable M. Bondil,

____
1. 25 juillet 1870.

disait : « L'éternel honneur de l'église de Digne sera de compter l'un de ses pontifes parmi les Pères du Concile du Vatican, et de l'avoir vu revenir de la ville éternelle, honoré de l'affection de Pie IX et de l'estime générale de ses collègues dans l'épiscopat. » C'était l'expression de la stricte vérité [1].

Monté en chaire, Mgr Meirieu débuta par ces paroles qui révèlent bien sa tournure d'esprit et piquèrent aussitôt l'attention. « Nous venons de Rome. Et que sont allés faire à Rome ces évêques accourus de tous les points du monde? Nous sommes allés proclamer, définir, que Dieu ne peut pas se tromper! » Puis développant de magnifiques considérations sur l'Eglise et sur la place et le rôle du Pape dans l'Eglise, il montra comment l'Infaillibilité du Souverain Pontife n'était qu'une conséquence de l'Infaillibilité même de Dieu.

Il reprit son existence tranquille et solitaire [2], consacrant ce qui lui restait de ressources et de forces à l'achèvement et à

---

1. Mgr Meirieu avait pour Pie IX une affection profonde et véritablement filiale. Au service célébré pour le repos de l'âme du saint et illustre Pontife, il put à peine achever l'Oraison de l'Absoute; l'émotion étouffait sa voix et les larmes coulaient de ses yeux.

2. Mgr Meirieu ne sortait guère de son diocèse que pour aller, chaque année, se reposer à Saint-Gilles, dans sa famille, pendant quelques semaines. En dehors des voyages *ad limina*, il assista au couronnement de N.-D. du Laus, le 23 mai 1855; à la consécration et à l'inauguration de la basilique de N.-D. de

la dotation des œuvres qu'il avait fondées ; son unique préoccupation fut d'en assurer, par tous les moyens en son pouvoir, la durée dans l'avenir.

En 1871, promulgant l'Encyclique de Pie IX, à l'occasion du vingt-cinquième anniversaire de son exaltation, Mgr Meirieu annonçait la consécration solennelle du diocèse de Digne au Sacré-Cœur de Jésus : « La consécration solennelle de notre diocèse au Sacré-Cœur de Jésus se fera le 2 juillet, dans toutes les églises et chapelles publiques, selon la formule jointe au présent Mandement.

« On déploiera pour cette circonstance la pompe des plus grandes fêtes ; elle sera annoncée, la veille, et à chacun des offices de la journée, par le son de toutes les cloches... Tous les ans et à perpétuité, cette consécration sera renouvelée le dimanche IIIe après la Pentecôte. »

Deux ans plus tard, le 15 août 1873, après un *triduum* de prières pour l'Eglise et la France ordonné par Pie IX, il présidait une nombreuse procession qui se rendait à Notre-Dame du Bourg, où le clergé et le peuple de Digne se consacrèrent pieusement à la B. V. Marie. Le souvenir de cette

---

la Garde, à Marseille, le 4 juin 1864 ; au couronnement de N.-D. de Lumière, le 30 juillet 1864 ; au Sacre de Mgr de Cabrières, évêque de Montpellier, le 19 mars 1874 ; au couronnement, au nom de Pie IX, de la statue de S. Joseph, à Saint-Michel de Frigolet, le 29 septembre 1894.

consécration a été fixé par une inscription placée dans l'ancienne cathédrale [1].

Mgr Meirieu laissait volontiers à d'autres évêques plus connus que lui ou occupant des sièges plus considérables le soin de défendre, dans la presse et devant le grand public, les intérêts de l'Eglise et de la Papauté. Mais lorsqu'il jugeait à propos d'entrer lui-même en scène, il le faisait avec autant d'indépendance et de courage, que de mesure et de tact. En février 1860, M. Rouland, ministre des Cultes, ayant adressé à tous les évêques une circulaire les rappelant au devoir du respect, de l'obéissance et même de la reconnaissance envers le gouvernement impérial, leur enjoignant, même, d'avoir à surveiller leurs prédications, leurs actes et ceux de leurs curés, Mgr Meirieu fit à la lettre ministérielle la réponse suivante :

Digne, le 27 février 1860.

« Monsieur le Ministre,

« Dans la lettre qu'elle m'a fait l'honneur de m'adresser le 17 de ce mois. Votre

---

1.   A. D. MDCCCLXXIII, DIE XV AUGUSTI
PERSOLUTO TRIDUO PRECUM PRO ECCLESIA ET GALLIA
A PIO IX EDITO
CLERUS POPULUSQUE DINIENSIS AD HOC TEMPLUM
EPISCOPO DUCE, SOLENNITER PROCESSIT
IBIQUE, MAGNO ANNUENTE FIDELIUM CONCURSU
B. M. V. SE PIE DEVOVIT.

Excellence exprime le désir sincère de calmer l'agitation des esprits. Elle regrette vivement que le repos et la sécurité dont nous jouissions et que nous devions, en grande partie, à la sagesse du gouvernement, aient été sitôt et si profondément troublés. L'épiscopat s'associe à ces regrets, et fait des vœux pour le prompt rétablissement de la concorde et de la paix.

« Soyez bien persuadé, Monsieur le Ministre, que le clergé, dans l'expression de sa douleur et dans la manifestation de ses alarmes, n'a pas mêlé des passions politiques à ses inquiétudes religieuses. Le respect profond qu'il a toujours professé pour le chef de l'Etat, et la reconnaissance qu'il a témoignée pour les services rendus à l'Eglise, doivent assez le défendre contre une pareille accusation. Vous n'ignorez pas que, par sa conduite pleine de déférence et par le loyal concours qu'il a prêté à l'action du gouvernement, il s'est même attiré le grave reproche d'abaisser sa dignité à d'obséquieuses sympathies, de compromettre la liberté et l'indépendance de son ministère, et surtout d'oublier sitôt le passé et d'engager témérairement l'avenir. Le clergé ne s'est pas laissé ébranler par ce blâme odieux; car, alors comme aujourd'hui, il se préoccupait des intérêts de la religion qu'il regarde comme le plus ferme fondement de la tranquillité des peuples et de la stabilité des Etats.

« Et je ne puis comprendre pourquoi Votre Excellence rappelle le premier article de la Déclaration de 1682. L'indépendance du pouvoir de l'Empereur n'est pas menacée, et le Pape ne songe guère à y porter atteinte. Il me semble que s'il est, en ce moment, un pouvoir temporel dont l'indépendance soit compromise, c'est celui du Saint-Père, et qu'on pourrait fort bien invoquer à son profit la doctrine de la Déclaration.

« Il est dans votre lettre, Monsieur le Ministre, un point très grave sur lequel le clergé ne pourra jamais partager vos convictions. Vous pensez que la question relative aux Etats Pontificaux est exclusivement polique. Nous pensons qu'elle est, surtout dans le temps présent, essentiellement religieuse. Vous voulez, sans aucun doute, que l'autorité spirituelle du chef de l'Eglise soit, et paraisse aux yeux du monde catholique, entièrement et incontestablement indépendante. Or, une condition nécessaire pour assurer cette indépendance, c'est la souveraineté temporelle conservée dans l'intégrité de ses droits. Vous sentez, Monsieur le Ministre, les raisons et les autorités qui démontrent cette nécessité. Dès que les droits de la souveraineté ont été violés impunément, rien ne saurait les affermir dans la suite, ni les concessions, ni les garanties partielles. Les concessions, par la force des choses et surtout dans les circonstances présentes, en solliciteraient sans cesse de nouvelles, et les garanties, impuissantes pour conserver le tout, le seraient inévitablement pour conserver une partie.

« Par cette appréciation qu'Elle ferait de la question romaine, Votre Excellence serait forcée d'applaudir au blâme public que Monsieur le Ministre des Affaires étrangères vient d'infliger au dernier acte du Saint-Père pour avoir associé l'autorité spirituelle à un intérêt temporel. Elle voudrait donc rompre avec l'enseignement de l'Eglise sanctionné par l'autorité des Conciles et par le sentiment des auteurs, même les moins dévoués au Saint-Siège, sur la nature des biens ecclésiastiques et, en particulier, du domaine temporel de l'Eglise romaine. Le clergé déplorerait amèrement l'erreur dans laquelle Votre Excellence se serait laissé entraîner, mais ne pourrait pas s'empêcher de la repousser et de la combattre.

« L'état présent des choses, Monsieur le Ministre, nous jette dans une tristesse profonde. Nous déplorons que le Gouvernement conçoive à notre égard de funestes préventions, prenne, même, contre nous d'odieuses mesures. Nous sommes signalés comme des suspects dont il importe de surveiller les démarches, et de comprimer l'action. On nous livre, avec le chef de l'Eglise, par toutes les voies de la publicité, à la haine des passions aveugles. Nous supportons, avec résignation et confiance, ce traitement injuste, et nous prions Dieu de ne préparer, dans l'avenir, au Gouvernement de l'Empereur, d'autres ennemis que ceux qu'il estime aujourd'hui ses adversaires. »

A la lettre [1] par laquelle le ministre de la Justice et des Cultes prétendait interdire aux évêques la publication de l'Encyclique *Quanta cura*, et du *Syllabus* qui l'accompagnait, Mgr Meirieu répondait en ces termes.

Digne, le 22 janvier 1865.

« Monsieur le Ministre,

« Un voyage que je viens de faire et une indisposition qui l'a suivi, ne m'ont pas permis de répondre plus tôt à la lettre du 1er janvier, que vous m'avez fait l'honneur de m'adresser.

« Votre Excellence a dû penser que cette lettre ferait sur les évêques de France une douloureuse impression. Il ne pouvait en être autrement. La mesure que le Gouvernement a prise est odieuse, surtout dans

---

1. 1er juillet 1865.

l'application qui en est faite, et menaçante pour l'avenir dans les principes qu'on invoque pour la justifier. Tout le monde, et jusqu'aux ennemis déclarés du Saint-Siège, peuvent publier l'Encyclique et la commenter à leur manière, la dénaturer, la calomnier, et le silence est imposé aux organes autorisés du chef de l'Eglise, aux défenseurs naturels de ses actes. On ne pourra jamais donner aucune raison sérieuse et acceptable de cette fâcheuse anomalie. La conscience publique et le droit naturel demanderont toujours qu'une égale part soit faite à la défense et à l'attaque.

« La conséquence rigoureuse des principes sur lesquels Votre Excellence se fonde pour défendre aux évêques la publication de l'Encyclique, est qu'en France l'Eglise catholique n'a pas la liberté de promulguer authentiquement sa doctrine. Car, selon l'opinion des théologiens les moins favorables à l'autorité pontificale, les points définis dans une Encyclique tacitement acceptée par la majorité des évêques, font partie de la foi chrétienne, et tous les catholiques sont tenus de les recevoir avec une pleine et ferme adhésion.

« La défense faite aux évêques ne saurait donc infirmer l'autorité de l'acte pontifical, et n'aura pour résultat que de nous avoir contristés. »

Ses relations avec le Gouvernement impérial se bornèrent au respect. En décembre 1852, le ministre des Cultes, le bas-alpin Hippolyte Fortoul, ayant écrit aux évêques de France pour que les mots : *Domine, salvum fac imperatorem nostrum Napoleonem* fussent substitués à ceux qui étaient chantés auparavant, Mgr Meirieu, en communiquant à son clergé la Lettre du ministre, la fit suivre de cette simple réflexion : « Les événements qui se sont passés nous invitent à considérer cette prière comme un acte de religion, et comme un devoir de reconnaissance pour les services que sa Majesté impériale a déjà rendus, et pour ceux qu'elle veut encore rendre à l'Eglise et à la Société. Nous bénissons volontiers les princes qui méritent bien de la religion et de la patrie, et nous demandons à Dieu pour eux lumière, sagesse et prospérité. »

CHAPITRE IV

LES DERNIERS JOURS

ONSEIGNEUR Meirieu était parvenu à un âge avancé sans connaître les infirmités et les misères qui, d'ordinaire, accompagnent la vieillesse, et sans avoir éprouvé le moindre affaiblissement dans ses facultés. Il avait près de quatre-vingts ans, lorsqu'un matin — en janvier 1879 — pendant qu'il faisait sa prière, il s'aperçut que son bras droit était légèrement paralysé. Toutefois, l'atteinte ne fut pas très grave; le membre malade reprit peu à peu sa souplesse, et le cerveau était intact.

Il put se mettre en route dans le courant du printemps, pour la tournée de confirmation (mais ce fut la dernière), et sa Lettre faisant connaître au clergé l'ouverture de la Retraite pastorale de 1879, ainsi que le

Mandement sur la nécessité de la prière,
pour le carême de 1880, écrits après l'acci-
dent, ne portent nulle trace de caducité.
Comme tout ce qui était sorti de sa plume
jusque là, ces deux pièces sont pleines
d'idées profondes, solidement liées entre
elles, à la fois toujours originales et toujours justes; et pas un seul moment, la
langue ne trahit la pensée.

Cependant les forces déclinaient et la
paralysie revenait, avançant lentement,
d'une manière presque insensible, mais
progressant toujours; l'intelligence elle-
même fut atteinte et allait perdant de sa
vivacité. Mgr Meirieu fut le premier à se
rendre compte de son état, il écrivit à
Rome pour être délivré de sa charge et
pria le Saint-Père de vouloir bien accepter
sa démission. Le 1er mars 1880, il adressa
au Clergé et aux fidèles du diocèse de
Digne une Lettre qui leur annonçait sa
retraite :

« Nos très chers Frères, il nous tardait
de vous donner nous-même connaissance
d'une détermination que la rumeur publique, les organes de la presse, et un récent
décret de M. le Président de la République
vous ont déjà annoncée : nous avons jugé à
propos, pour de hautes raisons, de nous
démettre de notre charge et de confier
à d'autres mains notre houlette pastorale.

« C'était un devoir et, en même temps, un besoin de notre cœur de vous instruire de cette grave résolution ; cependant, nous renvoyions de jour en jour de le faire : il est si douloureux pour un père d'annoncer à des enfants qu'il a tendrement aimés, qu'il va les quitter définitivement. Mais, hélas ! l'heure de la séparation est arrivée.

« Oui, nos très chers Frères, après quarante ans passés au milieu de vous, après trente-un ans d'épiscopat, nous avons dû résigner le mandat que la divine Providence, malgré notre indignité, avait daigné déposer en nos mains. Nos cheveux qui ont blanchi dans les sollicitudes si graves, et parfois si amères, de l'épiscopat, nos épaules qui ont faibli sous le poids des années, la maladie qui est venue nous visiter comme une sage conseillère, l'amour si profond que nous portions à vos âmes, tout nous faisait désirer que vous fussiez placés sous la direction d'un nouveau pasteur, tout nous avertissait qu'il était temps de nous retirer dans la retraite pour consacrer les derniers jours qui nous restent, à nous préparer à paraître devant Dieu.

« Nos démarches ont été couronnées de succès. Le grand et saint Pontife Léon XIII a favorablement accueilli nos vœux et a accepté notre démission. Le successeur qu'il nous a été permis de désigner, a été agréé ; il viendra bientôt s'asseoir sur le siège de Saint-Domnin et de Saint-Vincent.

« Dans cette circonstance solennelle, une grande et profonde émotion, qu'il vous sera facile de comprendre, s'empare de nous.

« Les séparations et les adieux sont toujours très pénibles : ils le sont surtout lorsque de longues relations de confiance et d'affection réciproque, lorsque de nombreux et doux souvenirs ont rendu plus intimes et plus forts les liens qui unissent les cœurs. Mais deux vifs sentiments de joie viennent atténuer les tristesses de notre sacrifice.

« C'est d'abord, la pensée des grâces de choix que le ciel nous a prodiguées pendant l'exercice de notre charge épiscopale. Depuis le jour où il plut à Dieu de nous conduire comme par la main au milieu de vous, ce Dieu, infiniment bon, en qui nous avions mis toute notre espérance : *In te Domine, speravi*, n'a cessé de nous couvrir de sa protection particulière, et de répandre dans notre âme, au milieu des peines inhérentes à notre ministère, les plus douces consolations! Il nous a permis, dans sa miséricorde, de voir prospérer les œuvres auxquelles nous avions consacré notre vie; qu'il en soit à jamais béni!

« C'est, ensuite, que notre succession passe dans des mains nobles, intelligentes et dévouées. Nous ne pouvions, en effet, désirer un meilleur choix, et nous sommes heureux de pouvoir vous présenter en toute confiance l'éminent et si pieux prélat, qui est appelé à continuer notre œuvre, si difficile dans les temps troublés que nous traversons. Il viendra à vous, les mains pleines des bénédictions les plus précieuses, ayant faim et soif du salut de vos âmes ; aussi, vous le verrez avec un saint empressement, vous vous rangerez avec bonheur sous sa houlette pastorale, et vous lui rendrez faciles, par votre docilité et votre affection filiale, les fonctions de son laborieux ministère.

« Pour nous, en rentrant dans l'obscurité de la vie privée, nous n'avons pas voulu vous quitter entièrement. Il nous en aurait trop coûté, s'il avait fallu nous éloigner de vous. Nous désirons donc achever notre pèlerinage à l'ombre de ces chères montagnes des Alpes, où fut presque notre berceau, où nous voulons que soit creusée notre tombe.

« Maintenant, agréez les derniers vœux que nous formons pour vous, et écoutez encore une fois la voix de celui qui fut votre père, et qui sera toujours votre meilleur ami.

« Vous, très chers coopérateurs, prêtres bien aimés que nous avons, pour la plupart, élevés au sacerdoce, soyez toujours, par l'amour de la prière, de l'étude, par la pratique de toutes les vertus sacerdotales, et, surtout, par vos exemples, la lumière et le modèle du troupeau confié à votre garde; conduisez-le toujours dans les pâturages de la vérité et de la foi la plus orthodoxe; défendez-le avec zèle et avec prudence contre les attaques, hélas! si multipliées aujourd'hui, de l'impiété et de la corruption; maintenez-vous à la hauteur de votre sublime vocation; soyez fidèles à l'appel et aux grâces de Dieu; tenez-vous fermement unis à ce nouveau Pontife si digne d'être aimé que le Seigneur nous a donné, et daignez vous souvenir au saint autel de votre ancien évêque qui, malgré la faiblesse humaine, s'est toujours efforcé de vous montrer le chemin du devoir et qui, jusqu'à son dernier soupir, ne cessera de vous affectionner et de porter à chacun de vous le plus vif intérêt.

« Et vous, pieux fidèles, qui avez été notre joie et serez notre couronne, vous dont la foi et la religion ont été la grande consolation de notre vie, et qui vous pressiez avec tant d'élan sur nos pas, aux jours de nos visites pastorales, soyez toujours des chrétiens fervents; n'oubliez jamais le but de la vie, qui est Dieu, la fragilité des créatures, le néant des biens de ce monde, la brièveté du temps et les joies sans fin de l'éternité.

« J'élève les mains pour vous bénir une dernière fois.

« Oui, ô mon Dieu, bénissez ce diocèse, portion choisie de votre Eglise; bénissez toutes ces paroisses qui, malgré le malheur des temps, ont su conserver leurs religieuses traditions! Conservez-les dans la paix, dans l'union, et que cette bénédiction les confirme dans votre amour.

« Bénissez les pasteurs, afin que leur ministère soit toujours saint et fructueux.

« Bénissez, en particulier, cette Eglise de Digne, qui nous a donné si souvent des marques du plus sincère dévouement; bénissez ces vétérans du sanctuaire qui, dans notre vénérable cathédrale, consacreront, avec tant de piété, le reste de leur vie à la prière publique, et qui nous ont si souvent aidé de leurs lumières et de leurs conseils; bénissez la sainte milice qui, dans nos séminaires, se prépare à combattre les bons combats, et les prêtres si zélés qui la dirigent.

« Bénissez les religieux et les religieuses, ces âmes d'élite qui, vouées à la prière, à l'étude, à la prédication, à l'enseignement de la jeunesse, sont les plus fermes remparts de l'Eglise, dans ce temps de négation et d'impiété.

« Bénissez tout le troupeau.

« Bénissez les pères et les mères de famille, afin qu'ils élèvent chrétiennement leurs enfants; bénissez les enfants, afin qu'ils marchent fidèlement sur les traces de leurs parents.

« Bénissez, ô mon Dieu, les malades et les infirmes, afin qu'ils soient consolés sur leur lit de douleur, et résigné à votre sainte volonté.

« Bénissez, enfin, ô mon Dieu, ce cher territoire qui fut soumis à notre juridiction; bénissez-le, afin qu'il soit fertile et que les sueurs de l'ouvrier, qui porte le poids de la chaleur et du jour, ne soient pas infécondes.

« Faites, ô mon Dieu, que cette bénédiction soit le gage de la bénédiction suprême qui ouvrira à ses élus les portes du ciel, où brebis et pasteurs seront réunis à jamais. »

Prêtres et fidèles accueillirent cette touchante lettre d'adieux comme une sorte de pieux testament, avec le respect le plus profond et l'émotion la plus sincère.

Peu de temps après, il quittait le palais épiscopal et se retirait en ville dans de modestes appartements [1]. Quelques mois après, il changeait de logement et venait habiter, au cours du Tribunal, la maison dans laquelle il devait mourir [2].

Tant qu'il fut lui-même, il montra dans la retraite les nobles qualités, l'esprit de foi et les hautes vertus qu'on admirait en

---

1. Au quartier de la Boudousque, maison appartenant aujourd'hui, à M. Tartason, avoué.

2. Maison ayant appartenu à M. Clément, juge au tribunal de Digne, actuellement propriété de M. Romieu, médecin. Il nous semble voir encore ce beau vieillard, les jours de procession du Très Saint Sacrement, lorsque le cortège s'arrêtait un moment devant sa porte pour qu'il put recevoir la bénédiction à genoux

lui pendant son épiscopat. Entièrement détaché des choses de la terre, des honneurs comme de tout le reste, il ne se souvenait qu'il avait été évêque de Digne que pour prier pour ceux qui avaient été ses diocésains et pour son successeur. Il était loin de regretter un pouvoir dans lequel il n'avait jamais cherché la moindre satisfaction personnelle et dont l'exercice, au milieu de difficultés toujours croissantes, devenait une source, hélas ! de plus en plus féconde, d'amertumes et d'ennuis.

Et puis, il était, en réalité, à bout de forces [1] ; il dut bientôt renoncer à la lecture ; la paralysie avait gagné les deux bras, et le volume lui tombait des mains. Des ecclésiastiques de la ville vinrent, alors, remplir auprès de lui l'office de lecteurs ; Bossuet était son auteur favori : « Voilà le maître ! » disait-il.

La décadence s'accélérait de jour en jour, et bientôt la ruine fut complète ; la pensée elle-même s'affaiblit et s'obscurcit dans cette tête si puissante et si lucide ; la flamme s'éteignit dans ces yeux où l'intelligence rayonnait. Mais, sans doute, pour

sur un prie-Dieu, dans l'attitude de la foi la plus profonde et de la prière la plus ardente : il était impressionnant ; prêtres et fidèles le contemplaient avec émotion.

1. Il put, cependant, assister, en 1880, à la distribution des prix du petit séminaire, et Mgr Vigne profita de la circonstance pour « rendre un pieux hommage de gratitude à son saint et vénéré prédécesseur. » *Revue Diocésaine* (pp. 86-87).

qu'il eût devant Dieu le mérite de la patience et de la résignation, il gardait l'entière conscience de son état. Aussi, voyait-on, parfois, sur son visage, l'expression d'une indicible souffrance morale, lorsque les lèvres remuaient vainement pour prononcer un mot que la mémoire presque éteinte se refusait à fournir : pauvre artiste qui, pour traduire ses impressions n'avait plus entre les mains qu'un instrument brisé.

Pour ceux qui l'avaient connu et admiré auparavant, lorsqu'il était dans toute sa vigueur intellectuelle, cette lamentable déchéance était un spectacle d'autant plus pénible, qu'en Mgr Meirieu les facultés mentales avaient brillé d'un plus vif éclat. De toutes les humiliations infligées à la désobéissance primitive, les misères de cette enfance à rebours, cette pitoyable survie, sont bien la plus navrante.

Cette agonie fut longue, elle dura près de trois ans. Mgr Meirieu mourut le 9 juillet 1884, vers les dix heures et demie du matin. Pris, la veille, d'une faiblesse plus grande et de malaises plus inquiétants qu'à l'ordinaire, il ne put ni dormir ni, même, rester au lit durant la nuit. Lorsqu'on se présenta, le matin, pour lui donner la communion, il était trop abattu pour la recevoir ; comprenant qu'il touchait à sa fin, que ses heures étaient comptées, il demanda avec instances l'Extrême-Onction [1]; et soumis sans réserve à la volonté divine, mais aussi tout pénétré de la crainte des jugements de Dieu, il prononça cette parole : « Il faut donc mourir ! » Son regard, redevenu plein de lumière, se dirigea vers le ciel, et il expira très doucement.

En quittant ce corps épuisé qui l'appesantissait et la servait si mal, l'âme parut une dernière fois et reprit tous ses droits ; elle laissa sur le visage une admirable empreinte de sa grandeur native et de ses vertus surnaturelles. Sur son lit de mort, les traits de Mʯ Meirieu avaient un aspect de majesté, une expression de calme et de béatitude dont tous les témoins furent profondément frappés.

Pendant les six jours que l'on dut garder le corps enfermé dans la bière avant la sépulture, la salle mortuaire, transformée en chapelle ardente, ne cessa d'être remplie de personnes de tout âge et de toutes conditions. Riches et pauvres, enfants et vieillards venaient s'agenouiller pieusement autour du cercueil, jeter de l'eau bénite sur ces restes vénérés et baiser la croix et l'anneau pastoral de celui qui, si souvent, les avait bénis au nom du Bon Pasteur.

---

1. Il fut administré par l'abbé Hippolyte Béraud, alors vicaire à la cathédrale et mort, plus tard, aumônier du Lycée de Digne. Mʯ Meirieu avait beaucoup d'affection pour ce prêtre distingué, qui allait souvent lui faire la lecture.

Mgr Vigne, averti sans retard (il était absent depuis huit jours), s'était hâté de rentrer à Digne et de prévenir l'archevêque d'Aix, métropolitain, les évêques de la province, et même quelques-uns des environs. Seuls, Mgr Forcade, archevêque d'Aix, et Mgr Gouzot, évêque de Gap, purent quitter leur diocèse pour assister à la cérémonie des funérailles qui eurent lieu le 15 juillet, à dix heures du matin.

Après la grand'messe, célébrée par l'archevêque, Mgr Vigne monta en chaire et commenta ces paroles de l'Ecriture : *transiit benefaciendo,* en les appliquant au prélat défunt dont il rappela les principales œuvres.

Par une lettre circulaire du 22 juillet, Mgr Vigne avisait son clergé que le 3 septembre, jour de clôture de la retraite pastorale, aurait lieu le service de quarantaine pour le repos de l'âme de Mgr Meirieu ; mais à cause du choléra qui faisait des victimes en divers endroits du département, le service fut renvoyé au 23 octobre, et eut lieu à cette date. Nosseigneurs Forcade, archevêque d'Aix ; Besson, évêque de Nîmes ; Cotton, évêque de Valence ; Fava, évêque de Grenoble ; de Cabrières, évêque de Montpellier, y assistaient. Ce dernier prononça l'éloge funèbre. Disons simplement que Mgr Meirieu fut loué comme il le méritait. L'orateur avait particulièrement connu le vénéré défunt qu'il tenait en haute estime; aussi parla-t-il avec toute son âme. La lettre que son Eminence a bien voulu nous adresser et qui sert de préface à notre ouvrage, est un écho très fidèle de cette oraison funèbre où des lèvres éloquentes exprimèrent les pensées d'une belle intelligence et les sentiments d'un grand cœur. Le corps de M⁰ʳ Meirieu fut inhumé dans le chœur de l'église cathédrale de Digne, derrière le maître-autel, à côté de M⁰ʳ de Miollis.

Voici l'inscription gravée sur son tombeau :

Hic in pace Xⁱ quiescit. M. J. Meirieu, Apud Sanctᵐ Aegidᵐ Natus anno Dⁿⁱ M. D. C. C. C. Die vero XXII Novembris. Episcopus Diniensis, Consecratus die XXIV Februarii. Anno M. D. X. L. I. X. Quam sedem præclare rexit. Annis XXXI. Denique et cursum consummavit. Die IX Julii. Anno M. D. L. XXXIV. In reliquo reposita est ei corona justiciæ. Orate pro eo.

CHAPITRE V

LE THÉOLOGIEN, LE SAVANT, L'HOMME PRIVÉ

MONSEIGNEUR Meirieu n'était pas seulement ce qu'on est convenu d'appeler un homme supérieur; il était de la famille des grands esprits, de ceux qui sont nés pour devenir illustres; et nous sommes convaincu de n'exagérer aucunement en disant qu'il n'aurait tenu qu'à lui d'être, dans l'histoire de l'Église de France, une figure de premier ordre parmi les évêques de son temps, et de tous les temps. S'il n'est resté grand et immortel que dans le pauvre et obscur diocèse de Digne, c'est qu'il fut, par vertu, sans doute, mais aussi par tempérament et par goût, absolument insensible aux honneurs et à la renommée. Non seulement il ne chercha jamais les occasions qui auraient pu le placer dans une situation plus élevée, mais il refusa toujours de mettre à profit les circonstances favorables, lorsqu'elles vinrent s'offrir à lui et le solliciter. Il faut bien avouer, même, qu'il négligea, dans une mesure que l'on ne saurait s'empêcher de regretter, ses propres moyens, les dons qu'il avait reçus du c.el. Ce n'est, certes, pas à lui que l'on songe lorsqu'on se rappelle la terrible parole de de Maistre : L'ambition sans le talent est le plus grand des crimes.

Au point de vue de sa sanctification personnelle et de ses responsabilités de pasteur, il put répondre en toute vérité, lorsque le Maître lui demanda compte de son administration : *Domine, quinque talenta tradidisti mihi ; ecce alia quinque super lucratus sum* [1]. Au point de vue de la gloire terrestre et du succès aux yeux du monde, il lui eût été difficile de se rendre un semblable témoignage [2].

L'intelligence, en Mgr Meirieu, était d'une force de pénétration prodigieuse et d'une incomparable lucidité; elle touchait au génie. Lorsque les rayons de ce puissant foyer se projetaient sur un sujet, quelle qu'en fût la nature, on voyait aussitôt

1. Matth. xxv. 20.
2. Revenant un jour, de visiter l'établissement de Saint-Domnin, alors en construction, il dit à M. Bayle qui en était le fondateur : « j'aimerais mieux être le futur aumônier de cette maison qu'évêque. »

s'écarter et se dissiper les ombres ; l'ensemble, les détails, tout était inondé de clarté, tout baignait dans la lumière. Il se jouait dans le monde des abstractions métaphysiques et parmi les spéculations de la philosophie avec une aisance sans pareille ; comme l'aigle de nos montagnes, de quelques vigoureux coups d'aile il s'élevait dans les hauteurs et s'en allait, planant sans efforts, de sommet en sommet. Son regard plongeait dans le monde des idées, jusqu'à ces limites extrêmes au delà desquelles, par la nature même des choses, il n'y a plus, pour l'esprit humain, ici-bas, qu'incertitudes et mystère. Et le moraliste, le psychologue, n'étaient pas, en lui, inférieurs au métaphysicien.

Une vive et riche imagination, une sensibilité exquise et prompte à s'émouvoir, quoique voilée et discrète, venaient s'ajouter à cette intelligence d'élite et la complétaient : la chaleur accompagnait la lumière, l'image et le sentiment coloraient et animaient la pensée. Privilège plus précieux encore et plus rare, la raison la plus droite et la plus ferme gouvernait ces belles facultés entre lesquelles régnait, d'ailleurs, un harmonieux équilibre.

Nous l'avons vu, M\ugr Meirieu avait été nommé, tout jeune, professeur de théologie ; il devint bien vite un maître consommé. Nulle science ne convenait mieux que la théologie à ses aptitudes intellectuelles et aux intimes aspirations de son âme. Cerveau philosophique et généralisateur, cherchant d'abord les principes, les causes et les lois, il avait naturellement le sens du vrai qu'il discernait avec une sûreté de coup d'œil singulière. D'autre part, sa grande foi, sa piété tendre et ardente, lui donnaient le sens de la vérité surnaturelle; et la nature et la grâce agissant de concert, la théologie était devenue comme la forme de son esprit.

On nous a dit quel souvenir ineffaçable ses anciens élèves au grand séminaire de Nîmes gardaient de son enseignement, de cette parole magistrale, simple et sans recherche, exposant la doctrine, dogme ou morale, avec autant de clarté que d'ampleur, de cette hauteur de vues, de cette abondance d'aperçus nouveaux. On nous a dit aussi quel charme particulièrement doux et pénétrant avait cette parole, dans certaines méditations du soir, lorsque le théologien, cherchant bien plus à édifier qu'à instruire, s'abandonnait aux inspirations de son âme pleine d'une pieuse ferveur : à l'entendre alors, le plaisir et l'étonnement grandissaient encore.

Les prêtres du diocèse de Digne qui ont fait leurs études au grand séminaire de cette ville sous l'épiscopat de Mgr Meirieu, n'ont pas oublié davantage les examens hebdomadaires — les *dominicales* — qu'il venait présider. Après avoir demandé quelle était la matière de l'examen et jeté sur l'élève qu'il allait interroger un regard où se lisait une bienveillance toute paternelle, il posait les questions les plus élémentaires, les plus faciles, et se montrait d'une indulgence extrême sur la valeur des réponses; la moindre preuve de travail et quelques paroles de bon sens lui suffisaient. Parfois, avec la plus aimable et la plus spirituelle malice, et à la grande joie des assistants, il engageait une discussion avec l'examiné, surtout lorsque ce dernier avait fait preuve d'intelligence et de quelque savoir; il lui tendait des pièges, il le poussait, le pressait, et finissait par l'amener dans une impasse, d'où il s'empressait de le tirer en souriant; comme un bon géant qui joue avec un petit garçon, le prend dans ses bras, jongle avec lui, puis le rassure et le caresse en le remettant sur ses pieds.

Lorsque le séminariste avait regagné sa place, la véritable séance commençait, et l'attention n'était pas moins éveillée chez les maîtres que chez les élèves : Mᵍʳ Meirieu redevenait, un moment, professeur de théologie. Sur le ton de la causerie, d'une voix un peu lente, il reprenait la question qui avait été le sujet de l'examen, la creusait, l'évidait pour ainsi dire, et l'élargissait en l'expliquant ; les difficultés disparaissaient comme par enchantement, et les objections tombaient d'elles-mêmes.

Ce n'était pas une science sèche, froide, verbale, encore moins contentieuse, — il n'employait de termes spéciaux que lorsqu'il était impossible de les éviter, dédaignait les spéculations oiseuses, les vaines subtilités, et ne faisait pas grand cas des controverses ni des systèmes, — c'était une science vivante, un exposé doctrinal d'une impeccable orthodoxie, animé par des considérations philosophiques ou morales très personnelles qui donnaient au vrai l'attrait et la splendeur du beau.

L'explication ou la démonstration achevées, et telles que pouvait l'exiger l'esprit le plus didactique et le plus positif, l'homme de prière et d'oraison apparaissait : c'était, tout à l'heure, la foi qui cherchait à comprendre, *fides quærens intellectum :* c'était, maintenant, la théologie *mentis et cordis ;* la connaissance tout entière se tournait à aimer. Mᵍʳ Meirieu n'était jamais mieux inspiré que dans ces sortes d'« Elévations sur les mystères » ; sa parole, toujours lumineuse, devenait touchante, doucement émue, entraînante même. C'était pieux et suave comme un chapitre de l'*Imitation,* avec la richesse de doctrine et les élans de saint Augustin. Parfois, murmurant à peine quelques mots à voix basse, les yeux levés au ciel, il semblait contempler la vérité non plus en lui-même, mais dans les régions supérieures où elle a sa source et d'où elle descend.

Sa bouche parlait de l'abondance de son cœur ; c'était de l'improvisation, car il ignorait, en arrivant dans la salle, quel était le sujet qu'on allait traiter ; mais, c'était plus encore de l'inspiration. Tout naissait à la fois, la pensée dans son âme et l'expression sur ses lèvres ; et la pensée allait s'élevant toujours, pendant que la parole jaillissait toujours plus abondante ; on avait la sensation de voir poindre une aurore dont les clartés allaient sans cesse grandissant. puis d'assister à un radieux lever de soleil.

L'astronomie fut. après la théologie, la science qui eut pour Mgr Meirieu le plus d'attraits. Le spectacle de l'univers, cette ombre immense et magnifique de Dieu, ravissait sa grande âme et. d'autre part, il était mathématicien et géomètre assez habile pour résoudre les problèmes compliqués de la mécanique céleste [1].

Sans être une invention de premier ordre ni d'une très grande utilité pratique, son astrogoniomètre n'en suppose pas moins une connaissance approfondie de l'astronomie mathématique ; c'est, en outre, un

---

1. Dans les séjours qu'il fit à Rome à diverses reprises. il allait fréquemment rendre visite au P. Secchi. directeur de l'Observatoire. qui avait pour lui une grande considération.

travail de longue haleine, et il fallait être tout autre chose qu'un amateur pour exécuter les calculs qu'exige cet instrument [1].

Sa réputation comme astronome était si bien établie, qu'une légende s'était formée d'après laquelle il aurait découvert une planète qu'on aurait baptisée de son nom et appelée *Julia* [2].

1. *Astrogoniomètre de M⁣ᵍʳ Meirieu, indiquant pour chaque degré et fraction de degré de latitude terrestre et de déclinaison, à chaque heure du jour et de la nuit, l'angle vertical et l'angle azimutal du soleil, de la lune, des planètes et des étoiles, ainsi que leur lever et leur coucher, et donnant le résultat de plus de dix millions d'opérations trigonométriques.*

Ce titre, qui est celui que Mᵍʳ Meirieu donnait au mémoire accompagnant son instrument, indique très exactement le but de cet instrument, qui est de donner la mesure de l'angle vertical et de l'angle azimutal de tous les astres, c'est-à-dire leur distance angulaire soit au plan de l'horizon, soit au plan du méridien.

Cette méthode graphique pour mesurer l'angle vertical des astres était, quant au fond, déjà connue, mais on ne l'appliquait qu'au soleil. Celle que présente Mᵍʳ Meirieu est plus complète, d'un usage plus général, puisqu'elle est appliquée à mesurer l'angle de hauteur de tous les astres. Quant à la mesure de l'angle azimutal, rien de semblable à cette méthode n'avait jamais paru.

L'abbé Moigno fit un long compte-rendu de ce travail dans *Les Mondes*, 2ᵉ année, tome VI, 11ᵉ livraison, 10 novembre 1864. L'instrument ainsi que les épures qui servirent à son exécution se trouvent au petit séminaire de Digne.

2. Il avait gardé pendant quelques années à l'évêché la grande lunette astronomique, qu'il fit porter ensuite au petit séminaire. Il l'avait établie dans une sorte d'observatoire qui existe encore aujourd'hui et où les élèves des classes avancées du petit séminaire venaient recevoir, de temps en temps, des leçons d'astronomie que l'Evêque leur donnait avec autant de bonne grâce que de science.

De même, on racontait qu'il avait communiqué à Detouche, horloger-mécanicien avec lequel il était lié d'amitié, le secret d'un mouvement d'horlogerie grâce auquel ce fabricant d'instruments de précision avait obtenu le grand prix à l'exposition universelle de 1878. C'est là une autre légende : la vérité est qu'après avoir soigneusement observé un chronomètre sorti des ateliers de Detouche et qui fonctionnait avec une légère irrégularité, Mgr Meirieu indiqua la cause de cet écart à peine appréciable, et son indication fut trouvée juste [1].

Dans les sciences autres que l'astronomie, les notions essentielles lui étaient familières au point qu'il lui arrivait souvent d'étonner les spécialistes. C'est ainsi que visitant, un jour, le fort de Tournoux, l'officier qui l'accompagnait fut émerveillé d'entendre cet évêque parler des choses de la guerre, de l'art des fortifications, de l'attaque, de la défense..., avec la compétence d'un général inspecteur d'artillerie ou du génie.

---

1. Non seulement il aimait les instruments de précision, mais il aimait à l'excès la précision elle-même, au point de montrer de l'humeur lorsque, même au village, une cérémonie ne commençait pas exactement à l'heure annoncée, ne voulant pas assez se rendre compte que les choses humaines sont soumises à des variations que les mécanismes, perfectionnés ou non, ne sont pas exposés à éprouver.

Avec la même sûreté de savoir, il expliquait à un musicien les lois de l'acoustique et de l'harmonie [1], comme il donnait à un fondeur la formule des courbes géométriques, du volume et du poids d'une cloche devant produire un son déterminé.

Mgr Meirieu ne montait que très rarement dans la chaire de son église cathédrale : il n'était pas, à proprement parler, orateur, et il n'avait jamais rien fait pour le devenir. Penseur solitaire, — et il le fut de plus en plus — vivant en lui-même, de son propre fonds, fuyant d'instinct toute préoccupation, toute contrainte, il trouvait ses plus grandes joies à se laisser aller au courant de sa pensée, dans des méditations silencieuses, dans de paisibles contemplations. Sentant bien — et malgré son humilité profonde, il ne pouvait en être autrement -- qu'il ne serait jamais pris au dépourvu, il attendait que le moment fût venu de paraître en public pour se demander ce qu'il aurait à dire et, même alors, il poursuivait, la plupart du temps, son monologue intérieur et se parlait à lui-même plus qu'il ne parlait aux autres. Sa parole, dans laquelle bien souvent l'idée pure, l'abstraction et, quelquefois, le paradoxe subtil, tenaient plus de place que l'éloquence populaire, n'était pas toujours

---

3. Dans le *Propre du diocèse de Digne* quelques antiennes sont de sa composition.

à la portée de tous ses auditeurs. D'ailleurs, sa voix fort agréable, harmonieuse, dans les notes moyennes, dégénérait vite, à mesure qu'elle s'élevait, en voix de fausset : elle n'était ni assez chaude ni assez puissante pour dominer une vaste assemblée.

Mais lorsqu'il s'adressait à un auditoire restreint et choisi, et qu'il n'avait à prononcer qu'une allocution de circonstance, alors, sans apparat de rhétorique, sans chercher à produire le moindre effet, sans grands mouvements, par la seule beauté de sa pensée et la seule noblesse de son langage, il atteignait souvent à la véritable éloquence, celle qui se moque de l'éloquence. Après une distribution des prix, au petit séminaire, à la suite de laquelle, dans un contraste saisissant, il avait opposé les certitudes et la majesté des enseignements de la foi chrétienne sur Dieu, sur la destinée humaine et la vie future, aux imaginations puériles et aux aberrations des philosophes païens, un des assistants connu pour son intelligence et son savoir, ne put s'empêcher de dire : « Voilà notre maître à tous ! »

Et cette éloquence, il la retrouvait chaque fois qu'il avait à exposer ses idées favorites ou à défendre une cause qui lui tenait au cœur. Le Dr Rebory nous racontait qu'entrant un jour à la préfecture au moment où Mgr Meirieu en sortait, le préfet, quelque peu ému, lui dit : « Savez-vous que l'évêque

de Digne est bien fort ! » L'évêque venait
de plaider la cause d'un de ses prêtres à
qui des paroissiens malveillants avaient
créé des difficultés avec l'administration
civile. Il parut, une autre fois, dans le
cabinet du préfet et fut plus éloquent
encore : il venait protester contre les
remontrances qu'on avait cru pouvoir, en
haut lieu, adresser au prédicateur du
Carême [1] qui s'était élevé avec véhémence
contre certains bals intempestifs et surtout
contre les toilettes peu décentes qu'on y
avait exhibées. « La Religion, disait l'évêque indigné, fait tout pour voiler la femme ;
vous, dans le monde, vous la voulez vêtue
le moins possible... Parce qu'elle a pour la
femme le plus profond respect, la Religion
ne cesse de l'exhorter au respect d'elle-
même et lui fait une loi rigoureuse de la
modestie, de la pudeur... Le monde, au fond,
n'a que du mépris pour la femme, et par ses
flatteries perfides et ses appels au plaisir, il
ne tend qu'à la dégrader... » Le Préfet dut
entendre un sermon où la morale chrétienne
était vengée dans un langage plus sévère
encore que celui dont on était allé se
plaindre à l'évêché, et le missionnaire put
tonner à son aise contre les scandales que
donnent parfois les grands : la préfecture
garda le silence.

1. Le P. Charrasse, des Pères de Sainte-Garde.

Mgr Meirieu excellait à traiter, au cours de la conversation et en un langage familier, les sujets les plus relevés. Il étonnait et charmait ses interlocuteurs, qui n'étaient bientôt plus que ses auditeurs, dans « ces improvisations vives, piquantes, lumineuses, parfois sublimes dans leur ravissante simplicité, sur quelque point de dogme, de morale ou d'économie sociale...; nous nous laissions entraîner vers ces régions sereines de la vérité où habitait sa pensée [1] ».

Bon juge en peinture comme en toutes choses, il avait découvert dans un presbytère de campagne, aux environs de Colmars, un gracieux tableau de l'école italienne dont il fit l'acquisition et qu'il plaça dans son cabinet de travail [2].

Il se plaisait parfois à soutenir d'innocents paradoxes, et cette tournure de son esprit était due surtout au fait de vivre dans un milieu qui, d'ordinaire, lui était trop inférieur au point de vue intellectuel. Ne pouvant pas toujours communiquer ses pensées intimes qui n'auraient pas été suffisamment comprises, il devenait, en

---

1. *Revue diocésaine de Digne*, dont le premier numéro est consacré au récit de l'entrée solennelle de Mgr Vigne (12 mai 1880). Dans les numéros 1 et 2 se trouve une *Etude sur Mgr Meirieu*, sans nom d'auteur.

2. Après la loi de séparation, ce tableau fut attribué au musée de Digne, où il figure sous le n° 87.

souriant, contradicteur et sophiste. Mais ce n'était là que le caprice d'un moment, une distraction passagère.

Naturellement modeste et simple dans ses goûts, il pratiqua, dans des vues surnaturelles, la pauvreté évangélique. Sa table était frugale jusqu'à l'austérité ; il dînait volontiers des restes du déjeuner et se livrait, dans ce but, à de petits calculs dont l'ingéniosité eût fait l'admiration de la plus habile et de la plus rangée des ménagères [1]. Comme Mgr de Miollis, pour prolonger la durée de ses soutanes violettes, il les faisait retourner dès que le temps en avait un peu trop altéré la couleur. Pour tout ce qui concernait ses besoins personnels, il se contentait du strict nécessaire, et c'est ainsi qu'il pouvait distribuer de larges aumônes, et faire aux établissements qu'il avait créés, de magnifiques dons. Il ne se départait de cette économie sévère que pour le bois de chauffage — dépense insignifiante. — Il était extrêmement frileux.

Sa démarche était lente et grave ; son attitude, ses manières, dans lesquelles se reflétaient son âme et ses pensées, étaient pleines de dignité et de noblesse ; jamais on n'eût surpris dans son langage ou sa conduite la moindre vulgarité. Réservé, un

---

1. Nous tenons ces détails de Camille Guichard qui fut longtemps à son service.

peu froid d'apparence, il n'était pas très communicatif ni très méridional de caractère. Nous l'avons dit plus haut, il n'était pas prompt à se lier, et il se livrait plus difficilement encore : ils furent rares ceux qui vécurent avec lui dans une complète intimité. Cependant, malgré cette attitude qui lui était naturelle et qui n'avait, du reste, rien de hautain ni de blessant pour personne, il était affable et bienveillant. Bon pour tous ses prêtres, il accueillait avec une tendresse paternelle et des paroles charmantes ceux dont il appréciait davantage le zèle et les vertus; il faisait état de la piété plus que du talent [1]. A l'autel, en prière, il était l'image vivante de l'esprit de foi; pour ceux qui l'ont connu, il reste l'idéal du Pontife.

Il était de taille à peine moyenne, il avait les épaules larges et légèrement voûtées;

---

1. « Nous sommes convaincus qu'un prêtre doué d'une mesure commune d'intelligence, s'il s'applique sérieusement à l'étude de la théologie, s'il travaille avec soin ses discours, si surtout il est animé d'un saint zèle, se rendra très utile dans une Retraite et même une Mission, et pourra devenir quelquefois un puissant instrument de la grâce divine. Les saints qui, par leurs prédications, ont opéré des miracles, n'avaient pas tous le don de la parole. Ils ne savaient pas, souvent, les règles de l'art ni l'arrangement du discours. Nous pourrions ajouter que plusieurs étaient des ignorants selon le monde. Mais ils avaient dans le cœur l'amour de Dieu et un désir ardent du salut des âmes...

« Vous voyez qu'il serait aisé de remplir avec succès ce saint ministère. Nous ne demandons pour cela que de l'application, du zèle et de la piété ». (Lettre circulaire sur les Missions et Retraites paroissiales, 8 mai 1860).

la tête, plutôt ronde, était forte et belle ; le front vaste, d'un modelé et d'une courbe admirables, un vrai front de savant et de philosophe ; une chevelure un peu longue et légèrement bouclée encadrait son visage. Mais ce qui frappait surtout en lui, c'était la profondeur et la vivacité du regard ; et pourtant, ce regard perçant, scrutateur, n'avait rien de dur ni même de sévère ; il était plein de douceur et de bonté [1]. Sa physionomie était sereine et presque souriante ; ses traits ne révélaient ni tension ni effort ; ils exprimaient le repos dans la certitude, la contemplation paisible, bien plus que la recherche laborieuse de la vérité. Tout en lui traduisait sa devise : *In te, Domine, speravi* [2].

[1]. Les deux portraits de M⁣ᵉʳ Meirieu qui se trouvent, l'un au Musée, l'autre au réfectoire du petit séminaire, sont détestables et aussi faux que possible, et le caricaturiste le plus malveillant ne serait pas parvenu à déformer plus complètement cette noble figure.

Il y a un troisième portrait, dans la salle du conseil d'administration de l'hospice ; il a été fait d'après une photographie, après la mort de Mᵉʳ Meirieu ; il est un peu moins mauvais que les deux autres. Citons encore un portrait au crayon que l'on voit au musée de Digne, dans la salle des *Souvenirs bas-alpins ;* il fut fait à Paris, lorque l'abbé Meirieu, qui venait d'être nommé évêque de Digne, s'y rendit pour les informations canoniques. Ce dernier travail n'est pas sans valeur artistique, mais, comme les portraits, il manque de ressemblance.

[2]. Les armes de Mᵉʳ Meirieu sont : *d'azur, à l'ancre d'argent, au chef cousu de gueules, chargé d'un Zéhovah d'or,* avec cette devise : *In te Domine, speravi.*

Lettres Pastorales

de Mgr Meirieu [1]

Lettre pastorale à l'occasion de la prise de possession de son siège.

Qui nous eût dit, il y a neuf ans, lorsque pour la première fois nous parûmes au milieu de vous, que Dieu nous destinait à devenir votre premier Pasteur? L'amitié nous avait enlevé à la solitude pour nous faire partager ses travaux et sa vie. La condition qu'elle nous avait faite pouvait alarmer notre inexpérience et notre faiblesse;

1. Les Mandements de Mgr Meirieu que nous publions sont ce que nous appellerions volontiers ses Mandements *dogmatiques*. Il ne nous a pas été possible de les faire suivre des autres, les Mandements *moraux*, c'est-à-dire des Lettres à ses prêtres sur divers sujets d'édification; mais nous espérons bien que ces derniers verront aussi le jour.

elle était, du moins, pour le cœur, une délicieuse compensation aux douceurs de la retraite. Accoutumé que nous étions à des jours tranquilles, nous croyions être arrivé aux termes des vicissitudes qui nous étaient réservées, et avoir fixé à tout jamais nos destinées. Mais le Seigneur avait d'autres desseins qu'il voilait à nos yeux. Les premiers pas que nous faisions dans cette voie nouvelle devaient nous acheminer à une haute et redoutable dignité. A ce souvenir de nos espérances trompées, nous ne pouvons répondre que par ces paroles : *Les pensées de Dieu ne sont pas nos pensées, ni ses voies ne sont nos voies* [1].

Nous supporterions sans peine ce changement inespéré, s'il n'était qu'une manifestation des secrets du Ciel et un mécompte de notre propre sagesse. Mais pourrions-nous rester indifférent à la vue de la charge qui pèse sur nous, des sacrifices qu'elle réclame et des obligations qu'elle impose? Elle doit concevoir des alarmes, la créature en qui Dieu semble avoir mesuré l'excellence et l'élévation des fonctions qu'il lui confie à la profondeur de sa misère. Ce sentiment, Nos très chers Frères, a pénétré toutes les puissances de notre âme. Toutefois en songeant à la bonté infinie de Celui qui nous appelait, nous nous sommes livré à la confiance. Nous avons espéré qu'il confirmerait par sa grâce l'œuvre qu'il avait lui-même commencée, et que, se souvenant de ses miséricordes et de notre indignité, il suppléerait par sa force à notre faiblesse, par sa lumière à notre ignorance et par sa sagesse à l'insuffisance de nos conseils.

[1]. Isa. LV, 8.

Une autre pensée a ranimé notre courage. Nous ne sommes pas un inconnu qui, arrivé d'un pays lointain, aborderait vos contrées comme une terre étrangère, et s'attristerait de se voir exilé sur le sol de sa nouvelle patrie et ignoré dans le sein même de sa famille. Nous avons habité depuis de longues années votre demeure, respiré l'air de vos montagnes et vécu avec vous sous le même ciel. Nous avons appris à vous connaitre; et cette connaissance nous a fait contracter des liens qu'il nous suffira d'entretenir et de resserrer toujours davantage. Notre cœur ne devra pas se donner de nouvelles affections : il n'aura qu'à conserver et à rendre plus vives celles, que vous lui avez inspirées. Et ainsi nous continuerons le cours de notre existence, occupé des mêmes soins, vivant de la même vie. Rien sous ce rapport ne sera changé pour nous, et nous pourrons dire comme le Sage : Qu'est-ce qui a été? Ce qui sera [1] : et nous puiserons dans ces paroles un encouragement dans nos appréhensions et un adoucissement dans nos peines.

Le ministère qui nous est confié est difficile et m'impose une responsabilité terrible; mais le succès que Dieu en attend ne dépend pas seulement de nos efforts, il est encore attaché au concours de nos dignes collaborateurs. Quel puissant motif de confiance! Nous connaissons le clergé de notre diocèse, nous savons les qualités qui le distinguent et l'esprit qui le dirige. Moins favorisé que d'autres, dans les pays qu'il habite, des dons de la nature, nous aimons à croire qu'il est plus enrichi des dons de la grâce : Dieu, qui est juste dans la distribution de ses faveurs,

1. Eccl. 1, 9.

compense toujours les privations qu'il impose p[ar]
un surcroît de bienfaits. Aussi, la première fo[is]
que nous parlons de lui, nous voulons lui donn[er]
un témoignage public de la confiance qu'il a s[u]
nous inspirer, et lui dire que nous reposons su[r]
son zèle, sur son amour de l'étude et sur sa piét[é]
nos plus belles et nos plus douces espérance[s]
Soit qu'il forme les aspirants au sacerdoce, e[t]
qu'il prépare des athlètes à la sainte milice, so[it]
qu'il instruise les fidèles de la doctrine de la f[oi]
et des devoirs essentiels de la Religion, il mérit[e]
notre dévouement et notre affection. Puissions[-]
nous l'encourager toujours par nos paroles et pa[r]
notre exemple, et, en concourant ainsi à l'œuvr[e]
à laquelle il s'est dévoué, partager devant Die[u]
ses mérites et sa couronne!

Ne devons-nous pas, Nos très chers Frères, sol[-]
liciter de toutes parts l'assistance divine? L[a]
mission que nous devons remplir n'est-elle pa[s]
assez grande et assez difficile, et n'avons-nou[s]
pas assez de raisons de craindre d'en altérer l[a]
vertu et d'en diminuer les fruits? En aucun siècl[e]
de son histoire, l'Eglise ne s'est vue dans un[e]
situation semblable à celle où la Providence l'[a]
placée de nos jours. Elle a été plus d'une foi[s]
témoin de la transformation des peuples. De[s]
nations florissantes ont expiré sous ses yeux e[t]
des nations nouvelles sont sorties de leurs cen[-]
dres. Elle a assisté à l'agonie et à la mort de ce[t]
empire immense, l'étonnement et la terreur d[e]
la terre, qui par son organisation et la force d[e]
ses armes, semblait défier la durée des siècles[;]
elle a vue les ravages de la barbarie et salu[é]
l'apparition d'un nouveau monde sortant du sein
même du chaos. Toutes ces grandes scènes n[e]
devaient pas l'effrayer. Elle se montrait alors [à]

l'univers dans l'éclat et la fraîcheur de la jeunesse.
Les peuples à qui Dieu avait confié les destinées
de l'avenir ne la considéraient pas comme une
ennemie de leur gloire, ni comme une rivale de
leur puissance. Elle avait été faible et persécutée.
Elle apparaissait à peine au grand jour, encore
enveloppée, ce semble, des ténèbres du tombeau
où elle avait caché son origine et le secret de ses
mystères. Parmi les nations qui venaient se partager l'empire romain, nul ne pouvait lui reprocher
d'avoir abusé de sa puissance ni de s'être
prévalue d'un triomphe. Elles ne la connaissaient
que par les luttes qu'elle avait soutenues contre
leur ennemi commun, luttes incessantes et de
tout genre qui s'étaient perpétuées durant même
le temps où cet ennemi, fatigué à la fin et vaincu,
consentit à faire alliance avec elle. L'Eglise de
Jésus-Christ, bienfaisante et pacifique au milieu
des désastres de la conquête, fut donc accueillie
avec confiance et honneur, et sous ces peuples
barbares qui semaient partout la désolation et les
ruines, elle eut une destinée glorieuse. Elle
vivifia de son souffle et organisa par son action
puissante les éléments grossiers de la société
nouvelle et devint l'institutrice généreuse et
intelligente de l'humanité.

Aujourd'hui les peuples s'agitent encore. La
terre est le théâtre d'une lutte terrible. Les institutions les mieux affermies sont ébranlées. Les
nations se troublent, et les royaumes ont perdu
leur point d'appui [1]. Quel sera le résultat définitif
de cet ébranlement du monde? Dieu seul a le
secret de ses desseins. Or, l'Eglise assiste encore

1. *Conturbatæ sunt gentes et inclinata sunt regna.* (Psal. 45).

sans crainte pour elle-même à ces grandes comm
tions. Elle sait ce qui lui a été dit par le puissa
modérateur des choses humaines. Tranquille :
milieu de l'agitation de l'univers, elle ne son
qu'à bénir le siècle qui passe à ses pieds. Ma
elle s'attriste de voir les hommes accueillir av
défiance ses bienfaits, repousser son action ou
la recevoir qu'avec mesure, la signaler elle-mên
comme un ennemi perfide et redoutable dont
faut surveiller les desseins. On lui reproche tou
son esprit, ses tendances et jusqu'à sa gloi
passée.

N'est-elle donc pas difficile, Nos très che
Frères, la mission surtout des premiers Pasteu
de cette Eglise outragée ? Ils doivent travailler
dissiper d'injustes préventions inspirées par un
science vaine et superbe, nourries par les passio
mauvaises, enracinées dans les esprits depuis u
siècle, sanctionnées en quelque sorte par l'opinio
publique. Il faut dissiper les ténèbres épaiss
dont l'intelligence de l'homme s'est enveloppé
et qu'il appelle la lumière, la forcer de confess
ses erreurs et de voir la verité qu'elle a obscurc
et méconnue. Il faut lui montrer qu'elle s'est fat
guée en vain à rechercher en dehors de l'ense
gnement de la Religion, les mystères de la vi
qu'elle s'est *lassée dans la voie* de ses propr
conceptions parce que *la lumière de l'intelligen
divine n'a pas lui à ses yeux*. Il faut veng
l'œuvre de Dieu au tribunal de la raison d
l'homme. Cette raison a travaillé beaucoup depu
des siècles pour se suffire à elle-même et régl
la destinée des peuples. Le sentiment de
grandeur l'a égarée. Eblouie de sa prop
lumière, comme l'ange déchu, elle a perdu
souvenir de sa dépendance, et s'est établie e

souveraine sur la terre, Dieu, qui a vu cette ambition orgueilleuse, lui a livré le monde, et l'a abandonnée aux conseils de sa sagesse. Qu'a-t-elle fait? Elle a soufflé partout la division et le désordre ; sous prétexte de venger ses droits outragés et d'ouvrir une ère nouvelle à l'humanité, elle ébranle les fondements de l'ordre social et menace de jeter l'univers dans le chaos. Les esprits qui n'ont pas entièrement partagé ce délire commencent à redouter les suites désastreuses des doctrines qui les avaient un instant égarés. La vue de leurs espérances évanouies, l'aspect d'un avenir obscur et chargé de tempêtes les attriste et les désole. Ils reculent dans la voie où ils se sont engagés, et n'osent continuer l'œuvre qu'ils ont entreprise.

C'est à nous, Nos très chers Coopérateurs, de leur faire comprendre le crime qu'ils ont commis. Ils n'ont pas voulu de Dieu comme condition essentielle de la grandeur, de la paix et de la prospérité des nations, et ils sont tombés dans le malheur et dans l'ignominie ; ils ont ébranlé la pierre angulaire qui soutenait l'édifice et l'édifice menace ruine. Le ciel leur donne, du reste, des leçons terribles. Ils reçoivent de toutes parts de tristes mécomptes. Un peuple lâche et ingrat s'est fatigué de la splendeur et de la liberté qu'il devait au génie d'un grand homme et d'un saint Pontife. Il a poursuivi Dieu dans la sagesse de son Ministre, et le trouble a succédé à cette douce paix que les étrangers allaient respirer à l'ombre des mouvements de sa gloire, et sa liberté a expiré entre les bras des factions, et sa prospérité s'est changée en misère, et sa raison elle-même s'est tournée en mauvaise foi et en sophismes, et l'Europe a fui cette terre maudite, et a fait cortège, comme en un jour de triomphe, à l'illustre proscrit.

La Religion seule, Nos très chers Frères, a le dépôt des principes éternels de la tranquillité du monde et de la gloire des nations. Puissent les hommes enfin la comprendre! Puissent-ils déposer les préventions qu'ils ont conçues contre nous et reconnaître que la doctrine de Jésus-Christ dont nous sommes les organes, a les promesses de la vie présente, comme celles de la vie future, et qu'en vous ordonnant de chercher d'abord le royaume du ciel, elle nous assure les biens de la terre! Puissions-nous, aussi, nous-même, remplir dignement la destinée que les besoins de la société nous imposent! La bonté de Dieu nous offre des modèles qui nous instruisent et nous encouragent. Nos prédécesseurs nous ont déjà tracé la voie dans laquelle nous devons marcher. L'un (Mgr de Miollis) nous enseigne la simplicité qui charme les cœurs, et la charité qui les gagne, et nous fait admirer, durant son long épiscopat, l'association touchante d'une haute dignité avec l'innocence et la candeur de l'enfance chrétienne. L'autre (Mgr Sibour) a su joindre aux vertus qui font les saints Pontifes, la science et les grandes qualités qui distinguent les prélats illustres. Il nous a honoré, depuis de longues années, de son amitié et de sa confiance, et dans le rang élevé où Dieu, par un dessein remarquable de sa Providence, l'a fait monter, il veut conserver encore le souvenir des jours passés et entretenir les liens qui nous ont unis.

Il nous reste à supplier le *Père des lumières de qui descend tout don parfait*, de répandre ses bénédictions sur le troupeau et le pasteur. Les temps sont difficiles. Au milieu de cette agitation universelle des esprits, de cette lutte acharnée des passions, des opinions et des intérêts, la sagesse humaine est bientôt à bout de ses conseils. La lumière du ciel peut seule nous diriger parmi les ténèbres qui couvrent le monde. Dieu, nous en avons la confiance, sera fidèle à ses desseins et se souviendra de ses anciennes miséricordes. Il ne nous abandonnera pas à notre ignorance et à notre faiblesse, et si les jours deviennent plus mauvais, si le ciel se voile à nos yeux et menace la Patrie et l'Eglise de nouveaux malheurs, soutenu par vos prières, aidé du concours toujours bienveillant des dépositaires de l'autorité publique, nous nous efforcerons de conjurer l'orage, et de ramener le calme au milieu de la tempête (24 février 1849).

Mandement pour le Carême de 1850, sur la nécessité de la Religion dans le temps présent.

La Religion fut toujours nécessaire aux hommes. Elle est le fondement du droit, la sanction des devoirs, la source féconde de tous les sentiments légitimes et honorables, le principe à la fois, de la sécurité des familles et de la prospérité publique, l'élément le plus puissant de la grandeur et de la durée des nations, la condition indispensable et glorieuse de la vie humaine.

Aussi n'est-ce pas en vain qu'elle a été honorée ou méprisée sur la terre. Bien que ses plus magnifiques destinées soient réservées pour l'âge futur, elle a voulu présider aux scènes diverses qui se passent en ce monde, diriger par une action secrète mais inévitable, les mouvements qui l'agitent, et s'établir en souveraine dans l'univers.

Lorsque les peuples se sont rendus dociles à ses enseignements, elle a déposé dans leur sein un germe de vie et de fécondité qui leur a préparé de loin une ère de grandeur et de puissance, et lorsque, obéissant à l'esprit de mensonge et à de coupables instincts, ils l'ont haïe ou dédaignée, elle n'a eu qu'à retirer ses inspirations et sa lumière, et on les a vus, malgré les promesses fastueuses de leur orgueil, déchoir rapidement de leur gloire première et traîner dans le monde une existence de misère et d'ignominie.

Mais cette nécessité de la religion est plus vivement sentie pour le temps présent. Quel siècle a vu ce que nous voyons, a éprouvé nos cruelles incertitudes, nos craintes et nos angoisses? Notre sagesse se trouble et nous décourage; les efforts les plus généreux tentés pour calmer nos alarmes sont inutiles et n'aboutissent qu'à la désolante démonstration de notre impuissance; le sol sur lequel nous marchons tremble; nous entendons dans le lointain le bruit avant-coureur de la tempête; les espérances les mieux établies s'évanouissent; nous voyons creuser sous nos pieds l'abîme dans lequel demain peut-être nous serons engloutis. Triste condition de l'humanité dépourvue de ressources à la veille de sa ruine!

A la vue de cette situation lamentable que nous a faite le travail de la sagesse du siècle, l'homme éprouve le besoin de s'élever vers le souverain modérateur de l'univers, de confesser en sa présence les égarements désastreux de cette raison si vaine et si orgueilleuse qu'il avait flattée, et de lui demander d'abaisser ses regards

sur cette confusion profonde de toutes les choses
humaines, et de venir avec sa puissance, non pas
comme autrefois pour jeter le trouble et la division sur la terre (Gen. xi, 7), mais pour y rétablir
l'ordre et l'harmonie, y rallumer le dernier rayon
de lumière prêt de s'éteindre et sauver la dernière
étincelle de vie qui se meurt.

La considération de l'état présent du monde et
des événements divers qui l'ont amené, montre
encore à l'homme que la religion seule est digne
d'arrêter sa pensée et peut le satisfaire pleinement. Rien n'attriste l'âme et ne la désenchante
des espérances et des biens terrestres, comme
cette vicissitude des choses d'ici-bas, cette mobilité incessante de la figure du monde. Tout passe
sous nos yeux et se succède avec la rapidité de
l'éclair. Les phases diverses de l'humanité qui
demandaient autrefois des siècles s'accomplissent
en un jour. La vie d'un homme, si passagère et
si courte, mesure aujourd'hui plusieurs vies
de peuple, et les catastrophes qui marquaient une
longue période de temps dans les annales de
l'histoire, feront bientôt le récit ordinaire de nos
destinées. Et ce qu'il y a de plus triste encore,
c'est que ce mouvement qui nous emporte n'agite
pas seulement la surface de la société : il pénètre
dans ses profondeurs et menace de la transformer
dans ses premiers éléments. Tout est ébranlé et
subit la loi du changement. La fortune, la condition, les honneurs, la puissance, la gloire,
deviennent le jouet du génie de la destruction et
de la mort qui remue les peuples : qui pourrait
s'assurer pour le lendemain un seul bien de la
vie, fonder une espérance?

Or, Nos très chers Frères, la Providence a ses
desseins dans le spectacle qu'elle nous donne de
la fragilité des choses du temps. Elle veut nous

montrer que son œuvre se distingue de celle de l'homme, que cette œuvre est marquée d'un caractère que tous les efforts et toutes les inventions de notre sagesse ne sauraient contrefaire et qu'elle est digne de notre estime, de notre admiration et de notre amour. Qu'elle est belle en effet, la Religion, lorsqu'elle se montre inaltérable dans cet immense travail de dissolution qui attaque et ruine les ouvrages que la main des plus puissantes nations avait construits, et qui semblaient défier la durée des siècles! Elle élève au milieu des ruines son front radieux et serein, et lorsque tout, autour d'elle, s'affaiblit et tombe sous la loi de mortalité, elle renouvelle sa vie et réjouit le monde par l'éclat de son immortelle jeunesse.

Un invincible attrait nous porte alors vers elle. Certes, il faut un appui à la vie humaine, et quelle que soit la mobilité et la légèreté de notre esprit, nous aspirons par les secrètes puissances de notre âme au repos et à la sécurité. Or qui nous donnera cet appui nécessaire qui soulage notre fatigue et soutient nos espérances? Le monde entier nous échappe, il a brisé notre avenir. Loin de nous tromper encore par de nouvelles promesses, il nous désespère par ses cris de détresse. Lui en qui nous avions placé les joies et l'abondance de la vie, il a besoin que nous lui venions en aide pour le sauver de la mort.

C'est la Religion qui fondera la paix et le bonheur sur la terre, et affermira nos âmes battues par la tempête. Ah! tant que vous avez vu le monde dispenser la fortune, distribuer les honneurs et vous garantir, par le prestige trompeur de ses institutions et l'appareil de la force publique, la jouissance paisible de vos biens et

de vos plaisirs, vous avez tourné vers lui vos
adulations avec vos espérances. La Religion
entrait alors pour bien peu, à vos yeux, dans les
conditions de cette vie, si toutefois elle n'était
pas devenue l'objet de votre indifférence ou de
votre mépris. Dans les calculs de votre cupidité
et dans les convoitises de toutes vos passions,
elle ne vous faisait pas grand souci. Enrichis des
promesses du monde, vous pensiez pouvoir vous
passer d'elle. Et maintenant, ce monde que vous
faisiez le dépositaire et le dispensateur de tous
les biens, vous démontre son impuissance et
confesse les égarements où l'a jeté sa propre
sagesse. Rien ne vous reste, si ce n'est cette
religion dont vous vouliez vous passer et qui,
par un retour mystérieux se montre à vous
comme le seul espoir de la vie.

Or, la Religion seule peut nous sauver, si,
comme il faut l'espérer, il entre dans les desseins
de Dieu que nous soyons sauvés. Elle seule, en
effet peut rétablir la société sur ses véritables
bases et l'affermir contre les commotions qui
l'agitent. La raison humaine a voulu se charger
de lui assurer l'ordre et la stabilité, elle a même
prétendu la rendre prospère. A cette fin, elle s'est
donné des conceptions plus ou moins ingénieuses
sur la combinaison des intérêts, sur l'organisation
de la fortune publique, sur la hiérarchie et la
pondération des pouvoirs. Pressée de tout côté
par les clameurs des partis, par les exigences
des passions, elle a cru établir l'ordre dans
l'équilibre et fonder sur des concessions réciproques l'équité et la justice. Mais, tentatives vaines
et désastreuses! Le temps, cet appréciateur
incorruptible et inexorable des inventions humaines, lui donne une terrible leçon. Imprudente et

aveugle qu'elle était, elle n'a pas vu que la société n'est pas un mécanisme ingénieusement combiné pour exécuter des mouvements selon des lois fatales, mais bien un corps animé, qui se soutient, se développe et grandit selon les lois puissantes de la vie humaine.

En effet, la société repose sur la double loi du devoir et du droit qui en lie les membres par un sentiment mutuel de respect, d'amour et de service. Sans cela, il peut y avoir agglomération d'hommes, mais point de société. Or, où trouver la notion du droit et du devoir? Dans la Religion seule, parce qu'elle seule nous parle avec assurance et autorité de Dieu et de ses lois. Serait bien ignorant et bien aveugle, celui qui voudrait faire découler ces deux principes constitutifs de la société humaine d'une autre source que de Dieu. On l'a tenté parce que on a essayé de tout. Mais la raison mieux apprise comprend qu'une telle doctrine rend la société impossible, et, sous le prétexte de flatter l'homme, l'humilie et le dégrade. Hors de Dieu, il ne reste que l'homme pour fonder le devoir et le droit. Mais, qu'est-ce que l'homme pour conférer des titres à son semblable ou lui imposer des lois? Ce privilège qu'il s'arrogerait supposerait en lui une supériorité incontestée d'autorité et de puissance. Et qui l'a fait supérieur à ceux qui se disent et qu'il est forcé lui-même d'appeler ses égaux? Sa loi ne serait que sa volonté, et la volonté humaine est impuissante à commander aux hommes. L'égalité radicale et naturelle qui convient à chaque membre de la société ferait du commandement une tyrannie et de la soumission une servitude.

Mais, dira-t-on, ce n'est pas la volonté d'un homme qui fonde le droit et impose les devoirs

sociaux, c'est la volonté générale d'une nation
entière, autorité suprême, imposante, principe
de la justice des peuples. Et qu'est-ce donc que
cette nation dont on veut nous faire respecter la
volonté et même les caprices? C'est une multitude souvent aveugle d'hommes qui prétendent
se donner par le nombre ce que la nature leur
refuse. Ils restent toujours des hommes vis-à-vis
desquels nous gardons notre indépendance native.
En multipliant nos égaux, nous ne créerons jamais
un droit sur nous. Nous consentirons, si l'on
veut, à obéir, mais librement et sans y être tenus.
Nous pourrons aussi plier sous l'action de la
force, nous ne remplirons pas un devoir. Et c'est
en cela que se révèle la dignité de l'homme. Il
ne se soumet pas à son semblable. Le genre
humain tout entier ne pourrait s'arroger aucune
autorité sur lui. Il est si grand, qu'aucune créature
ne peut se dire son maître. Il a la prétention et le
droit de n'obéir qu'à Dieu. Notre divin Sauveur
nous en avertit : *Ne veuillez pas*, dit-il à ses
apôtres, *être appelés maîtres, vous êtes tous frères.
Il n'y a qu'un seul maître* [1], c'est Dieu. On nous
a accusés de former les peuples à l'obéissance
aveugle et à la servitude. On a cru relever beaucoup la dignité de l'homme en proclamant ses
droits à la liberté et à l'indépendance, en l'invi-
tant à briser le joug des princes du monde, et à
n'obéir qu'à la volonté de la nation, librement et
régulièrement manifestée; et la Religion l'élevant
plus haut, lui enseigne qu'il ne doit obéir ni aux
princes, ni aux nations, parce que ce sont toujours
là des hommes, et que, pour trouver un maître, il
doit remonter jusqu'à Dieu.

[1]. Matth. XXIII, 8.

Qu'est-ce à dire? Prêcherions-nous l'insurrection contre le pouvoir temporel légalement institué et jetterions-nous, par nos doctrines, le trouble et la confusion dans la société? Ah! c'est ici que la religion se montre la sauvegarde des Etats et la gloire des peuples. Elle nous apprend que Dieu est le père et le fondateur des sociétés humaines, et que, par conséquent, il veut et il sanctionne les puissances établies pour les gouverner. Ces puissances, quelles qu'elles soient, royales ou populaires, reçoivent de lui l'investiture du commandement, et aucun autre que Dieu ne peut la leur donner; et dès lors nous devons leur obéir comme à ses mandataires et à ses ministres. Mais aussi ce n'est qu'à ce titre qu'elles ont le droit de commander, et qu'il y a pour nous devoir de les respecter et de leur être soumis.

Ces doctrines sont la condition essentielle de la stabilité des gouvernements et de la sécurité des nations, et l'oubli qu'on en a fait est la cause de nos malheurs. L'homme devrait enfin confesser qu'il ne lui est ni honorable, ni salutaire de se passer de Dieu, et s'il entend bien les intérêts de sa gloire et de sa félicité sur la terre, il comprendra qu'il ne saurait mieux les confier qu'à Celui qui est la source de tout bien et de toute grandeur. Aujourd'hui plus que jamais, l'intervention divine est indispensable dans les affaires de ce monde. Les hommes ont voulu construire de leurs mains l'édifice social, ils ont mis en œuvre toutes les ressources de leur sagesse : l'édifice s'est élevé et a semblé remplir un instant toutes leurs espérances; mais au moment où ils s'applaudissaient de la beauté et de la solidité de leur ouvrage, Dieu est venu et a confondu leur orgueil, et cette construction qui devait faire l'admiration des peuples, s'est changée en un monceau de ruines; on a vu l'accomplissement de cette parole si simple et si profonde : *Si Dieu n'édifie la maison, c'est en vain que travaillent ceux qui la construisent*, et de ces autres : *Je perdrai la sagesse des sages et je réprouverai la prudence des prudents.*

O aveuglement! O terrible mécompte de la présomption humaine! Puissent-ils au moins, ces hommes, attristés maintenant du résultat définitif de leurs labeurs et désabusés de toutes leurs espérances, confesser leurs illusions et leurs égarements, et rendre hommage à la vérité, en disant hautement : *Nous nous sommes donc trompés, et la lumière de l'intelligence n'a point lui sur nous. Nous avons voulu être des sages et nous sommes devenus des insensés.*

O vous, qui avez dans votre condition modeste conservé, avec la simplicité des mœurs, la doctrine et les sentiments de la foi comme la portion la plus précieuse de l'héritage de vos pères, réjouissez-vous. Vous avez plus de sagesse et, si nous osons le dire, plus de science politique que tous ces sages du siècle qui prétendent régler nos destinées et fonder la gloire et la prospérité des peuples. Au milieu des éléments de désorganisation qui nous menacent d'une ruine prochaine, vous êtes le principe conservateur de la société, et nous disons volontiers avec le prophète : Si le Seigneur ne nous avait réservé dans vous un germe de vie, nous eussions été donnés au monde comme un témoignage des vengeances du ciel. Dieu se serait lassé de tant de présomption, de tant de folie, de tant d'audace. Vous êtes, avec ceux qui partagent votre condition heureuse, l'espérance des nations, parce que vous conservez le dépôt des doctrines qui peuvent seules les arrêter sur le bord de l'abime et les ramener dans leurs voies. Vous serez, un jour, le ferment mystérieux qui communiquera sa vertu à toute la masse. Après avoir fait de votre ignorance et de votre simplicité l'objet de sa pitié et de son dédain, la raison humaine, si superbe d'abord, et puis si humiliée et si modeste, viendra demander à votre foi la science qui la dirige et qui l'éclaire. Elle fera ce qu'elle fit autrefois dans la gentilité désabusée de la doctrine de ses sages. Après s'être fatiguée dans la recherche de la vérité, et avoir recueilli de tous ses labeurs l'incertitude et le doute, l'obscurcissement ou même la négation des croyances primitives, elle fut obligée de s'adresser au peuple le plus oublié et le plus méprisé du monde pour recevoir de lui les enseignements qu'elle avait perdus, et de lui dire : *Nous irons avec vous, car nous avons appris que vous avez le Dieu de sagesse et de vérité* [1].

Elle viendra aussi à vous qui êtes les dépositaires des promesses divines et de la doctrine régénératrice des nations, pour vous demander la lumière qu'elle a obscurcie, la vérité qu'elle a oubliée ou combattue, et les principes conservateurs du repos et de la prospérité des peuples; et nous, admirant ce retour providentiel des esprits superbes du siècle qui se faisaient les précepteurs du genre humain et les modérateurs des destinées des empires, nous lèverons les yeux au ciel et nous dirons avec le divin Sauveur : *Nous vous rendons gloire, ô Dieu, notre Père, Seigneur du ciel et de la terre, de ce que vous avez*

---

1. Zach. VIII, 23.

*caché ces choses aux sages et aux prudents, et que
vous les avez révélées aux petits. Oui, Père,
parce que cela vous a plu ainsi* [1].

Mandement pour le Carême de 1851, sur les avantages de la Religion, surtout dans le temps présent.

La Religion ne remplirait qu'une partie de sa destinée, si elle n'assurait les biens de la vie présente, en même temps qu'elle promet ceux de la vie future. Elle exerce une action essentiellement bienfaisante partout où elle s'établit. Elle répand ses dons dans toute l'étendue de son domaine, et son domaine, c'est la terre et le ciel. Elle se montre, il est vrai, dans une partie de son enseignement, sous des dehors austères qui attristent la nature humaine et semblent vouloir lui ravir ses joies et sa félicité; mais ces apparences, repoussantes au premier aspect, cachent des secrets divins, des ressources inespérées qui assurent le bonheur des hommes, même dans ce monde. Elle est ce bon arbre qui porte toujours de bons fruits en quelque terre qu'il soit planté, parce que la sève qui le nourrit, il ne la tire pas du sol où il a jeté ses racines, mais de la rosée du ciel qui le rafraîchit et le féconde.

Plus d'une fois, la raison humaine, impatiente du joug qu'elle lui impose, et les passions aveugles, fatiguées de la guerre qu'elle leur

1. Luc. x, 21.

déclare, sont parvenues à la faire regarder comme un censeur importun, ennemi du repos et de la prospérité des peuples, et à substituer leurs inspirations à son influence et à sa doctrine. Mais une triste expérience est venue apprendre au monde la vanité des promesses dont on l'avait flatté, et les calamités qu'il se prépare, lorsqu'il entreprend d'être heureux à des conditions que la sagesse divine n'a pas posées.

Celui-là seul est heureux qui se laisse diriger par l'enseignement de cette religion sainte, et pénétrer des sentiments qu'elle inspire. Il se garantit d'abord de tout ce qui fait le malheur des hommes. Ne sont-ce pas les passions désordonnées qui les agitent et les tourmentent? Les désirs insatiables les consument, l'ambition les dévore, les plaisirs les lassent, les craintes les troublent, les espérances trompées les abattent. Ils se fatiguent sans cesse pour alléger le poids de la vie, et ils le rendent chaque jour plus pesant. Ils veulent remplir cette vie de joies et de douceurs et ils n'y mêlent que des amertumes.

Mais le chrétien se défend de toutes ces passions qui emportent les hommes. Il accepte avec reconnaissance des mains de Dieu les biens de ce monde, et ne les recherche jamais avec une ardeur inquiète. Il supporte l'adversité avec patience, et ne s'irrite jamais contre l'infortune. Il sait que Celui qui lui a donné l'existence saura lui fournir les moyens de la soutenir, et que si sur cette terre les dons du ciel ne paraissent pas toujours distribués selon les règles de l'équité, il y a un jour fixé par la justice divine où l'ordre sera rétabli, et où une compensation abondante sera offerte pour les souffrances et les privations de cette vie. Et en attendant ce grand jour, il a trouvé le secret d'être heureux en modérant ses désirs, en réduisant ses besoins, et en se contentant du peu que la Providence lui donne. Instruit à l'école de l'éternelle sagesse, il se garde bien de mettre le bonheur dans l'abondance qui n'est pas le partage de tous et qu'il est difficile d'obtenir, mais il le place dans la médiocrité, condition commune des hommes, qu'il est plus aisé d'avoir.

Il supplée, du reste, à ce qui lui manque par les consolations de la foi. Il vit en paix avec lui-même et avec ses semblables. Il n'est pas obligé d'étouffer la voix de sa conscience pour goûter le repos. Il s'y rend au contraire attentif et le bon témoignage qu'il en reçoit a plus de prix, à ses yeux, que tous les trésors de la terre. Au milieu des tristesses de la vie, il se réfugie dans ce sanctuaire intérieur où il habite avec son Dieu, pour se consoler de la malice et de l'ingratitude des hommes et pour s'y reposer en silence du mouvement et du bruit de ce monde. Il n'est pas agité de craintes, ni flatté de vaines espérances. Il laisse aller le cours de sa vie au gré d'une Providence paternelle, et sans négliger les soins que conseille la prudence chrétienne, il attend tout de celui qui nourrit les oiseaux du ciel et orne les lis des champs. Il ne s'inquiète même pas du besoin du lendemain. S'il voit les hommes s'attrister sur les malheurs des temps, et se livrer à des craintes mortelles, lui, sans être insensible aux maux de ses frères, il se remet avec confiance entre les mains de son Dieu, et vit avec sécurité au milieu des périls. C'est l'accomplissement de cette parole : *Celui qui craint Dieu, se trouvera bien dans* toutes les situations de la vie.

La Religion apporte aussi ses consolations e
répand ses bienfaits au sein de la famille. Hélas
qu'est devenue la famille, depuis que les homme
n'écoutent plus les enseignements de la foi? Ili
en ont fait ou un calcul de la cupidité, ou ur
aliment d'avilissantes passions, et toujours une
source de cuisants chagrins et d'amers regrets
Cette alliance sainte contractée au pied de
autels, cette consécration solennelle de l'union
des cœurs, n'est souvent que le signe avant-cou
reur de la division et de la rupture. Les bénédictions de l'Eglise, qui ont la vertu de communique
la paix avec le bonheur, semblent marquer dan
la vie humaine une époque fatale d'ennuis
d'inquiétudes et d'angoisses. On commence ;
souffrir au moment où l'on arrive au comble de
ses vœux; et les espérances qui promettaient le
plus, sont devenues le plus sanglant mécompte
et le plus cruel désenchantement de la vie. Que
de larmes a vu répandre le foyer domestique! de
combien de soupirs et de plaintes amères n'a-t-i
pas été le confident? Riant et gracieux, au jour ou
il fut témoin des fêtes et des premières joies de
la famille, il s'est changé en un théâtre de douleurs, et il a vu des scènes lamentables qui en
ont fait un lieu lugubre de deuil et de supplice
Pourquoi cette triste vicissitude de la destinée
domestique? Parce que l'homme a voulu, lui seul,
faire la famille, et comme il ne peut apporte
dans ses œuvres que ses moyens d'action, c'est-à-
dire les passions et les instincts pervers de sa
nature, ce qu'il entreprend, revêt, nous osons le
dire, un caractère monstrueux, qui est à la fois
un témoignage de son impuissance et le châti-
de son orgueil.

. . . .

Les bienfaits de la Religion s'étendent plus loin. La société publique est aussi son domaine. Son action s'y manifeste même avec plus de vertu et plus d'éclat. Après avoir travaillé et façonné les matériaux destinés à la construction de l'édifice, elle intervient encore dans leur arrangement, et donne à cet édifice la forme et les proportions qui le consolident et l'embellissent.

La société vit d'ordre, elle est un corps organisé; et l'ordre suppose l'unité et l'harmonie. Or, le principe de cette unité est dans les esprits, c'est-à-dire, dans des idées fondamentales et communes qui dirigent toutes les forces du corps social vers une même fin, et leur font exécuter une fonction générale dont le résultat est la paix et la prospérité publiques. Sans cette direction commune et harmonique, la société prend des tendances multiples et opposées, elle est arrêtée ou contrariée dans sa marche, et elle épuise ses forces et sa vie dans les déchirements et la souffrance. Mais qui mettra cette unité dans les esprits? L'homme divise, parce qu'il ignore et qu'il s'aime lui-même. Son ignorance lui fait imaginer des systèmes et le pousse à des essais. Il supplée à la science par des inventions et à la sagesse par des changements. De plus, dans ses conceptions et dans ses entreprises, il ne voit et ne peut voir que lui-même; car le sacrifice de soi est au-dessus de ses forces. Cependant il en comprend la nécessité pour assurer l'intérêt public. C'est alors qu'il met la générosité sur ses lèvres et enferme l'égoïsme dans son cœur. Arrivée à ce point, la société penche vers sa ruine, parce qu'il n'y a plus rien de sain et de vrai en elle. Toute parole devient un mensonge, toute protestation de dévouement une tromperie. Le but que l'on propose est celui que l'on veut éviter. Le bien général

que l'on proclame, n'est pas ce qu'on désire;
l'intérêt particulier que l'on se donne la sotte
vanité de vouloir sacrifier, c'est précisément celui
que l'on recherche. Triste condition d'un peuple
où le langage n'est honorable que lorsqu'il est
un déguisement de la pensée, et où il ne peut
être vrai sans flétrir celui qui le tient et offenser
celui qui l'entend.

La Religion, au contraire, possède les lois fondamentales de l'ordre public, et elle donne à
l'homme la force de s'y conformer. Elle est la
constitution immuable de la grande société dont
Dieu est le législateur et le monarque, et cette
constitution est aussi la base et le premier principe de toute organisation des sociétés terrestres.
Ce que la sagesse divine a fait pour maintenir
l'harmonie entre les créatures et leur Créateur, et
fixer les rapports éternels qui doivent les unir,
ne servirait-il pas de règle et de modèle pour
établir l'ordre, dans l'état de cette vie passagère,
entre les créatures elles-mêmes ?

Ce qui assure à l'homme ses destinées de félicité
et de gloire immortelles, lui fait aussi dans ce
monde une condition de bonheur et de paix, et le
temps est soumis aux lois de l'éternité. Ces lois
ne sont pas changeantes comme les conceptions
de la raison humaine. Elles sont l'expression de
la pensée éternelle de Dieu, et elles indiquent si
sûrement et si parfaitement les droits et les
devoirs qui découlent de l'état de société, que ni
la succession des siècles, ni les changements et
les révolutions des peuples, ne peuvent en
altérer la vertu, ni en faire contester l'excellence.
Elle est la charte immuable des nations, et elle
partage la destinée de celui qui l'a octroyée au
monde : elle est instituée pour la résurrection et
la vie des sociétés qui l'acceptent et la suivent,

et pour la ruine de celles qui la repoussent et la dédaignent.

Qui peut, en effet, lui contester la gloire de proposer, en tête de ses prescriptions, la grande loi de la charité et du sacrifice de soi au bien de nos frères, et de poser par là le fondement de la société et la condition de l'ordre et de la paix publique? Car c'est bien en vain que la sagesse humaine chercherait ailleurs les moyens de rendre les peuples tranquilles et heureux. Elle l'a toutefois essayé. Elle a imaginé d'apaiser les passions essentiellement désorganisatrices, soit en leur promettant une pleine satisfaction, soit, par une ingénieuse compensation de jouissances, en les modérant les unes par les autres, comme si ce qui est insatiable pouvait être rassasié jamais, et ce qui est indomptable, assujetti.

La Religion, non seulement intime la loi éminemment sociale de la charité et du sacrifice, mais elle communique encore la force de l'observer; et pourquoi? Parce qu'elle offre une juste et abondante compensation pour les privations qu'elle impose. Elle connaît la nature de l'homme et observe à son égard les règles de l'équité. On a beaucoup parlé du charme de la bienfaisance et de cette perfection imaginaire de l'homme juste qui trouve sa récompense dans le secret témoignage qu'il se rend à lui-même d'avoir fait le bien. Invention fastueuse de l'orgueil qui prétend se passer de Dieu pour pratiquer la vertu! Triste ressource d'une vaine et menteuse philosophie qui, sous le prétexte d'exalter la dignité de l'homme, laisse ses passions sans frein et ses instincts sans règle!

Aussi, voyez ce qui est arrivé depuis qu'on a enlevé à la vertu les motifs que la Religion lui propose. Qui dompte en secret ses passions, et, à l'insu de ses semblables, sacrifie ses intérêts pour le seul plaisir de conserver en dedans dè soi le témoignage d'une bonne conscience ? Toutes les belles maximes de nos prétendus sages sur le bonheur et le désintéressement de la vertu ne tiennent pas devant l'impétuosité des désirs de l'homme et la perversité de ses penchants. Il subit malgré lui, et sous l'action d'une puissance irrésistible, cette loi fatale, qu'on ne donne rien sans l'espérance d'avoir, et que le sacrifice est un échange.

. . . .

La Religion respecte et consacre cette loi juste, mais terrible pour un peuple sans foi. Elle dit à l'homme : Souffre pour adoucir les souffrances de ton frère et tu auras des joies immortelles ; dépense ta fortune pour soulager l'indigent, partage avec lui ton pain, et tu possèderas un jour d'immenses trésors ; sois malheureux et, s'il le faut, sacrifie ta vie pour tes concitoyens, pour ta patrie, et tu recouvreras surabondamment ta vie, tes concitoyens, ta patrie ; remplis le temps, dans l'intérêt de tes semblables, de labeurs, de privations et de services, et je remplirai, pour toi, l'éternité de repos, de richesses et de félicité. Quelle puissance de langage ! Mais aussi, quels prodiges de charité n'a pas enfanté ce magnifique enseignement ! Les chrétiens ont moins parlé de bienfaisance que nos prétendus amis de l'humanité, ils ne se sont pas décorés du titre fastueux de philanthropes, ils n'ont pas imaginé toutes ces vaines théories dont on a inondé le monde, et qui n'ont pour but que de trouver le moyen ingénieux de secourir le pauvre, sans qu'il en coûte rien au luxe et aux plaisirs du riche, ils se sont mis à l'œuvre, et un obscur serviteur de Dieu, une pauvre fille de la Charité a, dans un seul jour de sa vie, plus soulagé l'indigence que tous ces parleurs intarissables d'assistance publique, rassasiés de jouissances et de richesses.

Mandement pour le Carême de 1853, sur le Bon Exemple comme moyen de régénérer la société.

Les terribles calamités auxquelles nous n'avons échappé que par une manifeste intervention du ciel, ont révélé la profondeur du mal qui travaillait la société. Lorsque ce mal était caché dans le secret des âmes, et ne s'annonçait au dehors par aucun symptôme alarmant, lorsque la plaie hideuse qui rongeait le corps social se dérobait à nos regards sous le voile trompeur de la paix et de la prospérité publiques, les sages du siècle traitaient de vaines terreurs les craintes salutaires qu'on voulait leur inspirer. En vain la Religion proclamait-elle les principes éternels de l'ordre et les conditions essentielles du gouvernement des peuples; en vain s'annonçait-elle comme la source du droit, la sanction du devoir, comme la seule puissance qui maîtrise les passions, et la seule barrière qui puisse les contenir; en vain faisait-elle entendre ce grave enseignement, que Dieu seul peut intervenir dans les débats des nations et les juger, le ciel pacifier la terre, et l'éternité, avec le spectacle imposant de ses joies

et de ses douleurs, ordonner avec équité et
sagesse les choses du temps. Sa voix n'était point
écoutée...

. . . .

... Les insensés! Ils s'endormaient avec sécurité
sur le bord de l'abîme, au sein des richesses et
des plaisirs. Le bruit lointain de la tempête qui
devait les emporter comme la poussière du
chemin, n'avait pu les éveiller et les avertir, et,
comme ces obstinés et ces incrédules des temps
primitifs, ils se nourrissaient de folles espérances
et s'occupaient à loisir et avec joie de leurs
affaires jusqu'au moment où le déluge est arrivé,
et a menacé de les envelopper tous dans un
commun désastre.

Il a fallu ce cruel et salutaire avertissement
pour éclairer ces esprits aveugles, et convaincre
d'impuissance les ressources de leur sagesse. Il a
fallu que l'édifice social chancelât et fût sur le
point de tomber, pour leur apprendre qu'il
n'était pas assis sur des fondements solides. Il a
fallu le délire et la fureur des peuples pour leur
montrer la profondeur et la gravité du mal. Triste
condition des hommes, qui ne peuvent s'instruire
que par des désastres, et prendre un peu de
sagesse qu'à la vue des derniers excès de leur
folie! A quelque degré d'honneur, de talent et
d'autorité qu'ils soient montés, ils sont comme la
jeunesse téméraire et présomptueuse qui dédai-
gne ou néglige les leçons des sages, et ne veut
être ramenée dans la voie que par ses écarts et
ses malheurs.

Maintenant donc ils confessent tous que la
société est malade et qu'il faut se hâter de la
guérir. Mais, Nos très chers Frères, nous ne

voulons pas qu'on nous abuse encore par de vaines promesses, et qu'on vienne nous offrir pour remèdes les stériles efforts et les ingénieuses inventions de la sagesse humaine. La société ne sera guérie, la paix dont elle jouit ne sera durable, elle ne saurait être heureuse et prospère qu'autant qu'elle sera chrétienne. La Religion seule est la condition essentielle de son repos et de son bonheur.

. . . .

Lorsque, dans le dernier siècle, des doctrines perverses se répandirent dans la société, que l'impiété fut érigée en enseignement public, que les célébrités de la science, par un entraînement fatal, s'enrôlèrent dans les rangs de l'incrédulité, et qu'une philosophie menteuse et superbe poursuivit avec acharnement la Religion, l'attaqua tour à tour par la calomnie, le sarcasme et le blasphème, le peuple resta fidèle à ses croyances, la famille conserva le dépôt de la foi comme un glorieux héritage de ses ancêtres. Le christianisme continua d'exercer son action sur la société, d'en être la vie et la règle. Cette lamentable lutte engagée entre Dieu et l'homme se passait dans de trop hautes régions; et d'ailleurs les armes qu'on y employait ne pouvaient être maniées par le peuple. Son ignorance et sa simplicité le garantissaient de l'orgueil et des aberrations de la science. Il n'entendait rien aux leçons de cette docte incrédulité, et il restait chrétien.

Mais lorsqu'il a appris que ces nouveaux docteurs placés au-dessus de lui par les lumières, le rang ou la fortune, abandonnaient les pratiques de la Religion et se glorifiaient de leur indépendance; lorsque, surtout, l'impiété se répandant au loin et multipliant partout ses adeptes, il les a

rencontrés autour de sa demeure, au milieu de
ses champs, il a entendu leurs discours, considéré
le scandale de leur vie, alors il a senti sa foi
défaillir, des passions terribles se sont réveillées
en lui, il a combattu, et puis il a succombé, et il est
devenu semblable à ses maîtres. L'histoire est là
pour attester que ceux-ci, par l'action incessante
de leur exemple, par le spectacle et, nous osons
le dire, par le souffle empesté de leur vie, ont
fait, dans le cours d'un siècle, le peuple à leur
image.

Il faut donc que l'exemple qui a perverti les
hommes, les régénère aujourd'hui. Il faut qu'après
avoir arraché de leur cœur les principes conservateurs de la société, il les leur inspire ; qu'après
avoir ébranlé l'édifice social, il le consolide ;
qu'après avoir mis en péril l'existence du monde,
il lui rende sa vie et sa vigueur premières ; et
qu'après avoir réduit l'univers à la confusion et
au chaos où nous l'avons vu, il lui restitue sa
beauté et son harmonie.

. . . .

Le peuple, malgré ses passions, malgré même ses
préjugés et ses erreurs, a conservé au fond de son
cœur un sentiment impérissable qui l'avertit de ses
devoirs envers Dieu. Il n'a pu étouffer la voix de
sa conscience. Les impressions de son enfance
chrétienne ne se sont pas effacées. Il n'a pas
oublié les premières leçons qu'il a reçues au sein
de sa famille. Son âme a passé sans doute par
bien des vicissitudes, elle a pu être ravagée par
le vice et par le crime, mais elle a toujours retenu
la pensée de son Dieu, et le souvenir de sa parole.
Ce qui lui manque, c'est la force nécessaire pour
rompre le lien de l'habitude, pour triompher des
répugnances et de la faiblesse de la nature, c'est

le courage pour briser les engagements de l'amour-propre et la puissance du respect humain. Car, c'est par défaillance de cœur qu'on se tient loin de Dieu. Or, l'exemple donnera à cet homme faible l'énergie dont il a besoin. Il sera d'abord un dédommagement pour son orgueil qui redoutait un retour comme une défaite. Il excitera, de plus, dans son âme l'émulation pour le bien, et le désir de ressembler à ceux qu'il se glorifiait de suivre. L'exemple d'un homme honorable, bien plus que tous les discours, persuade et entraîne. Sa conduite chrétienne est pour ceux dont il avait fixé les regards et mérité la confiance, une démonstration éclatante de la vérité de la Religion et de la sainteté de ses commandements. Elle relève à leurs yeux la condition du chrétien, leur fait sentir davantage la honte qui s'attache à l'oubli de Dieu et à la vie des passions, et, par une action incessante, par de secrets ressorts que la grâce met en jeu, elle trouble les cœurs, les remue, les émeut, et les force enfin à imiter ce qu'ils ont été contraints d'admirer.

. . . .

Songez que par votre négligence, par votre éloignement des pratiques chrétiennes, non seulement vous arrêtez le mouvement religieux des peuples, mais vous paralysez encore votre ministère, vous lui enlevez toute son autorité et toute sa vertu. Nous faisons retentir nos temples des enseignements de la foi ; nous rappelons à l'homme ses destinées immortelles, la fin de son passage sur la terre, les desseins de Dieu sur lui, les jugements redoutables de ce grand Dieu, le prix et la durée de ses récompenses, la sévérité de sa justice et la munificence de son amour.

Nous annonçons une autre vie immense et durable comme Dieu, dont celle-ci n'est qu'une ombre fugitive et grossière, et nous disons les conditions qu'il est nécessaire de remplir pour la rendre heureuse. Nous ouvrons les portes de l'éternité afin d'améliorer et de sanctifier le temps, nous montrons sans cesse le ciel pour régénérer la terre; mais, à votre exemple, les hommes, ou n'entendent pas notre parole, ou ne la mettent pas en pratique. Nos discours sont un vain bruit qui résonne dans le désert, ou qui frappe les oreilles sans pénétrer les cœurs. Ainsi, malgré toute l'autorité que Dieu a mise en nous, malgré toutes les industries et les efforts de notre zèle, les hommes voyant que vous n'êtes ni ébranlés ni changés, ne changent pas non plus, et, fermant les yeux aux lumières de la foi, ils s'abandonnent aux instincts de la nature, ils éteignent dans leurs âmes le sentiment qui les élève vers Dieu et les avertit de leur destinée future. Ils bornent leur existence et leur félicité à la vie présente. De là, cet amour effréné des richesses, ces convoitises haineuses, cette soif insatiable des jouissances et des plaisirs. De là la division, la discorde, l'esprit de changement et de révolution, et tous les maux de la société.

Car, Dieu ne vous commanderait-il pas, vos intérêts éternels n'exiergaient-ils pas que vous fussiez chrétiens fidèles, votre intérêt dans le temps devrait vous le conseiller. Nous rappelons au peuple ses devoirs vis-à-vis des grands et des riches du monde. Nous lui apprenons à respecter la supériorité du rang et des lumières. Nous marquons à ses yeux d'un caractère sacré l'autorité dont vous êtes revêtus. Nous lui enseignons l'obéissance aux lois et aux ordres émanés de la puissance publique. Nous relevons par les vues de la foi l'obscurité et les épreuves de sa condition, afin de la lui faire estimer et aimer, et nous lui disons les dangers, les chagrins, les mécomptes et les ennuis des conditions élevées et brillantes selon le monde, afin d'en détourner ses pensées et ses désirs. La Religion nous offre même le moyen de lui persuader que la portion de bonheur et de paix qui lui est échue est préférable à la vôtre, qu'il doit être pénétré de reconnaissance pour la mesure de bien dont il a hérité, et rempli de compassion pour vous, à cause des privations que votre état vous impose.

Nous mettons votre fortune sous la sauvegarde de Dieu. Les richesses que la Religion nous apprend à mépriser, lorsque nous les possédons ou que nous voudrions les acquérir, placées entre vos mains, nous commandons au peuple de les respecter comme un droit sacré et comme la source de la prospérité publique. Nous veillons, au nom de la suprème justice, à l'intégrité de vos domaines, et nous traçons, pour ainsi dire, du doigt de Dieu les limites de vos héritages. Nous apprenons au pauvre à vivre résigné, heureux même au sein de l'indigence. Nous diminuons ses besoins par la pratique des vertus chrétiennes, par la retenue dans les plaisirs par l'usage intelligent et modéré de ses ressources, par l'amour du travail, et nous adoucissons ses peines par les consolations et les espérances de la foi. Nous apaisons ses murmures, nous le relevons dans son abattement, nous réprimons ou réglons ses convoitises, nous mettons un frein à ses passions, nous dissipons ses projets sinistres, nous arrachons de son cœur la jalousie et la haine. Ah! nous sentons auprès de lui comme un océan terrible qui soulève ses vagues et menace de ravager la terre; mais nous invoquons la puissance de celui qui commande à la *mer et aux vents* pour apaiser ses fureurs et le retenir dans ses digues. S'il veut avoir raison de nos enseignements, nous faisons retentir à ses oreilles le nom redoutable de Dieu, nous lui intimons sa loi, **sa** volonté souveraine, et lui rappelons les desseins de sa sagesse et les règles de sa justice; et s'il nous demande ce qui lui reviendra de sa patience, de ses privations et de ses douleurs, ce que nous donnerons en échange de ses infortunes, nous lui montrons l'imposante image de l'éternité, et ses richesses et sa gloire et son immortelle béatitude. Nous lui apprenons à supporter, avec résignation et même avec joie, les pertes qu'il fait sur la terre par la considération du gain qu'il amasse pour le ciel.

En cela, que faisons-nous? nous vous conservons les biens de la vie; nous garantissons **vos** droits, nous affermissons votre fortune, nous vous obtenons la liberté d'en jouir, nous assurons votre repos et jusqu'à vos plaisirs légitimes. Mais si vous ne nous venez en aide par l'autorité **de** votre exemple, si vous ne prêtez à notre ministère le concours d'une vie chrétienne, toute la puissance de notre enseignement, toutes les inspirations de notre charité, toutes les entreprises de notre zèle seront frappées de stérilité. Vous ruinerez notre œuvre que vous voulez soutenir, vous comprimerez notre action que vous voulez seconder, vous abaisserez la Religion que vous voulez relever, vous détruirez ce que vous voulez nous faire édifier, et, contre votre dessein, malgré toutes vos ressources et toutes vos louables et généreuses industries, vous arrêterez le retour de la vie au sein de la société, vous aggraverez le mal qui la consume, vous augmenterez ses souffrances, vous lui enlèverez toute espérance de repos et de sécurité, vous ajouterez à nos alarmes, et vous nous préparerez de nouvelles et terribles calamités.

Notre parole vous paraitra peut-être sévère. Vous nous accuserez de multiplier nos périls, de méconnaître les garanties de paix et de prospérité que la Providence semble nous offrir, et d'ébranler par de sinistres prédictions des espérances légitimes. Ah! ne renouvelez pas des accusations que les événements ont convaincues d'erreur et d'injustice, ne vous permettez plus des illusions que le souffle de la tempête a dissipées, souvenez-vous que nos paroles n'ont pas été de vaines menaces. On vous avait dit que l'œuvre de votre sagesse manquait de base, et elle a croulé; qu'en brisant les liens de la Religion vous déchainiez les peuples, et les peuples se sont déchainés; qu'en voulant maîtriser les passions seulement par la force, vous les irritiez et elles se sont montrées terribles; qu'en travaillant sans Dieu, vous vous prépariez des calamités, et les calamités sont arrivées; qu'en fondant l'ordre de la société sur l'appât des richesses, la prospérité des nations sur la cupidité, vous allumiez dans le cœur de l'homme une flamme dévorante qui consumerait et la fortune privée et la fortune publique, et vous avez pu voir les premières lueurs d'un épouvantable incendie. Nous vous faisons aujourd'hui les mêmes prédictions et nous voulons vous inspirer les mêmes craintes. Nous vous disons que si vous ne travaillez par vos bons exemples à régénérer la société, elle restera à peu près ce qu'elle est, elle portera dans son sein les

mêmes éléments de désordre ; que ces éléments
fermenteront sans cesse, et qu'à un moment
donné, dans un temps marqué par la justice de
Dieu, ils feront une explosion terrible et produi-
ront tout-à-coup une catastrophe. Ne veuillez pas,
Nos très chers Frères, être toujours avertis par
des malheurs. Il est bien plus sage et plus salutaire
de les prévenir en écoutant la voix de la Religion
et en observant ce qu'elle vous prescrit.

Loin que notre langage soit sévère, nous taisons
par charité ce que notre charge pastorale nous
donnerait le droit de vous dire. Ne pourrions-
nous pas vous forcer d'avouer que le bon exemple
que nous vous demandons, plusieurs le doivent
au peuple, non pas seulement comme un devoir
de religion, mais encore comme un acte de
justice ? N'ont-ils pas contribué par leurs discours
à ébranler les croyances chrétiennes dans la
société, à éteindre autour d'eux et jusqu'au sein
de leurs familles, le sentiment religieux ? Le prophète pourrait leur dire : *C'est par vous que le
nom de Dieu est blasphémé parmi les nations* [1]
Ils n'ont pas perdu le souvenir de ce temps, peu
éloigné de nous, où ils répandaient des doctrines
perverses, où ils tournaient en dérision les pratiques de la piété et les mystères augustes de notre
foi, où ils soufflaient dans les cœurs le poison de
l'impitié. Ils ont dépouillé les âmes du trésor de
la grâce et du dépôt des vérités saintes dont la
Religion les avait enrichies. Selon les règles de la
justice, ils sont tenus de réparer le dommage
qu'ils ont causé, et de restituer le bien qu'ils
ont ravi.

—————

1. Rom. II, 24.

Mandement pour le Carême de 1854, sur l'Education des enfants.

La bonne éducation des enfants est le moyen le plus sûr et le plus puissant de préparer à la société un avenir prospère. Dans les temps de division et de trouble, elle donne des espérances de sécurité et de paix, et, au milieu des déchirements et des vicissitudes, elle est une garantie de stabilité. Elle adoucit les malheurs publics et console les douleurs de la patrie en présageant une ère nouvelle, en faisant luire l'aurore d'un jour meilleur. Il est, en effet, difficile que ceux qui formeront la société, la marqueront de leur caractère et la feront à leur image, se dépouillent entièrement des salutaires impressions qu'ils auront reçues au premier âge de la vie. Ces impressions, sous l'action de circonstances malheureuses et dans l'effervescence des passions, pourront s'affaiblir et s'altérer, mais elles ne s'effaceront pas : l'âme conservera toujours des traits reconnaissables de la forme première qu'on lui avait donnée.

. . . .

Il est donc nécessaire de soigner l'éducation des enfants et d'empêcher qu'elle ne soit défectueuse ou négligée. Pour lui donner toute la perfection désirable, il faut qu'elle commence dès les premières années, sous le toit paternel, au milieu de la famille. Ici, pères et mères, la Religion et la société vous imposent de graves devoirs. Vous avez en vos mains la destinée des

peuples. C'est vous surtout qui faites par avance
leur condition future, et préparez l'infortune ou
la prospérité des empires. Une grande puissance
vous a été donnée, et l'usage que vous en ferez
doit enfanter ou la vie ou la mort. Dans l'enceinte
de vos demeures s'agitent les intérêts du monde,
et autour du foyer domestique vous faites
l'histoire anticipée de ses joies ou de ses
malheurs. Ne soyez point surpris de cette grande
et redoutable vocation. N'avez-vous pas en vos
mains le sort des générations futures? En élevant
vos enfants, vous préparez les éléments d'une
société nouvelle qui, conservant plus ou moins
la forme que vous leur aurez donnée, en seront
la gloire ou l'ignominie, la résurrection ou la
ruine. L'âme de ces enfants est un champ où
vous pouvez semer le mauvais comme le bon
grain, que vous pouvez aussi laisser inculte, et,
au temps de la moisson, on recueillera le fruit
de votre négligence ou de vos travaux.

. . . .

Gardez-vous de flatter la vanité de l'enfant et de
la nourrir par de funestes complaisances. Elle
est la source de toutes les passions qui se
déclareront plus tard; cet éclat dont vous l'entou-
rez brille à ses yeux comme un reflet de lui-même
qui va éveiller dans son âme les premiers mouvements de l'orgueil. C'est pour lui une image
sensible de sa propre valeur. Sans doute, il
exagère la signification et le prix de sa vaine
parure, et plus tard il corrigera cet excès; mais il
en a reçu une impression fâcheuse. Comment
voulez-vous qu'il n'en soit pas ainsi, lorsque
vous, arrivés à la maturité de l'âge, vous avez la
faiblesse d'en faire l'aliment de votre propre
vanité? N'est-ce pas que vous considérez ce faux

brillant avec plaisir, et que vous l'étalez avec complaisance?

. . . .

Evitez de satisfaire sa sensualité et ses convoitises. Vous amolliriez son âme et augmenteriez la pente qu'elle a déjà pour le plaisir. Vous lui prépareriez, pour l'avenir, des souffrances plus vives et des mécomptes plus cruels, en lui rendant plus sensibles les privations inséparables de la vie. La vertu, qui n'est que l'empire sur soi et la réduction des désirs à la mesure des besoins, lui deviendrait presque impossible. Il manquerait de sentiment pour en goûter les douceurs, et d'énergie pour la pratiquer.

. . . .

Vous voulez donner à votre enfant une éducation religieuse; mais elle devient presque impossible sans le secours de vos exemples. En vain lui parlerez-vous des douceurs et des avantages de la vertu, le presserez-vous de remplir ses devoirs de chrétien, si votre conduite n'est pas chrétienne, tous vos discours seront stériles. Il pourra comprendre la sagesse de vos conseils; mais le peu de soin que vous mettez vous-même à les suivre, en diminuera à ses yeux l'importance et lui en fera négliger la pratique. L'estime et la confiance que vous lui inspirez l'inclineront à penser que des obligations que vous refusez de remplir, n'ont pas la gravité que vous paraissez leur donner. Il ne saurait accueillir avec faveur une parole qui vous condamne. Il sera toujours plus porté à vous imiter qu'à suivre vos maximes. Hélas! ses passions naissantes, impatientes du joug, lui remettront assez devant les yeux votre conduite pour l'affranchir de la gêne du devoir. Elles opposeront à tous vos discours l'autorité de votre exemple, et par cette triste et redoutable sanction que vous leur donnerez, elles ne reconnaîtront plus de règle, et dans l'impétuosité de leurs mouvements, franchiront même les barrières dans lesquelles la maturité de l'âge et l'expérience auront su contenir les vôtres. Vous ne pourrez plus alors arrêter ce torrent qui aura grossi ses eaux et rompu ses digues, ni empêcher ses ravages. Vous verrez les desseins que vous aviez conçus se dissiper, vos espérances s'évanouir, vos soins et vos sacrifices, qui devaient fructifier pour l'honneur et la prospérité de votre famille, devenir la cause même de vos alarmes et une triste semence d'ignominie et de malheurs.

. . . .

Mandement pour le Carême de 1856 sur la Famille.

L'état de la société inspire des alarmes aux esprits sérieux. Les sollicitudes et les prévoyances des gouvernements, la sagesse et l'équité des lois, les inventions multipliées de l'industrie et tout ce pompeux étalage des merveilles de la science et de l'art ne peuvent les rassurer. Ils regardent même comme un signe manifeste de décadence ce qu'on se plaît à décorer du nom fastueux de progrès. Ces tristes pressentiments leur sont inspirés par les leçons de la sagesse divine. La société, en effet, ne vit pas seulement de pain, des ressources et des forces de la nature, mais surtout de vérité, du principe régulateur et régénérateur des âmes. La destinée qui lui a été faite dans le monde n'est pas de tirer de la matière des éléments de jouissance, de la plier à ses besoins et à ses caprices, de la travailler et de l'embellir. Il lui est échu une plus noble mission et de plus augustes prérogatives. Elle doit se pénétrer de la vie même du Dieu qui l'a créée, se régler et s'organiser dans le temps selon les lois de l'éternité, et, tout en multipliant dans son sein les richesses de la terre, aspirer vers les richesses du ciel. Hélas! elle est sortie de cette voie qui lui promettait une vie forte et durable, la stabilité de ses institutions et la prospérité de ses entreprises. Elle est entrée dans une voie de mort où l'agitation qu'elle se donne peut bien témoigner de l'énergie dont elle fut douée, mais qui n'est à nos yeux, à cause de l'emploi sacrilège qu'elle en fait, que les convulsions de l'agonie, que le dernier effort d'une vie qui s'éteint.

. . . .

L'âme de la mère, sans qu'elle le veuille, sans qu'elle y pense, se répand tout autour d'elle, elle coule surtout dans l'âme de l'enfant. Parce que son action est plus constante, parce qu'elle est plus tendre et plus douce, il lui a été donné de faire la famille à son image. Dieu, après avoir formé le cœur de la mère comme la plus touchante manifestation de sa tendresse dans le monde, lui a donné de magnifiques destinées. Il se l'est choisie pour en faire l'instrument le plus puissant de ses miséricordes, et lui a confié au foyer domestique un véritable apostolat dont les fonctions n'ont pas, sans doute, l'éclat et le retentissement de celui de ses ministres, mais, en un sens, sont douées d'une plus grande vertu.

. . . .

Dieu qui voit les cœurs, les forme par avance à cette union (le mariage), et les tendances qu'ils manifestent, si elles ne sont pas hautement désavouées par la raison, sont l'indice de leur destinée.

. . . .

L'on pourrait s'étonner que la Religion intervienne avec une sorte de complaisance dans l'union des époux. Il semble qu'elle devrait craindre d'offenser la sainteté de ses regards. Mais, outre qu'elle a assez de puissance de sanctification pour purifier la souillure même, elle a voulu atteindre de son action réparatrice la source du genre humain et bénir ses enfants jusque dans leur origine. Elle a, du reste, opéré sur ce foyer impur des passions humaines une si étonnante transformation, elle l'a entouré d'une si éclatante auréole de sainteté, que nous pouvons non seulement le considérer sans souiller nos regards, mais encore le contempler comme une magnifique image des plus grands mystères de la foi.

. . . .

Si Dieu lui a donné des enfants (à la mère chrétienne), ils deviennent l'objet de son affection et de sa sollicitude. Persuadée que les premières impressions demeurent toujours, elle les forme à la vertu dès l'âge le plus tendre. Elle sait que s'ils ont pris dans son sein la vie naturelle, ils doivent puiser dans son cœur une vie supérieure, qui est la vie de la grâce. Elle n'oublie pas qu'elle doit être leur mère une seconde fois, en les faisant enfants de Dieu, et qu'en vertu d'une fécondité bien autrement merveilleuse que celle de la nature, elle peut enfanter des anges et multiplier les citoyens du ciel. Elle a le sentiment d'une sorte de toute puissance qu'elle tient de son titre de mère. Elle peut tout, en effet. Qui a eu jamais, même à un âge avancé de la vie, la force de résister à sa mère ? Cette résistance serait une perturbation des lois de la nature ; aussi celui qui s'en rendrait coupable, l'appellerait-on fils dénaturé. L'enfant jeune encore pourrait-il ne pas subir la douce influence de celle qui lui a donné depuis peu le jour ? Oui, la mère exerce sur lui l'empire le plus absolu qu'on puisse concevoir, l'empire du cœur. On résiste au charme de l'amitié, à l'autorité du père, aux conseils de la sagesse, à ses propres intérêts, à ses passions, on résiste à tout ; mais on ne résiste pas à la tendresse et aux soins de la mère. C'est la dernière barrière qui nous a été laissée pour contenir les violences de notre nature et arrêter l'impétuosité de ses mouvements. Mères chrétiennes, songez donc que vos enfants, surtout dans le premier âge de la vie, sont votre ouvrage. Ne dites pas qu'ils rendent vos soins infructueux, qu'ils abusent de votre tendresse, qu'ils désespèrent votre sollicitude : vous êtes mères, vous pouvez tout. C'est l'ordre de la nature, c'est aussi celui de la grâce. La Religion n'a pas affaibli votre puissance, elle lui a, au contraire, communiqué une nouvelle vertu.

. . . .

Nous prions le Seigneur de pénétrer les pères et les mères de l'importante mission qui leur est confiée, et de leur faire comprendre que les intérêts de la Religion et de la société sont entre leurs mains, et que, dans l'enceinte de leurs demeures, ils préparent les destinées du monde.

Mandement pour le Carême de 1857 sur la Sagesse humaine.

L'Esprit-Saint nous apprend qu'il y a la sagesse de Dieu et la sagesse du monde, et que l'une, non seulement diffère de l'autre, mais lui est entièrement opposée. Il est écrit : *La sagesse de ce monde est folie devant Dieu* [1] ; *je détruirai la sagesse des sages et je réprouverai la prudence des prudents.* Ces paroles terribles nous annoncent un antagonisme irrémédiable entre Dieu et le siècle. Elles ne sont, du reste, que la répétition, sous une autre forme, de celles qui furent proférées au commencement : *Mon esprit ne demeurera pas dans l'homme* [2].

D'où vient à l'homme cette sagesse réprouvée? N'a-t-il pas été fait à l'image de Dieu? N'est-il pas une inspiration de sa vie? La lumière qui le dirige n'est-elle pas un rayon de la lumière éternelle? Pouvons-nous oublier, Nos très chers Frères, qu'il a renversé l'ordre primitivement établi, qu'il a changé lui-même sa destinée, qu'il a brisé le bien immortel qui l'unissait à son Dieu? Aveuglé par l'attrait des sens et par les fausses douceurs de l'indépendance, il a écouté l'esprit de mensonge, obéi à sa voix; il s'est associé à sa révolte. Dès ce moment, il lui a fallu subir le joug d'un nouveau maître, recevoir ses leçons et se soumettre à ses lois; et l'abandon qu'il a fait de lui-même au démon a été si entier, et l'impression

1. I. Corinth. III, 19.
2. Gen. VI, 3.

qu'il en a reçue si profonde, qu'il en a conservé, même après l'expiation de sa faute et pour lui et pour toute sa race, des traces fatales. Ni les larmes du repentir, ni les rigueurs de la pénitence, ni la plus haute et la plus éclatante sainteté ne peuvent les effacer.

Cette dégradation originelle est la source de la fausse sagesse. Il est survenu, en effet, dans notre nature, une déformation qui ne lui a plus permis de voir la lumière de la vérité dans toute sa pureté, ni d'être touchée du charme de la vertu sans éprouver les attraits du vice. Il s'est formé alors, dans l'intelligence, de fausses lueurs que les passions ont voulu prendre pour la lumière véritable, et qui ont égaré la raison. Le cœur, obéissant à des instincts dépravés, a fait fléchir la règle des mœurs, a altéré jusqu'à la notion du devoir. Il est résulté de cet obscurcissement et de cette dépravation de l'âme une appréciation erronée des lois et des destinées de la vie humaine, qui fait proprement le fond de la sagesse du monde.

. . . .

Cette sagesse est surtout frappée d'aveuglement. Comprenez, en effet, l'enseignement de la Religion. Elle nous apprend que l'ordre du temps se rattache à celui de l'éternité, et se règle d'après cette fin suprême de l'homme; que le monde matériel dans les phases diverses qu'il présente à nos regards se coordonne au monde des esprits, et y puise les lois qui le régissent; que les vicissitudes dont nous sommes quelquefois les témoins et que nous serions tentés de regarder comme des accidents fortuits, sont réglées par les événements qui se passent dans la région supérieure des âmes; que les lois auxquelles le monde matériel est assujetti ne sont pas seulement celles que l'intelligence humaine calcule, mais encore celles de la justice; que les perturbations qui nous épouvantent ne sont pas le produit fatal de l'organisation de ce monde, mais bien une manifestation terrible de la colère du ciel, et l'annonce d'une perturbation coupable. Tout se tient dans l'œuvre de Dieu, et chaque partie reçoit le contre-coup de ce qui se passe dans les autres. Il y a, surtout, cet ordre admirable et nécessaire : que ce qui est supérieur domine et règle ce qui est au-dessous, ce qui est plus parfait régit ce qui l'est moins; la loi qui donne le mouvement part toujours d'en haut. Or la sagesse humaine n'a pas l'intelligence de cette doctrine. Au lieu de reconnaître que Dieu a ordonné le monde selon les règles de sa sagesse et préparé les phénomènes qui s'y passent comme une manifestation de sa bonté ou de sa justice, elle aime mieux recourir à des lois fatales qui amènent périodiquement des phases favorables ou malheureuses. A son point de vue, les calamités qui affligent la terre ne sont pas l'annonce de la colère du ciel, mais des accidents fâcheux et nécessaires. Elle ne voit nulle part ni les bienfaits de Dieu ni les coups de sa justice.

. . . .

Elle ne comprend pas que la bonté et la justice de Dieu sont aussi de tous les temps, et que l'histoire n'est que la manifestation éclatante de ces deux attributs. Certes, on est bien aveugle lorsqu'on ne voit pas Dieu dans l'ouvrage de ses mains, dans ce qui intéresse si vivement sa gloire et la destinée de sa créature. On est bien aveugle lorsqu'on fait de ce grand Dieu qui soutient le monde, et ne permet pas à un atome de se mouvoir autrement qu'il n'a été réglé dans ses décrets éternels, lorsqu'on en fait un Dieu oisif, relégué dans la hauteur des cieux, qui refuse d'abaisser ses yeux sur la terre et abandonne l'univers à la fatalité de ses lois.

La sagesse humaine est aussi frappée d'aveuglement, lorsqu'elle entreprend de juger les événements qui se produisent dans la société comme au sein des familles. Elle n'y voit jamais des châtiments ni même des leçons. L'histoire de l'humanité n'est, pour elle, qu'une lutte des passions, un conflit d'intérêts, dont le résultat est toujours le triomphe de l'habileté ou de la force.

Elle soumettra cependant la succession des événements à des lois, mais elles ne seront jamais celles de la justice. Vous lui ferez accueillir avec faveur une multitude de causes qui ont bouleversé ou restauré la société et les familles, pourvu que vous ne lui montriez pas la main de Dieu. Elle avouera parfois son impuissance à expliquer des faits qui ont déconcerté ses prévisions et trompé ses espérances; mais elle ne reconnaîtra pas l'ordre d'une sagesse supérieure, et n'adorera pas le secret de ses desseins. Elle aime mieux confesser son ignorance que l'instruire et l'éclairer par la lumière de la foi. Ici son aveuglement est encore plus manifeste. Car, s'il est une partie de l'œuvre de la création que Dieu a soumis plus particulièrement à l'ordre de sa sagesse, et dont il a voulu se réserver le gouvernement, c'est bien celle où il a placé ses créatures raisonnables et qu'il a destinée à une plus éclatante manifestation de sa gloire.

. . . .

Pauvre sagesse, qui ne voit pas que depuis qu'elle emploie toutes les inventions, toutes les industries de ses sages, depuis qu'elle fait consacrer les ressources publiques à instruire et à civiliser, la dépravation augmente, les crimes se multiplient, les liens se relâchent et l'avenir de la société est plus compromis! Un instant elle a désespéré d'elle-même et sollicité le concours de la Religion; mais après que la force publique l'a eu sauvée du désastre dont elle était menacée, elle s'est rassurée, elle a conçu de nouvelles espérances, elle est redevenue présomptueuse et superbe.

Elle pousse plus loin ses prétentions sacrilèges. Après s'être donnée comme la règle des mœurs et de la conduite de l'homme, elle veut lui faire ses croyances. Cette fois elle entreprend plus audacieusement encore sur le domaine de Dieu. Elle commence par exalter la puissance et les droits de la raison.

Cette raison, elle nous la représente douée d'une lumière et d'une force divines, qui lui permettent de découvrir la vérité et de la discerner de l'erreur. « Pourquoi, dit-elle, sommes-« nous doués d'intelligence si ce n'est pour « connaître ce qu'il importe de savoir? Dieu ne « fait-il pas briller dans nos esprits la lumière qui « doit nous diriger? Ne veut-il pas que nous « soyons raisonnables? Et pourrions-nous l'être, « si ce n'est en n'admettant que ce que notre « raison voit ou se démontre? Il a mis en elle la « source et la règle de nos conceptions et de nos « croyances. Lui imposer des doctrines obscures, « sous prétexte de la doter de vérités nouvelles, « ce serait vouloir l'enrichir de ténèbres. Elle est « faite pour la lumière, elle n'aime que la clarté « du jour. Dieu veut qu'elle comprenne les « vérités qu'il lui révèle. Un enseignement enve-« loppé de mystères ne saurait lui convenir. « Elle a besoin d'être éclairée, et non d'être « obscurcie. »

— Sagesse ignorante ! Elle ne songe pas qu'elle a commencé d'être enseignée avant de voir, de croire avant de comprendre, et que toutes les vérités qu'elle prétend découvrir, elle les a reçues. Elle s'est contentée d'y appliquer ensuite sa raison, de les rendre, par la réflexion, plus lumineuses, et de s'en faire la démonstration. Elle ne voit pas que presque toutes les vérités qu'elle croit sont des mystères impénétrables, des abîmes qu'elle ne peut sonder, et que n'admettre que ce qui n'a point d'obscurité, c'est se condamner à tout rejeter, et à se réfugier dans le désespoir du doute. La raison qui ne sent pas son impuissance, est incapable de rien connaître, puisqu'elle ne se connaît pas elle-même. Elle a la vue bien courte, si elle ne voit pas ses limites.

Sagesse orgueilleuse ! Dieu ne pourra donc plus l'enseigner ? Après lui avoir donné la lumière naturelle, il ne pourra plus rien lui apprendre ? Il ne restera plus de vérités à lui dévoiler ? La parole éternelle n'aura plus rien à dire ? Car de quoi Dieu peut-il lui parler, si ce n'est de lui-même, de sa grandeur, de l'infinité de son être, des merveilles de sa puissance, de l'admirable économie de ses desseins, de l'homme, de l'excellence et du mystère de notre nature, de nos immortelles destinées ? Et cette sagesse voudra que cet enseignement soit sans obscurités et sans mystères ? Et parce que Dieu aura donné à l'homme la raison pour concevoir et pour comprendre, pour s'exercer dans un ordre de vérités mises à sa portée, il aura épuisé les trésors de sa science ? Et les vérités plus sublimes qu'il voudra ajouter à son premier enseignement, parce que, tout en éclairant et en grandissant l'intelligence humaine, elles la dépasseront par leur hauteur, ne seront que de vaines et impuissantes obscurités? Et parce que l'homme ne comprendra qu'imparfaitement les leçons de la sagesse éternelle, il faudra qu'il se donne le droit de les repousser et de les dédaigner, et qu'il ne prenne conseil que de sa propre sagesse?

. . . .

Elle affirme aujourd'hui ce qu'elle niera demain. Elle construit et ruine chaque jour l'édifice de ses croyances, et les prétendues clartés qui la dirigent aboutissent enfin à la confusion et aux ténèbres du chaos.

Mais, lors même qu'elle serait plus constante et plus ferme dans ses affirmations, qu'elle aurait offert toujours la même doctrine et le même code de lois, elle devrait se demander si, après tout, elle s'accordera avec la sagesse de Dieu, si cette sagesse acceptera son œuvre, et si les conditions qu'on veut assigner à l'homme pour remplir ses destinées, sont celles que Dieu a lui-même posées. Lui, suprême législateur, n'a-t-il pas pu faire des lois dont sa créature n'a pas pu comprendre la raison, et mettre dans son œuvre une économie qu'elle n'a pas su découvrir? Et si la sagesse humaine n'a pas saisi les desseins de ce grand Dieu, si dans son entreprise orgueilleuse, elle les a contrariés, que dira-t-elle? Elle dira ce que nous entendrons au jour des révélations : *Nous nous sommes fatigués dans la voie de l'erreur, la lumière de l'intelligence n'a pas lui sur nous, nous nous sommes donc trompés;* et, après toutes les investigations et les prétendues illuminations de la raison humaine, elle recevra le châtiment qu'elle a mérité et qui lui sera signifié par cette parole terrible : *Retirez-vous de moi, ouvriers d'iniquités.*

. . . .

Mandement pour le Carême de 1858 sur les Vertus humaines.

On peut faire de beaux discours sur l'excellence de la vertu et sur la puissance des motifs qui nous invitent à la pratiquer. On peut énumérer tous les avantages qu'elle procure, et la paix de la conscience et l'estime publique, et la joie de la famille et le bonheur de la société; on peut encore lui décerner solennellement des prix et l'intéresser par l'attrait et la valeur des récompenses. Tous ces moyens sont impuissants pour soumettre les hommes à la loi du devoir, et les vertus que le monde nous vante ne sont souvent que des vertus ou apparentes ou viciées dans le principe qui les produit.

Le monde s'indigne contre nous, lorsque nous lui disons que ses vertus sont vaines. Cette indignation ne lui est pas inspirée par le sentiment de son innocence méconnue et outragée, mais par la révélation qu'on lui fait de ce qu'il est. La vérité le blesse et non l'injustice. Il sait bien ce qu'il porte dans son fond. Il sait que ce qui paraît au dehors est un voile trompeur qui couvre des souillures. Notre divin Sauveur a vu les vertus humaines s'étaler avec orgueil devant la sainteté de sa vie, et à ceux qui semblaient, en s'en prévalant, lui faire une provocation insolente et sacrilège, il a dit : *Vous êtes des sépulchres blanchis, vous brillez au dehors, et le dedans est rempli de pourriture et d'infection.*

En dehors de l'enseignement de la foi, des jugements terribles de Dieu, de ses promesses,

de ses menaces, quel motif assez puissant offrirez-
vous à l'homme pour le rendre vertueux, c'est-à-
dire, pour assujettir toujours et ses actes et les
mouvements de son âme au joug du devoir? la
beauté et le charme de la vertu? on le dit avec
emphase dans les livres. Pour la pratique, vains
discours, impuissante barrière! Sages du monde,
lorsque l'homme saisi par une passion pourra la
satisfaire en échappant à la fois et au glaive de la
loi et à une flétrissure publique, pensez-vous que
votre brillante description des attraits de la vertu
l'arrête et le captive? Quelque confiance que
vous ayez en votre parole, vous ne le pensez pas.
Vous savez qu'il n'ira pas chercher dans vos
livres la règle qui le dirige et le frein qui le
dompte. Il vous laissera discourir et il suivra la
violence de ses penchants. C'est une dérision de
croire qu'il maîtrisera les mouvements impétueux
qui l'emportent pour se donner le plaisir de
suivre vos leçons et de pratiquer votre philosophie.

Mais vous prétendez invoquer aussi en faveur
de la vertu l'autorité de Dieu et sa justice; vous
promettez à l'homme des récompenses futures et
vous lui faites craindre des châtiments. Et
d'abord, qui vous a chargés de parler à vos semblables au nom de Dieu? qui vous a donné cette
magnifique et redoutable mission? Ensuite,
sur quoi fondez-vous l'enseignement que vous
vous attribuez? Comment en garantissez-vous la
vérité et la certitude? Vous ne pouvez faire
valoir que l'autorité et le témoignage de votre
raison. Or, d'une part, la raison de votre semblable, indépendante comme la vôtre et se croyant
aussi éclairée qu'elle, peut lui donner d'autres
leçons, lui enseigner une autre doctrine. D'autre

part, accepterions-nous votre corps de doctrine, et Dieu et la vie à venir, pourriez-vous nous donner la mesure de la justice de ce grand Dieu et nous dire les lois qu'elle suit? Pourriez-vous pénétrer le mystère de cette vie future, franchir les portes de la mort, nous introduire dans cette éternité redoutable et discerner la nature et la durée de ces récompenses et de ces peines que vous étalez dans vos livres? Vous savez bien que Dieu a mis au terme de cette vie un voile que toute la pénétration de votre raison ne saurait percer. S'il vous est permis de voir quelque lumière en deçà de la tombe, vous n'apercevez au delà qu'obscurité et incertitude. Or, vous conviendrez que les fragiles espérances et les vagues appréhensions d'un avenir enveloppé de ténèbres sont une faible puissance pour briser les passions humaines et leur interdire des jouissances et si vives et si assurées. Cessez de discourir, et confessez que les promesses et les menaces de votre philosophie n'ont guère jusqu'ici encouragé ni épouvanté les hommes.

. . . .

La vertu est le dépouillement de soi pour la gloire de Dieu et le bien de nos. semblables. Se rechercher dans ce qu'elle aurait même de plus sublime et de plus héroïque, serait un acte blâmable. Les anciens philosophes avaient cette notion de la vertu, lorsqu'ils faisaient du désintéressement son caractère essentiel.

Or, on peut, sans doute, relever par de belles paroles le mérite de l'oubli de soi, du sacrifice de ses propres intérêts; on peut dépeindre avec de séduisantes couleurs les charmes de la vertu, la joie que donne à l'âme une conduite irréprochable; on peut démontrer que l'amour de la vertu pour elle-même est un motif assez puissant pour déterminer l'homme sage à la pratiquer. Mais tous ces beaux discours ne changent pas la nature de l'homme. Celui qui voudra explorer les profondeurs de cette nature humaine, à côté de nobles aspirations, y trouvera l'amour de soi indestructible, impérieux, y sentira un mouvement violent qui tend à entraîner tout du dehors au dedans, y découvrira le besoin de faire de la jouissance le premier élément de la vie. C'est ce moi insatiable qui veut tout pour lui, si pervers quelquefois qu'il ne consent pas même à laisser aux autres ce qu'il a déjà, tant il veut jouir seul aux dépens de tous. Ce que nous disons, vous l'avez entendu, vous l'avez vu chaque jour autour de vous; et ceux qui, sous prétexte que nous déprécions trop l'homme, voudraient nous contredire, lorsqu'ils consentent à oublier un instant leurs brillantes théories et leurs belles maximes pour se préoccuper des réalités de la vie, et surtout de leurs intérêts compromis par l'injustice des hommes, le disent aussi, et bien haut, et en font le sujet de leurs plaintes amères. Ils ont même inventé un mot pour exprimer ce mal incurable de la nature : l'égoïsme.

. . . .

Certes, l'excellence et la sublimité de la doctrine chrétienne, la parole et les exemples d'un Homme-Dieu, l'appareil de magnifiques récompenses et de châtiments terribles et incontestables, tous les attributs de Dieu, et sa puissance et sa sagesse, et sa miséricorde et sa justice étalés, pour ainsi dire, à nos regards et rendus sensibles par d'éclatantes merveilles, ne peuvent pas toujours inspirer à l'homme des intentions pures dans la pratique de la vertu, et l'on voudra qu'il puisse tirer cette perfection des théories et des maximes d'une froide philosophie ? C'est méconnaître la nature humaine et les lois qui la régissent.

. . . .

Et certains sages de notre siècle, au milieu des lumières du christianisme, en présence des vertus sublimes dont il remplit le monde, ne nous ont-ils pas fait, sans s'en douter, des aveux précieux sur l'impuissance où est l'homme de se diriger par des motifs désintéressés dans la pratique du bien ? Les uns ont rêvé une condition sociale où le bonheur serait placé, non dans la vertu, mais dans la pleine satisfaction des instincts de la nature. Désespérant de maîtriser les passions, ils ont imaginé de les rassasier. D'autres, à la pensée de l'abnégation de soi-même portée à la perfection par la piété chrétienne, et qui doit se trouver aussi à un certain degré dans les vertus naturelles, se sont irrités, et sentant que l'orgueil était en eux une puissance qu'on ne saurait réduire à ce point, ils ont pris le parti de le glorifier, d'en faire le principe de la grandeur humaine, et ont osé flétrir le dépouillement de soi comme une dégradation et une ignominie.

. . . .

Il y a dans l'économie du salut de l'homme une admirable ordonnance. Sa fin dernière étant la possession de Dieu et, en quelque sorte la transformation de lui-même en Dieu, il a fallu que, pour opérer cette étonnante merveille, Dieu intervînt comme moyen. Pour élever l'homme à une si grande hauteur, pour le faire rayonner de la gloire même de Dieu et le pénétrer et le remplir de sa vie, il fallait toutes les resources de la sagesse d'un Dieu et un suprême effort de sa puissance. C'est pour cela que Dieu est venu et,

qu'après avoir revêtu notre humanité, il a été
établi médiateur entre Dieu et les hommes. Mais
une fois ce plan arrêté et réalisé sur la terre,
il a été nécessaire de s'y conformer, et on ne peut
s'en écarter sans violer les lois de notre nature
régénérée, sans insulter à la munificence de notre
Dieu, et, par conséquent, sans irriter sa justice.
Il est écrit : *Il n'y a pas sous le ciel de nom autre*
que celui de Notre-Seigneur Jésus-Christ *par
lequel nous puissions être sauvés* [1]. Et encore :
Sans la foi en ce divin médiateur *il est impossible
de plaire à Dieu* [2]. '

Que l'homme travaille maintenant à substituer
à cet ordre divin des systèmes enfantés par sa
raison ; qu'il interroge tant qu'il voudra cette
raison pour savoir d'elle les principes de mœurs
qui doivent diriger la vie humaine ; qu'il relève
le prix et le mérite de la vertu ; qu'il en étale
pompeusement les attraits ; qu'il se donne de
nobles et généreuses inspirations ; qu'il convie
toutes les puissances de son âme à la pratique du
bien ; qu'il parvienne même malgré ses passions
et son infirmité à régler constamment sa conduite
sur les lois de sa morale ; vains efforts, stérile
labeur. Que si, après, s'applaudissant de ses
succès, il vient nous dire : voilà que j'ai satisfait
à toutes les conditions de mon existence terrestre,
que j'ai rempli ma destinée, et que je puis
paraître avec confiance et sécurité devant mon
créateur, nous lui répondrons : ce Dieu dont vous
croyez n'avoir rien à redouter a posé des lois qui
ne sont pas les vôtres, a conçu sur vous des
desseins que vous avez méconnus ; vous avez

1. Act. IV, 12.
2. Hebr. XI, 6.

refusé de vous placer au rang qu'il vous avait assigné ; il voulait vous élever au-dessus de vous-même, et vous n'avez été qu'un homme ; il vous demandait des vertus divines, et vous ne lui offrez que des vertus humaines ; il voulait vous diriger par les lumières de sa raison éternelle, de son Verbe incarné, et vous n'avez pris conseil que de votre propre raison ; il vous avait offert comme moyen de perfection et de grandeur la puissance et la sagesse de son Fils, Dieu comme lui, et vous avez cru avoir assez de vos forces, ou plutôt de votre faiblesse, pour vous perfectionner et pour vous grandir, et parce que vous vous êtes amoindri, défiguré à ses yeux, parce qu'il ne voit pas en vous ce qu'il avait voulu y mettre, écoutez ce qu'il dit : *En vérité je ne vous connais pas.*

. . . .

Jésus-Christ seul est *la voie, la vérité et la vie.* En dehors de lui rien ne suffit pour nos destinées immortelles. Il ne veut agréer que ce qu'il aura lui-même inspiré. *Sans moi,* dit-il, *vous ne pouvez rien faire.* Et il est si nécessaire de travailler avec lui et sous l'action de sa grâce, et de ne pas aller chercher ailleurs la règle qui doit nous diriger et le modèle que nous devons imiter, qu'il n'hésite pas à nous dire : *Celui qui n'est pas avec moi est contre moi, et celui qui ne recueille point avec moi dissipe.*

Mandement pour le Carême de 1859, sur la fin surnaturelle de l'homme.

Les ennemis de la religion ne peuvent la combattre ni même altérer un point de sa doctrine, sans abaisser en même temps la grandeur de l'homme. Ils sont fiers des prérogatives dont leur nature est douée, ils les énumèrent avec orgueil, et les exaltent avec emphase ; et toutefois, par un aveuglement étrange, ils repoussent un enseignement, et veulent briser des espérances qui nous confèrent la plus magnifique dignité et nous élèvent au plus haut degré de la gloire. Il n'est pas difficile de pénétrer ce mystère. L'esprit d'erreur, parce qu'il est superbe, s'élève ; mais il ne veut pas de l'élévation où Dieu l'appelle. Il se confère des droits, se donne de grandes destinées ; mais il repousse les droits qu'il tient de Dieu et les destinées qu'il lui a faites. Et comme, dans les aspirations les plus exagérées de son orgueil, il ne saurait jamais égaler la munificence de son Dieu, il est forcé de se donner une grandeur bien inférieure à celle que la Religion lui réserve. La sagesse divine permet aussi que, dédaignant les sublimes hauteurs où l'homme est placé par la foi, il obéisse à des instincts pervers, et change son élévation en un honteux abaissement et sa prétendue gloire en ignominie.

Ce châtiment a été infligé à la raison, surtout dans la grave question de la fin de l'homme. Il ne faut pas lui reprocher de s'être occupée de ce mystère de la vie, et d'avoir travaillé à le pénétrer et à l'éclaircir. Par son importance, par le suprême intérêt qui s'y attache, il appelle naturellement son attention, et provoque, de sa part, un examen sérieux. Elle ne saurait rester indifférente sur les destinées futures de l'humanité. Mais elle a eu le tort de vouloir les découvrir par elle-même et de s'arroger le droit de les fixer avec autorité. Elle n'a pas compris que ses conceptions, incertaines pour les choses du temps présent, devaient être impuissantes pour discerner l'avenir, qu'il ne lui était pas possible de lire au delà du tombeau, et que cet avenir étant un fait arrêté par la sagesse de Dieu, il fallait, pour le connaître, recourir à un enseignement divin et nullement à l'obscurité et à l'indécision de ses propres conjectures.

Aussi dans quelles erreurs n'est-elle pas tombée? Tantôt, pour rassurer l'homme contre les terreurs de la conscience et l'affermir contre la crainte des châtiments, elle lui a fait la destinée de la bête : elle lui a promis le néant comme dernière ressource. Elle a brisé l'existence humaine sur la pierre du sépulcre, pour la dérober aux rigueurs de la justice. Et puis, elle s'est applaudie, comme d'une conquête glorieuse, d'avoir enfin dévoilé l'imposture de la superstition et délivré le monde des vaines terreurs du vulgaire. Tantôt, honteuse de ses excès, elle a essayé de promettre à l'homme des destinées moins abjectes; mais, égarée par le désordre de ses conceptions, elle est tombée dans l'extravagance.

. . . .

Si nous forçons cette raison téméraire de nous apprendre où elle a puisé tous ces enseignements, par quel moyen elle a su lire ainsi dans l'avenir et en dévoiler les secrets, elle ne saura nous proposer que l'autorité de son témoignage. Ce témoignage est convaincu d'abord de mensonge par les contradictions manifestes où il tombe. Il est, de plus, sans valeur, puisqu'il atteste ce que la raison ignore, ce qui sera toujours pour elle un mystère insondable. Elle pourra, sans doute, en se fondant sur la loi de justice, affirmer une vie à venir où l'ordre souvent troublé en ce monde sera rétabli; mais elle ne saura jamais la nature des peines ou des récompenses futures, la durée surtout de ces peines, ni l'état où la sagesse de Dieu a voulu placer l'homme après la mort, c'est-à-dire la condition éternelle de l'humanité.

D'autres fois, la raison humaine assure au juste, après les épreuves de la vertu, un bonheur sans vicissitude et sans fin. Ici, vous le voyez, elle se rapproche de l'enseignement chrétien. Mais, comme pour nous donner un témoignage de son infirmité, elle ne l'adopte pas dans sa plénitude. Elle n'atteint pas à toute la hauteur de nos destinées, elle obscurcit l'éclat de notre gloire. Car si nous lui demandons quelle est cette félicité promise à la vertu, elle la dira semblable à celle de la vie présente. Ce sera une ravissante contemplation des œuvres de Dieu mieux connues, l'intelligence humaine éclairée d'une plus grande lumière, toutes les affections légitimes du cœur pleinement satisfaites par l'accomplissement de tous les désirs. Elle nous fera de l'état de l'âme du juste une peinture qui nous rappellera celle que nous a laissée l'antiquité profane du séjour fortuné où elle a placé ses héros.

Le Religion nous donne d'autres espérances, nous annonce de plus magnifiques destinées. Elle nous apprend que l'homme, en sortant des mains de Dieu, avait reçu, non seulement les dons que réclamaient les conditions essentielles de sa nature, mais encore des richesses d'un ordre supérieur ; que par conséquent, son Créateur lui avait proposé une fin plus noble et une félicité plus parfaite que celle que son intelligence, aidée de ses propres lumières, aurait pu concevoir, et son cœur désirer. En effet, l'acte créateur a doté l'âme humaine d'un surcroît de grandeur. Par un redoublement, ce semble, de la puissance et de l'amour de son Dieu, elle a été élevée au-dessus d'elle-même, douée de plus belles facultés, enrichies de plus nobles aspirations. On reconnaît bien à ce dessein le Dieu que nous servons. Il ne répand pas ses dons avec mesure. Lorsque l'ouvrage de ses mains est capable de le comprendre et de le bénir, il lui donne abondamment de sa plénitude, et la gloire dont il l'embellit est moins une dette acquittée par sa justice, qu'un éclatant témoignage de sa munificence et de sa bonté.

Mais quelle est donc cette fin supérieure à celle que la nature humaine eût pu réclamer, et que, pour cela, nous appelons surnaturelle? Il ne nous est pas possible de nous en faire une notion complète, tant elle est au-dessus de nos conceptions. Les merveilles de l'amour de notre Dieu ne peuvent se mesurer par notre intelligence, et sont plus incompréhensibles encore que les mystères de sa puissance et de sa sagesse. Il a mis sa gloire à nous étonner plus par l'abondance de ses bienfaits que par le spectacle de ses grandeurs. Saint Paul transporté dans le séjour où se consomme la destinée humaine, revient sur la terre tout accablé sous le poids d'une si grande gloire, et ne sait que dire l'impuissance où il est de la décrire : *L'œil n'a point vu, l'oreille n'a point entendu, le cœur de l'homme n'a point senti ce que Dieu prépare à ceux qui l'aiment.* Et pourtant il nous a parlé des autres mystères de la foi.

Serons-nous donc réduits à ignorer entièrement l'excellence et la nature de cette haute destinée? Non, Nos très chers Frères! Dieu nous la fait connaître lui-même par cette parole à Abraham : *Je serai moi-même ta récompense extrêmement grande.* La vue de Dieu sans voile, la pleine possession de Dieu, voilà donc notre fin. *Nous le verrons tel qu'il est,* dit un apôtre, et comme pour écarter un nuage, quelque brillant qu'il fût, placé entre lui et nous, il ajoute : *face à face,* sans emblème et à découvert. Il y a plus. Dieu ne se montrera pas seulement à sa créature comme un objet de contemplation et de ravissement : il le pénètrera de sa félicité et de sa gloire, et la rendra, autant qu'elle en sera capable, participante de la beauté et de la perfection de sa nature. Il la transformera, en quelque sorte, en lui. Elle cessera presque d'être elle-même, tant elle se sentira comme absorbée en Dieu ; car ce grand Dieu par la toute puissance de son amour, sera tout en elle, et ne lui laissera que ce qui est nécessaire pour la distinguer de son Créateur. *Il sera,* en effet, *toutes choses dans tout.*

Mais voici une autre merveille qu'il nous est permis d'admettre. Cette transformation de l'homme dans le ciel ne sera pas le dernier terme de sa perfection et de sa béatitude. Dieu, en l'unissant à lui, le pénètrera d'une prodigieuse puissance d'ascension et de développement qui ne lui permettra pas de s'arrêter au premier degré de sa glorification comme à un état définitif. La grandeur et la gloire de l'homme, comme sa félicité, monteront toujours. Car, bien que rapproché de Dieu et semblable à lui, il en sera néanmoins infiniment éloigné. Dès le moment donc que les portes de l'éternité s'ouvriront devant lui, il prendra son essor, et avec une merveilleuse énergie, il s'élèvera sans cesse vers les hauteurs du ciel, et dans ce perfectionnement progressif de lui-même, il brillera d'une lumière toujours plus éclatante, il s'enivrera de nouvelles

voluptés. Il ira de *clarté en clarté*, de ravissement
en ravissement. Et, cette ardente aspiration trou-
vant toujours un nouvel aliment dans la perfection infinie de Dieu, la créature se revêtira toujours davantage, durant toute l'éternité, de la
splendeur et de la beauté de son Créateur, et
se rassasiera plus abondamment de sa béatitude.

. . . .

Toutes les fois que la raison a voulu dissiper
par sa lumière propre les ténèbres de l'avenir,
pénétrer le mystère de la vie future, enseigner
aux hommes ce qui se passe au delà du tombeau,
ou elle a commis des erreurs monstrueuses, ou
elle a désespéré l'homme par l'incertitude et le
doute. Car, lors même qu'elle lui a fait une
destinée moins indigne de lui, elle n'a jamais pu
ni lui en démontrer l'existence, ni lui indiquer la
voie qui devait l'y conduire. Elle n'a su lui offrir,
pour fonder ses espérances, qu'une affirmation
gratuite, qu'une appréciation hasardée et, par
conséquent, incertaine des desseins de la sagesse
divine. Nous serions en droit de lui dire : Il y a
près de trente siècles que le genre humain écoute
tes leçons et te demande le secret de la vie future, et
tu n'as pas pu jusqu'ici le lui découvrir. Tu as ignoré
ce que tu voulais apprendre. Tu es convaincue
d'ignorance par l'incohérence de tes doctrines,
par la perpétuelle variation de ton enseignement. Tu as proposé aujourd'hui avec assurance ce que le lendemain tu as combattu avec
ardeur, et l'histoire de tes conceptions a été celle
de tes fluctuations et de ta mobilité. Tu as poussé
l'esprit humain à tous les extrêmes, et enfin,
fatiguée d'un labeur infructueux, tu l'as désespéré
par le tourment du doute, ou rassuré par l'espérance du néant.

En effet, Dieu seul peut nous dévoiler l'avenir et nous faire connaître l'état où il se propose de nous placer après la mort. La raison peut bien concevoir des destinées diverses ; mais elle n'assignera jamais avec certitude celle qui nous est réservée. Lorsqu'elle vient aujourd'hui nous dire que nous sommes appelés à voir Dieu face à face, à contempler ses infinies perfections, nous pouvons la défier de nous démontrer la certitude de cette glorieuse espérance dont elle nous flatte. Qui lui a dit que Dieu ne pouvait pas donner une autre fin à la nature humaine ? Est-elle donc entrée dans ses conseils ? A-t-elle pénétré le secret de ses mystères ? Il ne lui suffit pas d'obéir à de nobles aspirations : il faut, de plus, qu'elle soit assurée que ces aspirations sont les lois de la sagesse éternelle. Il ne sert de rien de porter bien haut la destinée de l'homme, si cette élévation n'est pas promise par Celui qui peut seul la donner. Notre gloire future est une récompense sans doute, mais aussi un don de Dieu et un témoignage de sa munificence, et la nature comme l'étendue des bienfaits ne se démontrent pas : elles restent le secret du bienfaiteur, et ne sont dévoilées que par lui.

. . . .

Au reste, elle ne peut pas oublier qu'elle nous a emprunté ces magnifiques espérances qu'elle propose à l'homme juste. Elle est, en effet, si pénétrée des lumières de la foi qu'elle ne voit presque plus rien par ses seules lumières ; ses conceptions ont été tellement transformées par l'enseignement du christianisme qu'il ne lui est plus possible de déterminer ce qu'elle pourrait concevoir par elle-même. De là vient que plus d'une fois, aveugle et superbe, elle s'approprie ce qui lui a été donné, qu'elle s'attribue une force et des richesses qu'elle a reçues, semblable au disciple oublieux ou ingrat qui proposerait comme son œuvre les leçons de son maître. Il est manifeste, qu'en promettant à l'homme comme sa fin dernière la vision intuitive de Dieu, elle s'est inspirée de notre doctrine, et qu'après avoir épuisé la série des conditions possibles que l'homme peut désirer ou redouter après la mort, épuisée par ses propres efforts, et désabusée de toutes ses fictions, elle en est venue à offrir comme la solution définitive de la redoutable question de l'avenir, les espérances chrétiennes. Valait-il bien la peine de chercher, durant tant de siècles et avec tant d'ardeur, la vérité en dehors de la Religion, s'il fallait à la fin s'éclairer de sa lumière et se reposer dans ses promesses?

Mais cette raison, lors même qu'elle revient de ses égarements, pèche toujours par quelque endroit, et rend témoignage de son infirmité. Si elle reconnaît la vérité, elle refuse de la confesser dans sa plénitude. En effet, il ne suffit pas d'assigner à l'homme sa fin : il faut encore lui tracer la voie par laquelle il pourra y parvenir. Qu'elle nous dise donc ce que Dieu exige de l'homme pour mériter le bonheur et la gloire du ciel, qu'elle détermine avec fermeté, précision et certitude les conditions qu'il doit remplir pour conquérir cette noble destinée. Ici, ou elle s'embarrasse et chancelle, ou elle affirme sans conviction et sans preuve. Elle est forcée de convenir que le Dieu suprême qui nous appelle à une si ineffable béatitude aurait bien pu ne pas abandonner à la faiblesse et aux caprices de l'esprit humain le choix du moyen d'en obtenir la jouissance immortelle, et se réserver le droit de nous l'apprendre. Ainsi, jusqu'à ce qu'elle nous démontre ou que Dieu n'a pas pu nous révéler ce moyen, ou qu'elle est chargée elle-même de le faire connaître, sa doctrine sur l'avenir ne sera qu'une brillante illusion, et l'espérance dont elle veut nourrir l'homme juste, une prétention fastueuse et une cruelle déception.

La Religion nous donne sur ce point un admirable enseignement. Elle nous apprend que la magnifique destinée qu'elle nous réserve, élevant notre nature au-dessus d'elle-même et l'associant à celle de Dieu, doit être méritée et préparée dans ce monde par des moyens analogues à son excellence, c'est-à-dire divins.

. . . .

Mais quel est donc ce prodigieux moyen divinement établi, admirablement coordonné à la fin, révélé aux chrétiens, ignoré ou rejeté par la raison humaine? Nommons-le, Nos très chers Frères, dans l'effusion de notre reconnaissance et de notre amour, votre piété vous l'a déjà nommé : NOTRE-SEIGNEUR JÉSUS-CHRIST. Exaltons ce nom glorieux. En présence de la philosophie orgueilleuse et de la vaine science du monde, proclamons que, devant ce nom, tout genou doit fléchir et dans le ciel, et sur la terre, et dans les enfers, qu'il n'est pas d'autre nom donné à l'homme par lequel il puisse remplir ici-bas sa destinée, que notre divin Sauveur est lui seul le moyen nécessaire, le médiateur accepté entre Dieu et l'homme, que celui qui ne travaille pas avec lui, travaille en vain et pour sa ruine, que celui qui ne sème pas avec lui dans le temps pour se préparer la moisson abondante de l'éternité, brise ses immortelles espérances, et, après d'inutiles labeurs, recueillera la confusion et la mort.

Dans la doctrine chrétienne tout s'accorde, tout se tient. Dieu nous appelle à l'éternelle contemplation de sa gloire; mais, comme cette destinée est au-dessus des lois essentielles de notre nature, il ne confie pas à la raison la mission de la rechercher et de la découvrir; lui-même nous la révèle, et nous en donne une connaissance distincte et certaine. Selon les desseins de sa sagesse, cette destinée devait être à la fois un bienfait et une récompense; il n'a donc pas voulu que la nature humaine fût chargée de lui en offrir le prix : elle ne pouvait communiquer aux actes de vertu, même les plus héroïques, une valeur qui représentât à un degré suffisant celle de l'éternelle béatitude. C'est pourquoi Dieu est venu dans le monde pour suppléer à notre infirmité, et pénétrer les actions humaines d'un mérite qui égalât l'excellence de la récompense promise. De là, Nos très chers Frères, résulte le devoir rigoureux pour opérer son salut et mériter le ciel, de s'unir à Notre-Seigneur Jésus-Christ, et d'associer nos actes à ceux de ce divin Sauveur, afin de les élever à un degré supérieur et de les transformer par la participation à ses mérites infinis. Ces actes cessant alors d'être seulement ceux de l'homme et prenant dans une certaine mesure la forme et la vertu d'une action divine, deviennent le prix du ciel; car Dieu lui-même ne peut, selon les règles de l'équité, refuser la possession de sa gloire à la créature qui lui offre, comme en échange, une valeur qui la représente. Sublime doctrine! Admirable économie de la religion chrétienne! Mystérieuse ressource de la souveraine sagesse! Témoignage touchant de l'amour de notre Dieu qui, pour augmenter le bonheur des saints, a voulu qu'il fût leur propre ouvrage et l'acquittement d'une dette.

Comprenez ce haut enseignement. Appelés
être un jour les citoyens du ciel et à jouir de l[a]
claire vue de Dieu, il a fallu que la vie du temp[s]
fût une préparation et une aspiration incessant[e]
à cette fin glorieuse. L'entrée du juste dans le cie[l]
n'est pas le commencement brusque et inattend[u]
d'une nouvelle période de son existence : elle es[t]
la continuation et la consommation de sa vie
terrestre. Il est donc nécessaire que cette vie ren-
ferme le germe et les premiers éléments de celle
de l'éternité, et comme la vie éternelle consiste
dans la contemplation de la vérité en Jésus-Christ,
parole substantielle et expression complète et
infinie du Dieu de vérité, et dans l'union avec
le même Dieu par le même Jésus-Christ médiateur
unique et parfait entre Dieu et les hommes, la
vie du chrétien dans ce monde doit être un commencement de cette merveilleuse connaissance et
de cette ineffable union. De là la nécessité de la
foi et de la participation aux moyens de sanctification établis par Jésus-Christ.

Et d'abord la foi n'est-elle pas une initiation à
la claire vision du ciel ? Elle propose, en effet, les
mêmes vérités qui sont manifestées dans le séjour
de la gloire, le même Dieu, sa nature, ses attributs, l'ordre de ses desseins, le même Jésus-
Christ, sa doctrine, ses mystères, l'objet et la
consommation de sa mission dans le monde. Sur
la terre comme dans le ciel, c'est la même
lumière quoique affaiblie et, brillant, comme dit
un apôtre, *dans un lieu obscur,* c'est la même
vérité bien que voilée. Par la foi, nous voyons le
soleil à travers un nuage ; mais, malgré cet
obscurcissement de son éclat, c'est le même
soleil qui brille au-dessus dans toute sa splendeur.
Ne soyons donc plus surpris de ces paroles de
saint Paul : *Sans la foi, il est impossibe de plaire*

à Dieu, et de ces autres de Notre Sauveur lui-même : *La vie éternelle est de vous connaître, vous le seul vrai Dieu, et le Fils que vous avez envoyé.* Car l'ordre de sa sagesse demande, et notre raison en voit la convenance et la nécessité, que le temps soit un acheminement par les mêmes lois et sous la même action vers l'éternité, que la vie de la terre soit à la fois une voie qui conduise, à la faveur de la même lumière, jusqu'au grand jour du ciel. La foi, c'est l'aurore, et la vision, le plein midi avec tous ses feux.

En second lieu, l'union avec Dieu consommée, dans la vie future et se perpétuant dans l'éternité, doit commencer dans la vie présente par les moyens établis par Jésus-Christ. Or quels sont ces moyens? Il n'en est pas d'autres que la pratique des vertus dont il nous a donné l'exemple et la participation aux sacrements qu'il a institués. Cette union, s'opérant par l'effusion dans nos âmes de la grâce divine, est de même nature que celle qui en est le dernier terme dans le ciel. Le même médiateur, lumière de notre intelligence par la foi devient, par la charité le lien qui unit nos cœurs à Dieu. Le même amour qui embrase les saints dans les joies de la patrie, les pénètre et les anime dans les tristesses de l'exil. Le même feu qui brûle dans les splendeurs de la gloire, brûle aussi dans les obscurités de ce monde. Dieu lui-même est venu l'apporter et son dessein a été d'en enflammer la terre. Comme il est la vérité par l'autorité et la lumière de sa parole, il est aussi la vie par la communication de sa vie qui est l'amour : car *Dieu est charité*. Il est encore la voie par laquelle nous passons d'abord des ténèbres de l'ignorance et des égarements de l'erreur à la lumière de la foi, de la tyrannie des passions à la sainte liberté de ses enfants, ensuite de cette lumière affaiblie de la foi à la claire vue de la vérité, et de l'amour commencé qui a touché les cœurs sur la terre à sa définitive et parfaite consommation qui les ravit en une éternelle extase dans le ciel.

.   .   .   .

Mandement pour le Carême de 1860, sur l'Eglise.

.   .   .   .

Si la voix de l'Eglise n'avait pas retenti dans le monde, si sa doctrine n'avait pas été prêchée aux peuples, dans quelles ténèbres ne serait pas plongé le genre humain ? Nous sommes accoutumés à entendre cette voix, à jouir de la lumière qu'elle fait briller à nos yeux et nous ne pouvons comprendre ce qu'auraient été, sans elle, et notre ignorance sur ce qu'il nous importe le plus de connaître et les erreurs monstrueuses et funestes où l'esprit du mal nous aurait entraînés. Son enseignement a tellement pénétré et transformé l'intelligence humaine qu'elle est souvent dans l'impuissance de s'égarer au delà de certaines limites, et c'est à l'éclat de sa lumière qu'elle est redevable, non seulement d'avoir connu la vérité, mais encore de ne pouvoir l'abandonner entièrement.

.   .   .   .

Comme elle est chargée d'instruire tous les hommes, son enseignement a tant de précision et de clarté qu'il est accessible à toutes les intelligences, et l'ignorant et l'enfant, dociles à ses leçons, pénètrent plus avant dans les notions les plus relevées de la science divine que tous les génies qui ont jamais honoré l'esprit humain et qui n'ont pas joui du bienfait de sa lumière.

Cette doctrine, complète dès le jour où elle fut révélée, a été portée inaltérable par l'Eglise chez toutes les nations et durant tous les siècles. Ce qu'elle prêche aujourd'hui, elle l'a toujours prêché. Sa voix a eu toujours les mêmes accents et proclamé les mêmes vérités. Prodige inouï, Nos très chers Frères : tout change autour d'elle, elle ne change pas. Les écoles où enseigne la raison succèdent aux écoles, les doctrines aux doctrines, l'esprit de l'homme remue toutes les questions et propose chaque jour des solutions nouvelles. Il affirme aujourd'hui ce qu'il niera demain et telle est sa faiblesse et l'impuissance où il est de tenir ferme la vérité qu'il croit avoir établie, qu'il désespère enfin de la trouver jamais, et qu'il renonce au stérile labeur de la chercher. Qui pourrait raconter les vicissitudes par lesquelles il a passé depuis l'établissement de l'Eglise ! Ce serait raconter la succession des vagues qui ont agité la mer et des nuages qui ont passé dans le ciel.

Or, d'où vient que notre doctrine n'a pas subi cette loi fatale du changement, qu'elle a eu une destinée contraire à celle de toutes les inventions de l'esprit humain ? D'où vient que, passant par tant de bouches, reçue par tant de peuples, prêchée durant tant de siècles, elle est restée toujours la même ? La diffusion ne l'a pas affaiblie, la succession ne l'a pas altérée. D'où vient que, confiée à l'homme pour être répandue dans le monde et transmise d'âge en âge, elle a échappé à son action, et s'est montrée, dans cette sorte de dépendance où

elle s'est placée, supérieure à lui et maîtresse
d'elle-même, et qu'au lieu de subir sa loi, elle lui a
imposé avec autorité la sienne? Chose remarquable! Cette sainte doctrine a été associée dans
l'homme, à un principe permanent d'instabilité
et elle est restée immuable, à une cause puissante
d'altération et elle est restée inaltérable.

Il n'est pas possible, Nos très chers Frères,
de rendre raison, sans une intervention divine, de
cette merveille inouïe dans les annales des peuples. Là où l'homme est impuissant pour opérer
un prodige, il est nécessaire d'y mettre l'action
de Dieu. Sans cette action, l'intégrité de la doctrine de l'Eglise durant dix-huit siècles reste un
fait inexplicable.

. . . .

Mandement pour le Carême de 1861 sur la Confiance en Dieu.

. . . .

La confiance chrétienne repose sur la notion
de la puissance et de la bonté de Dieu et sur le
sentiment de notre perversité et de notre faiblesse.
Dieu est le maître et le souverain régulateur de
toutes choses. Rien n'échappe à son action, parce
que tout entre dans son domaine. Il nous apprend
l'étendue de ce domaine et la souveraineté
qu'il y exerce, lorsqu'il nous dit qu'un che-
veu ne tombe pas de notre tête sans sa volonté.
La créature remuante et superbe s'agite sous sa
main pour contrarier ses desseins, et se faire à
elle-même sa destinée; mais il la plie à sa loi, et,
tout en respectant la liberté dont il l'a douée, il

la réduit à faire ce qu'il veut, et à réaliser dans le
temps l'ordre éternel de sa sagesse. Il procède
par des voies douces et aisées, mais il atteint
avec force son but.

. . . .

Mais nous devons mettre notre confiance en
Dieu, surtout à la vue des persécutions suscitées
contre l'Eglise. Quel lamentable spectacle s'offre
à nos regards! L'Eglise de Jésus-Christ qui,
comme son divin fondateur, a passé sur la terre
en faisant le bien, qui a illuminé le monde de la
lumière de la vérité, posé les fondements de
l'ordre public et de la stabilité des Etats, doté
l'humanité de salutaires et admirables institutions, inspiré l'amour et réalisé la pratique des
plus sublimes vertus, transformé en un mot
l'homme et la société, l'Eglise qui a semé à
pleines mains ses bienfaits sur toutes les régions
de la terre, dressé partout les magnifiques monuments de sa foi et de sa charité, qui a défendu
toujours, forte ou faible, méprisée ou respectée,
les droits de l'innocence et de la justice, lutté
sans cesse contre l'oppression ou les passions
perverses, pour défendre et l'autorité des princes
et les droits des peuples; l'Eglise est attaquée de
toutes parts, signalée comme l'ennemi irrécon-
ciliable de la paix publique, comme une cause
permanente d'agitation et de trouble, comme
le plus puissant obstacle à la transformation des
peuples et à la régénération de l'humanité. Elle est
haïe, outragée, insultée. Toutes les forces de la
société semblent s'unir contre elle. Elle voit des
nations enivrées d'erreur et de licence, des princes aveugles ou méchants demander hautement
sa ruine ou la préparer. L'œuvre est déjà commencée. On la dépouille de ses biens, on persécute et

l'on traîne dans les prisons ses ministres, on livre à la risée de la populace et la majesté de ses mystères et l'auguste autorité de son chef. Après avoir ravi, comme auraient fait des barbares, à ce chef vénéré presque tous ses Etats qu'il tenait de la libéralité des princes, de l'assentiment des siècles, et d'une manifeste disposition de la Providence, on se prépare à lui enlever encore le dernier asile qui lui reste, et l'on assigne le temps où le centre de la catholicité sera au pouvoir de ses ennemis.

Une conjuration aussi habilement organisée, aussi puissante dans ses moyens d'action, les succès surtout qu'elle a déjà obtenus vous ont peut-être inspiré des alarmes. Vous avez craint pour les destinées de l'Eglise. Ne pouvant découvrir, dans les ressources de la sagesse humaine, une issue favorable, vous avez redouté un funeste ébranlement, une altération capitale de l'œuvre de Dieu, et votre foi s'est troublée, et vos espérances de chrétien, si fermes jusqu'ici, se sont affaiblies. En présence de tant et de si puissants éléments de ruine, vous avez hésité de croire que l'édifice de l'Eglise pût se tenir ferme et solide sur sa base. Vous avez même interrogé quelquefois les siècles passés, et, comme à aucune époque elle n'a été attaquée avec autant d'acharnement et autant de forces réunies, vous avez pensé que cette fois, il pourra lui être porté un de ces coups terribles dont il ne lui sera plus possible de se relever.

Hommes de peu de foi, pourquoi avez-vous douté? Parce que vous ne voyez aucun moyen de salut, pensez-vous que Dieu n'en voit point? Parce que votre sagesse est à bout, croyez-vous que la sagesse de Dieu soit sans ressources? Que

sont devant lui les hommes, si ce n'est des instruments aveugles de miséricorde ou de justice qu'il
manie à son gré? Que peut contre sa parole,
contre ses desseins la violence des événements?
C'est lui qui les a préparés tels qu'ils sont, dans
la mesure où vous le voyez, et qui les tournera,
les arrêtera comme la feuille de la forêt.

. . . .

Il se plaît à déconcerter nos prévisions, à désespérer la prudence humaine pour se donner la
gloire de manifester la force et l'indépendance de
sa puissance souveraine.

La destinée de l'Eglise sur la terre a été préparée d'avance. Elle fut toute arrêtée le jour de
sa naissance. Que lui a-t-il donc été promis? des
attaques acharnées et terribles, une haine implacable et profonde, par conséquent des humiliations et des revers. Elle est placée dans le monde
comme un agneau au milieu des loups; on doit
dire tout mal d'elle, *omne malum*. Elle sera outragée, pressurée, insultée, moquée. On en viendra
à ce degré d'aveuglement et de malice, qu'en travaillant à sa ruine, on se persuadera qu'on fait une
chose agréable à Dieu et utile aux hommes. Tout
cela lui a été dit, et si elle avait pu l'oublier, son
histoire le lui aurait rappelé.

Mais ce n'est pas là tout ce qui lui a été
annoncé, et puisque une partie des prédictions
s'est accomplie, l'autre s'accomplira. Il lui a donc
été dit *que les puissances de l'enfer ne prévau-
dront jamais contre elle,* que l'assistance divine
lui est assurée, et qu'elle subsistera *tous les jours
jusqu'à la fin des temps.* Le souverain Maître du
monde a déposé dans son sein, avec l'inébranlable fermeté de sa parole, une confiance que rien
ne saurait affaiblir : *Ayez confiance j'ai vaincu le*

monde. Lorsqu'elle n'était encore qu'un petit troupeau, elle a été affermie contre la crainte : *Nolite timere, pusillus grex.* Que peuvent donc contre ces assurances divines *le frémissement des nations et la conjuration des princes?* Certes, pourrions-nous vous dire : le ciel et la terre représentent une force immense bien plus considérable que celle des rois et des peuples, et toutefois le ciel et la terre passeront, et la parole de Dieu ne passera pas.

Consolez-vous, rassurez-vous dans la foi en ces promesses. Espérez, ayez confiance. Les enfants du siècle, il est vrai, sont contre vous. Malgré les intérêts et les passions qui les divisent, ils se sont unis dans le dessein d'ébranler et d'abattre le vieil édifice de l'Eglise. Ce magnifique monument de la puissance et de la sagesse de Dieu a jusqu'ici défié leurs efforts et brisé leur force. Leurs défaites successives, constatées par l'histoire, ont irrité leur orgueil, humilié et redoublé leur audace. Parce qu'ils ont su aujourd'hui enrôler sous leurs drapeaux une foule d'auxiliaires aveugles ou insensés, ils se persuadent qu'ils vont consommer l'œuvre de destruction qu'ils ont conçue. Ils nous annoncent avec assurance leur triomphe prochain. Certes, ils sauront semer sous leurs pas la dévastation et la mort. Ils arroseront de sang et de larmes les régions qu'ils auront parcourues. Mais il ne leur sera jamais donné de prévaloir contre Dieu, de l'embarrasser dans ses voies, ni d'altérer son ouvrage. Du haut du ciel, il se rira de leurs complots et de leurs espérances, et, à un moment marqué dans ses immuables décrets, il vengera sa majesté outragée et sa puissance méconnue, et nous, témoins de l'humiliation et de la défaite de ses ennemis, nous pourrons, comme autrefois ce chef fidèle et intrépide de la milice céleste, célébrer notre victoire par ce cri de notre foi : *Qui est semblable à Dieu? Quis ut Deus?*

Mandement pour le Carême de 1862, sur le Monde.

Le monde est l'ennemi le plus redoutable de notre salut. Le démon peut remuer les mauvaises passions de l'âme ; le fond de péché et de corruption que nous avons en nous, nous porte souvent au mal ; mais ni le démon ni la nature ne sauraient nous séduire comme le monde, ni avoir la même puissance pour nous entraîner et nous perdre. Il nous enveloppe de toutes parts de ses pièges, il se donne tous les charmes et, au besoin, il s'impose comme loi. Il a sa doctrine, ses défenseurs et ses ministres pour égarer l'intelligence, ses joies et ses plaisirs pour flatter les sens, toutes les créatures pour énerver l'âme et la souiller. Il est d'autant plus à craindre et son action sur nous est d'autant plus inévitable qu'il n'est pas connu. Oui, nous avons toujours le monde sous les yeux, nous vivons avec lui et nous ne le connaissons pas. Nous ignorons son origine, son esprit, ses desseins.

Le monde est le fruit du péché, la création du démon. Il a été fait dans le paradis terrestre, le jour où la parole de l'esprit de ténèbres fut entendue et acceptée par nos premiers parents. Depuis lors, dans le cours des siècles, il a continué d'être ce qu'il fut au commencement, parce

que son auteur l'a marqué de son caractère :
comme lui il est devenu un mal irrémédiable,
une nature incorrigible.

. . . .

Notre Seigneur disait à des hommes du monde :
Vous, vous venez du démon votre père. Il disait
encore que le monde serait son ennemi constant
et implacable. Aussi, connaissant que cet ennemi
serait immuablement établi dans le mal, il n'a
pas songé à se le réconcilier et à le sauver, et il
a dit : *Je ne prie pas pour le monde.* Il savait que
sa prière serait impuissante à guérir un mal si
invétéré et si profond.

. . . .

Si, au moins, il (le monde) avait soin de respecter la vérité, la justice. Mais, le méchant, il
ment avec effronterie, il calomnie sans pudeur.
Il accueille avec confiance et produit au grand
jour de la publicité des récits controuvés. Il
pousse même l'audace et la malice jusqu'à raconter des faits dont il reconnaît lui-même la fausseté. Tout filer de la tribune qu'il s'est élevée
par la presse, au milieu d'une grande multitude
d'adeptes ou ignorants ou méchants comme lui,
il parle sans retenue, il exagère, il invente, assuré
qu'il est de faire accueillir avec faveur ce qu'il
avance et de communiquer les sentiments qui
l'inspirent.

. . . .

Or, pourquoi cette haine aveugle et manifestement injuste? Pourquoi cet acharnement à dépré-
cier, à avilir des concitoyens d'ailleurs honorables,
qui ne répondent à ses attaques incessantes que
par la résignation et le silence? Croiriez-vous que
l'ardeur avec laquelle le monde nous poursuit,
lui vienne du désir qu'il a de garantir la société

d'un fléau public, de faire respecter la vertu, la morale, les lois? Ah! il est peu soucieux de toutes ces grandes choses. Son zèle ne s'enflammerait pas pour arrêter des scandales dont il donne lui-même l'exemple et qu'il sait si bien soustraire au grand jour, ni pour prévenir des malheurs qui ne le touchent pas et qu'il prépare par ses doctrines et par ses désordres. Il faut chercher une autre raison qui explique sa conduite. Il n'en est pas d'autre que celle que notre divin Sauveur a donnée : *Vous serez en haine à tous, à cause de moi.* Si les prêtres ne remplissaient pas un ministère sacré, s'ils n'étaient pas les représentants de Dieu, s'ils étaient des hommes du monde, chargés de propager une institution humaine, ils trouveraient auprès du monde plus de ménagement et de justice. Ils pourraient même se promettre de l'indulgence dans leurs écarts, et concilier à leur ministère des sympathies.

Remarquez-le bien : l'Eglise catholique est entourée de sectes nombreuses qui ont rompu avec elle et qui l'attaquent en ennemis déclarés. Ces sectes ont leurs ministres et parmi ces ministres, il s'en rencontre qui, certes, ne se rendent pas toujours dignes de la confiance dont on les honore, et qui souillent par leur conduite les fonctions qu'ils exercent. Que fait le monde quand des scandales pareils se déclarent, que fait-il? ou il garde le silence, ou il nie ces scandales, ou il les amoindrit.

Pourquoi donc réserve-t-il pour les prêtres toutes ses rigueurs? Pourquoi s'applique-t-il à donner du retentissement à des faits déplorables dont la publicité n'importe ni à la société ni à la Religion? Pourquoi a-t-il ainsi deux poids et deux mesures? Ici le ménagement et le silence; là la sévérité et l'éclat. Pourquoi? parce qu'ici sont l'erreur et l'homme, et là, la vérité et Dieu.

. . . .

Une nation sans entrailles parce qu'elle a éteint dans son sein la charité chrétienne, et rassurée contre les châtiments de la justice par sa puissance et sa fortune, dévore la substance d'un peuple catholique et le force ou à mourir de faim ou à fuir sa patrie pour aller chercher sa subsistance aux extrémités de la terre. Une autre nation astucieuse et brutale comme la barbarie d'où elle sort à peine, travaille depuis un siècle à ravir à un autre peuple catholique le trésor de sa foi. Pour assurer le succès de son œuvre, elle emploie tour à tour les ruses de l'hypocrisie et les rigueurs de la persécution. Elle arrose de sang des cités entières, ou elle en déporte les habitants dans des régions glacées et sauvages. A la vue de ces attentats que le paganisme peut s'applaudir de n'avoir pas connus, que fait le monde? Il remplit l'univers de ses clameurs, il obsède les puissances de l'Europe et leur demande justice, et pourquoi? Parce qu'un enfant devenu chrétien est ravi à des parents infidèles et garanti pour quelque temps de la séduction de la famille. En présence de peuples entiers écrasés par la force, et expirant dans le désespoir de la faim ou de la servitude, il n'y a qu'un crime qui soulève son indignation et qui appelle les rigueurs de sa justice, c'est le crime du chef de l'Eglise et de l'Eglise elle-même qui viole le foyer domestique et méconnaît les droits de la puissance paternelle. Si nous n'avions assisté naguère à un pareil spectacle, malgré tout ce que nous savons de l'injustice et de la malice du monde, nous ne l'eussions pas cru possible. Nous eussions pensé qu'il y avait dans la haine la plus ardente et la plus aveugle une sorte de pudeur qui la garantissait de certains excès et l'arrêtait à certaines limites.

Voici maintenant une nation qui trouve bon de s'agrandir, et qui, profitant de la faiblesse du chef de l'Eglise, assassine sa petite armée et s'empare de ses Etats. D'une part, il y a violation manifeste du droit des gens, usurpation sacrilège, vol. D'autre part, l'injustice et le dépouillement supportés avec une inaltérable patience, protestation contre la violence, condamnation des usurpateurs. Que fera le monde? Ce qu'il a toujours fait. L'Eglise est en cause, son parti est pris. Le prince usurpateur sera le restaurateur et le sauveur des peuples, et le Pape un ennemi de la liberté et de la prospérité publique, un aveugle et un entêté. Mais pour arriver à ces appréciations erronées, il faut méconnaitre les principes les plus élémentaires de la justice. Qu'est-ce donc que la justice pour le monde? Il dédaignera au besoin ces vieilles notions de droit conservées par le respect des siècles et proclamera un droit nouveau. Ceci, du reste, était prévu et annoncé. *Malheur,* a dit le Prophète, à ceux qui appellent le bien mal, et le mal bien [1].

. . . .

Voulez-vous que nous vous donnions un autre exemple de l'esprit qui anime le monde? Il y a quelques années, une puissance ambitieuse menaçait d'envahir les Etats d'un prince infidèle. Elle estimait que la nation gouvernée par ce prince était un malade près d'expirer, et elle pensait avoir le

---

1. Isa. v, 20.

droit de recueillir la meilleure part de la succession qui allait s'ouvrir.

. . . .

Mais plus tard, une autre puissance non moins ambitieuse, profitant de la faiblesse d'un Etat voisin, conçoit le dessein de s'en emparer, et le monde garde le silence et s'abstient de signaler cette puissance à l'indignation publique. Peu de temps après, ce dessein s'accomplit brusquement par la plus lâche et la plus révoltante des surprises, et le monde applaudit. Vous le voyez : ici encore le monde a *un poids et un poids, une mesure et une mesure.* Si vous nous demandez la raison de cette conduite étrange, de cette étonnante contradiction, nous vous dirons qu'il n'en est pas d'autre que celle-ci : d'un côté, il y avait les Turcs, et il fallait les défendre ; de l'autre il y a le Pape et il faut le dépouiller. Le monde ne dit pas cela, il ne tient pas ce langage qui dévoilerait ses desseins et compromettrait sa cause. Il cache ses sentiments véritables sous des apparences séduisantes. Il fera valoir les nécessités du temps, l'empire des circonstances, le vœu des peuples. Au besoin, il se posera en défenseur zélé et intelligent de la Religion, et affirmera qu'il veut mieux assurer les intérêts de l'Eglise, mieux sauvegarder la dignité et l'indépendance de son chef. Mais tous ces discours, de quelque couleur qu'on les décore, ne peuvent éblouir que des yeux faibles, tromper que des ignorants et des simples, et séduire que des esprits égarés ou suspects.

Qu'avons-nous fait, dans le cours de cette instruction ? Sans doute, nous vous avons montré l'esprit du monde et la nécessité de s'en garantir. Mais nous vous avons présenté de plus une démonstration de l'institution divine de l'Eglise, ainsi que de l'accomplissement des promesses que Jésus-Christ lui a faites. Certes, il est facile de prouver par l'Ecriture et par l'histoire que l'Eglise catholique est la véritable Eglise, et qu'aucune des sectes qui, à différentes époques, sont sorties de son sein, ne peut revendiquer ce nom auguste. Mais aujourd'hui il n'est plus, ce semble, nécessaire de recourir à ces preuves multipliées : l'aspect seul que l'Eglise catholique offre en ce moment à nos regards suffit.

En effet, parmi les diverses Eglises répandues dans le monde, celle-là seule sera la véritable qui portera le caractère dont Jésus-Christ a voulu marquer son Eglise et partagera la condition qu'il lui a faite. Or, notre divin Sauveur a promis à son Eglise, durant tout le temps qu'elle passerait sur la terre, non la paix et la prospérité, mais la haine et les persécutions du monde. Il a eu le dessein de l'associer à sa destinée, et, par conséquent, de perpétuer en elle, jusqu'à la consommation des siècles, le spectacle de ses opprobres, de ses humiliations, de ses souffrances et de sa croix. Son Eglise, c'est la représentation et la continuation de lui-même, c'est-à-dire, le renouvellement incessant de ses douleurs et de son crucifiement.

Maintenant, jetez vos regards sur le monde et cherchez quelle est l'Eglise qui porte ce caractère incomparable et divin. L'Eglise schismatique de l'Orient est en paix, les diverses sectes hérétiques des deux mondes sont en paix. Toutes vivent tranquilles et protégées. Toutes, même dans plusieurs Etats catholiques, jouissent de la faveur des princes, des honneurs publics, des sympathies ou de l'indifférence des ennemis de Dieu. La paix qui leur est assurée est si profonde, que leur existence ne nous est révélée que par la haine qu'elles portent et par la guerre qu'elles font à l'Eglise Mère d'où elles sont sorties.

Mais l'Eglise catholique! Elle seule est attaquée, outragée, persécutée. Elle seule allume la haine des ennemis du nom chrétien. Elle seule est dans la douleur, dans les gémissements et dans les larmes. C'est d'elle seule qu'on a conjuré l'asservissement et la ruine. L'Europe est saisie d'effroi à l'aspect des mouvements des peuples et chancelle déjà au choc des passions tumultueuses qui l'agitent, et ce mouvement est dirigé et ces passions sont soulevées contre l'Eglise. Elle seule est l'ennemi commun, elle seule entend de toutes parts, comme le divin Maître, ce cri de répulsion et de réprobation universelle : *Tolle, tolle*, qu'on l'enlève du milieu des nations et que sa présence ne dérange plus nos desseins, n'offense plus nos regards! *Crucifige, crucifige eum*, qu'on l'affaiblisse, qu'on l'humilie, qu'on la détruise enfin et qu'on la fasse périr ou dans la boue ou dans le sang!

Donc l'Eglise catholique est seule la véritable Eglise. Sans cela, il n'y aurait pas tant de véhémence dans les passions qu'elle soulève, ni autant d'ardeur dans la haine qu'elle provoque. Ce serait un fait inouï dans l'histoire, un mystère incompréhensible. Il n'y a que le caractère divin dont elle est marquée, qui explique ce déchaînement des passions humaines. Dieu seul peut soulever cette tempête. L'homme ne s'acharne pas à ce point contre l'œuvre de son semblable : il faut qu'il ait affaire à Dieu.

Réjouissez-vous donc, Nos très chers Frères, en voyant l'Eglise revêtir de nos jours, d'une manière éclatante, le caractère de sa céleste origine. Les persécutions, les calomnies, les opprobres la relèvent à nos yeux, et nous la rendent plus vénérable, en nous montrant sur son front auguste le signe dont Jésus-Christ l'a marquée.

Votre foi ne se laissera ni intimider ni ébranler par les entreprises et les succès de ses ennemis. Elle s'affirmera, au contraire, se souvenant des promesses du divin Sauveur et de la destinée qu'il a faite à son Eglise sur la terre. Elle se reposera avec confiance et sécurité sur les paroles qu'il adressait à ses Apôtres : Ne craignez pas, j'ai vaincu le monde.

Mandement pour le Carême de 1863, sur l'Eglise comme moyen de salut pour la société.

... L'autorité, en la prenant dans sa signification propre, n'existe plus : ce grand ressort de la vie sociale est brisé. L'autorité, non pas pour agir, mais pour être ce que le terme qui l'exprime énonce, a besoin d'être reconnue, respectée, aimée. Sans cela, elle sera un pouvoir, une force, utile sans doute, mais non cette puissance tutélaire et sacrée qui, en donnant le mouvement au corps social, lui inspire la vie et en assure la durée.

Or, l'autorité est-elle aimée? Qui oserait le dire? Qui reconnaîtrait dans le cœur du peuple, pour le chef de l'Etat, cette respectueuse et douce affection qui a caractérisé notre nation dans le temps passé? Les peuples sont plus occupés à se faire redouter des princes qu'à s'affectionner à eux, et ils leur imposent par là plutôt le devoir de les contenir par la crainte que celui de les gagner par l'amour. Aussi, la société ne sera bientôt plus qu'un mécanisme dont le fonctionnement sera dirigé par un moteur puissant, quelquefois redoutable, et l'ordre public, une organisation habile qui tiendra par la force tous les éléments en harmonie, et les empêchera de se détruire par la répulsion et par la lutte. Et tel sera le dépérissement du corps social, que cette condition devra être estimée un bienfait, parce qu'un mouvement ordonné, simulacre de vie, vaut mieux encore que la mort.

L'autorité n'est pas même respectée. Qui n'a pas vu au fond des âmes le secret plaisir d'humilier et de flétrir les dépositaires des pouvoirs publics? Le pouvoir semble ne servir qu'à déconsidérer celui qui en est revêtu; il est un défaut qu'il est difficile de racheter.

Des lois sont venues, il est vrai, au secours de l'autorité délaissée et avilie. Si elles n'ont pu imposer le respect, elles veulent du moins prévenir et châtier l'insulte. Elles ont pris un aspect sévère, elles s'arment d'une grande rigueur et elles fournissent de puissants moyens de concilier à l'autorité tous les hommages qui lui sont dûs, l'hommage de la parole, lorsqu'elle est respectueuse ou convenable, et si elle voulait se donner un cours trop libre, au moins l'hommage du silence. Mais leurs prescriptions seraient-elles encore plus sages et plus légitimes, elles annoncent, par leur vigueur même, la profondeur et l'étendue du mal, et il est à craindre qu'elles ne soient impuissantes à l'arrêter, et surtout à le guérir. Le respect imposé par la menace n'est ni sincère, ni durable. Un jour vient où les âmes font, pour ainsi dire, explosion et exhalent par des manifestations terribles ce qu'elles recelaient de moqueries et d'insultes. On a dit qu'aucune forme de gouvernement n'est possible avec la liberté de la parole sans contrôle et sans limite. C'est reconnaître que le mépris de l'autorité est dans les peuples, ou qu'il est aisé de le leur inspirer.

Il y a plus encore : l'autorité comme droit, comme pouvoir légitime, n'est pas toujours reconnue et acceptée. Elle est souvent tolérée et subie, et encore, pour s'assurer cette triste et humble condition, est-elle obligée d'employer toutes les ressources de l'art de gouverner. Sentant plus d'une fois qu'au dehors le point d'appui dont elle a besoin lui manque, elle le cherche en elle-même. On ne saurait l'en accuser : elle défend, comme elle peut, dans l'intérêt de l'ordre public, ce qu'elle estime son droit. Si nous voulions entrer dans la grande question de l'origine de la puissance temporelle, nous pourrions énumérer vingt opinions différentes. On est certes loin de convenir des conditions qui la légitiment. Il y a donc, si ce n'est pas toujours pour l'homme sage, du moins pour les esprits ambitieux et passionnés, des raisons plus ou moins solides ou sérieuses de contester le droit du pouvoir établi.

Voilà l'extrémité où l'autorité est réduite. On l'a dépouillée de tout, du respect et de l'affection des peuples, de la légitimité de son origine, de son droit à l'existence. Elle recueille des uns l'indifférence ou le mépris, et des autres des accusations violentes et terribles. On a beau fermer les yeux sur le mal profond qui ronge le corps social, s'endormir avec sécurité dans les illusions d'une apparente tranquillité et asseoir sur la sagesse des hommes et sur l'instinct des peuples de flatteuses espérances. Après avoir parcouru toute la série des moyens ou expédients que la sagesse et les événements peuvent fournir, il faudra accepter cette alternative inévitable, ou des bouleversements successifs, ou l'ordre par la force.

Mais faudra-t-il désespérer de l'avenir des peuples et ne s'attendre qu'à des désastres ou à la servitude? N'aurions-nous en perspective que des chaînes ou la mort? Dieu, qui *a fait les nations guérissables,* a toujours pour la société humaine des moyens de salut. Il en a établi un sur la terre dont la vertu puissante est attestée par l'histoire et qui lui a réussi à une époque semblable à la nôtre. Que notre orgueil ne s'offense pas d'un rapprochement qu'un examen sérieux de l'état des esprits justifie : comme au temps de l'invasion des peuples barbares, la société ne sera sauvée que par l'Eglise. Nous osons dire cette vérité, malgré les moqueries ou la haine de quelques-uns, l'incrédulité du grand nombre et l'indifférence ou l'ignorance des autres.

L'Eglise possède, en effet, tous les éléments de restauration et de salut pour la société en décadence et menacée de ruine. N'est-elle pas d'abord, et elle seule, le lien des esprits et des cœurs par l'unité et l'immutabilité de ses enseignements? Elle seule a une doctrine que ni les passions ni les erreurs ne changent ni n'altèrent. Elle seule a des principes immuables et éternels comme Dieu qui les lui a révélés. Et remarquez que cette unité qui fait sa gloire et sa force, n'a pas pour objet seulement les vérités de la foi, mais encore toutes celles qui sont la vie de la société, règlent ses mouvements, dirigent ses développements successifs, et sont le fondement de l'ordre, de la paix et de la prospérité publiques. Elle enseigne les principes qui doivent présider à la naissance des nations et aux diverses transformations amenées par les événements et par les siècles. Elle fait connaître les droits et les devoirs des princes et des peuples, et en trace d'une main ferme et sûre l'étendue et les limites. Elle est pour tous l'organe inaltérable et intrépide de la justice. Elle a, enfin, dans les circonstances malheureuses où le droit est violé, des règles de sagesse qui modèrent l'impétuosité des esprits, garantissent la société d'agitations plus désastreuses que le règne momentané d'un pouvoir usurpé, et commandent le silence et la soumission dans l'intérêt de l'ordre public.

Elle a aussi puissance sur les cœurs. Elle sait que les intérêts de la terre engendrent souvent la division et la lutte. Elle a assisté aux guerres sanglantes, au spectacle de haines implacables et terribles suscitées, au sein des nations, par la rivalité des partis, par des contestations de droits, par la diversité seule des opinions politiques. Au milieu de cette agitation qui arrête un peuple dans la voie de la prospérité et du développement de ses institutions, et compromet quelquefois son avenir, l'Eglise a des paroles de paix à faire entendre. Son ministère pacifique accepté autrefois par les princes et par les peuples, et qui a garanti la société de bien des désastres serait, n'en déplaise aux ennemis de la foi, une sauvegarde publique qui, au milieu de nos angoisses et de nos frayeurs si souvent renouvelées, nous conserverait au moins l'espérance, et deviendrait un port assuré contre les tempêtes qui nous agitent et les naufrages qui nous menacent.

Mandement pour le Carême de 1863, sur l'Église comme moyen de salut pour la société.

. . . .

Le grand service que l'Eglise rendrait à la société serait d'inspirer aux peuples le respect de l'autorité publique. Elle seule a le droit de proclamer une doctrine qui justifie ce respect, le démontre nécessaire et le fait honorable pour celui qui le rend. Elle nous représente les dépositaires du pouvoir temporel comme préposés par la sagesse de Dieu au gouvernement des nations, et par conséquent revêtus d'un caractère vénérable, divin. La puissance qu'ils exercent, quel que soit le mode de transmission qui la leur a conférée, ne vient pas originairement du concours des volontés humaines, qui les ont choisis pour chefs, mais bien de la source de tout pouvoir, fondement nécessaire des droits et des devoirs. Les hommes, quelles que soient la spontanéité et l'unanimité de leur adhésion, ne pourront jamais créer une autorité qui leur soit supérieure, qui ait le droit de leur intimer des ordres et à laquelle ils soient tenus d'obéir. Ils resteront toujours libres et indépendants devant la volonté de leurs semblables, parce qu'étant égaux, chacun a autant de pouvoir que tous. Tant qu'on ne s'élèvera pas au-dessus de l'homme, on ne pourra jamais faire sortir de la multitude un droit sur chacun des membres qui la composent; car il serait en définitive un droit sur elle-même, ce qui répugne à la saine raison. L'homme ne saurait être à la fois supérieur et inférieur à lui-même, supérieur par la tradition et l'exercice du droit de commander, et inférieur par le devoir d'obéir. On a beau multiplier les théories sur l'origine et la légitimité du pouvoir social et leur donner de séduisantes couleurs, tant qu'on s'obstinera à ne pas remonter jusqu'à Dieu, on rendra logiquement impossible et absurde l'organisation de la société; on ne réalisera que le gouvernement par la force et la soumission dans la servitude, ce qui est le dernier terme de la dégradation et de l'avilissement de la nature humaine.

L'Eglise a d'autres pensées sur l'homme. Elle lui apprend qu'il est si grand, qu'il ne peut se soumettre qu'à Dieu, qu'il est nécessaire de faire intervenir cette autorité suprême pour obtenir de lui le respect et l'obéissance, que son semblable n'a pas le droit de lui commander et de lui prescrire des hommages et, qu'en dehors de Dieu, toute supériorité dans la créature, toute la hiérarchie sociale est une usurpation sacrilège et un attentat contre son indépendance et sa dignité. C'est pour sauver cette dignité que l'Eglise enseigne que le père dans la famille et le prince dans la nation sont revêtus de l'autorité même de Dieu et exercent la puissance attachée à leur titre, non comme un privilège qu'ils tirent d'eux-mêmes ou d'une concession faite par leurs semblables, mais comme un écoulement de la puissance souveraine de Dieu dont ils sont les représentants et les organes.

Ainsi ramenée à son origine naturelle, l'autorité dans l'ordre temporel apparaît vénérable à nos yeux, et n'humilie ceux dont elle a reçu le gouvernement ni par les hommages qu'elle réclame.

ni par l'obéissance qu'elle prescrit. C'est pour cela que l'Eglise l'a toujours regardée comme marquée d'un caractère sacré et l'a associée, bien qu'à un degré inférieur, à la puissance sacerdotale en l'appelant la Religion de seconde majesté. Elle est, en effet, si majestueuse que Dieu lui-même, après s'être constitué membre de la société humaine, l'a honorée de ses respects et s'est soumis à ses ordres même injustes, en attestant qu'il reconnaissait en elle une manifestation publique de sa propre autorité, et un ordre inviolable de sa sagesse.

Fidèle aux enseignements de son Maître, l'Eglise a vu dans cette autorité des titres si éclatants de grandeur, des droits si incontestables à l'obéissance et au respect que, sous les empereurs romains, ses ennemis déclarés et ses impitoyables persécuteurs, détournant, ce semble, les regards de la personne de ces princes avilis et cruels, et ne considérant que la source élevée et divine d'où leur puissance émane, elle a, par l'organe de son apôtre, proclamé cette merveilleuse et salutaire doctrine, qui est à la fois et le fondement de la société et la sauvegarde de la dignité humaine : « *Que tout le monde se soumette aux puissances supérieures; car il n'y a point de puissance qui ne vienne de Dieu, et c'est lui qui a établi celles qui sont* [1]. » Cet hommage que l'Eglise a rendu aux puissances de la terre, alors qu'elles paraissaient en être indignes, elle n'a cessé de le leur rendre dans le cours des siècles. Elle a toujours vu en elles une représentation de la puissance divine. Lorsque, pour remplir sa mission dans ce monde, elle a dénoncé les injustices et

---

1. Ad. Rom. XIII. 1.

les crimes des princes, elle n'a jamais abaissé aux
yeux des nations la majesté du pouvoir : elle lu.
a reconnu le caractère divin dont il était marquéi
Elle a frappé le souverain indigne, mais elle a
respecté la souveraineté.

. . . .

On ne veut plus de cet admirable et salutaire
enseignement. L'ordre que Dieu a établi, la consécration qu'il a faite de la puissance temporelle
et les liens qui la rattachent à son pouvoir
suprême, cet admirable dessein de sagesse, cette
magnifique économie de sa Providence dans le
gouvernement du monde est repoussé comme
une croyance surannée de l'enfance des peuples,
comme un outrage fait à leur dignité, comme une
usurpation de leurs droits. Mais qu'a-t-on recueilli
des nouvelles doctrines sociales, de l'inauguration d'une ère d'émancipation et d'indépendance
et de la proclamation du prétendu droit moderne ?
La lutte incessante des partis, l'agitation et les
alarmes au sein des nations, l'instabilité des Etats,
les désastres des révolutions, les souffrances et
les frayeurs du présent, les incertitudes et les
menaces de l'avenir. L'homme a détourné ses
regards du ciel et repoussé la main de Dieu dans
la construction de l'édifice social. Il s'est donné
assez de sagesse et assez de puissance pour faire
seul sur un nouveau dessein ce grand ouvrage,
et il est devenu semblable à cet insensé qui a
bâti sur le sable. Les vents ont soufflé, les
torrents, enflés par les orages, ont débordé, et ce
monument de son insolence et de son orgueil, en
un instant, n'a été qu'une ruine. Il avait oublié
cet enseignement divin qui sera à tout jamais le
désespoir de sa puissance et le châtiment de sa
présomption : « *Si le Seigneur ne bâtit une*

*maison, c'est en vain que travaillent ceux qui la
bâtissent. Si le Seigneur ne garde une ville, c'est
en vain que veille celui qui la garde* [1]. »

Mandement pour le Carême de 1865, sur l'Eglise considérée comme organe de la vérité.

. . . .

Enseignée par le sagesse éternelle et dirigée par
l'esprit de lumière, l'Eglise a reçu, avec les apôtres, la connaissance de toutes les vérités, *docebit
vos omnem veritatem*. Elle nous apprend notre
origine, notre fin dans le temps et nos destinées
futures dans l'éternité. Elle nous dévoile les
admirables desseins de la puissance, de la sagesse
et de l'amour de Dieu. Elle sait le principe et le
terme de toutes choses. En relevant à nos yeux
notre dignité et notre grandeur, elle nous rappelle que cette grandeur est empruntée, et nous
vient d'un maitre qui se propose de nous l'assurer
et de l'accroître dans la mesure du respect rendu
à sa majesté et de l'obéissance à ses lois. Ces lois,
elle les connait et nous les impose. Elles ne sont
pas, comme les lois des hommes, changeantes et
incomplètes. Dieu les a marquées du sceau de
son immutabilité et de sa souveraine sagesse. En
même temps qu'elles sont l'expression de la justice et de la droite raison, elles suffisent à tout,
règlent tous les actes de la vie humaine, et les

1. Psalm. CXXVI, 1-2.

coordonnent à leur fin suprème. Elle a des enseignements pour tous les hommes, pour tous les
âges, pour toutes les conditions. Elle dit à chacun ses devoirs, c'est-à-dire la part d'action et de
concours qui lui est demandée pour assurer ses
glorieuses destinées. Elle proclame les lois cons-
titutives de la famille et de la société, qui assurent la paix domestique et la prospérité des
peuples. Elle sanctionne au besoin les législations
humaines qui se sont inspirées de son enseignement, et proteste sans relàche contre celles qu'une
sagesse dédaigneuse et insensée veut puiser en
elle-même ou dans les inspirations d'un siècle en
délire. Elle est alors la voix qui tonne au milieu
du bruit tumultueux des passions, et la barrière
obstinée qui s'oppose à la violence du torrent :
voix sublime, couverte quelquefois par les
clameurs de ses ennemis, mais jamais réduite au
silence ; barrière inébranlable, quelquefois sub-
mergée, jamais emportée.

Elle peut dire comme le divin Sauveur : *Je suis
la voie et la vérité*. Pour les hommes voyageurs
sur la terre, je suis la voie royale qui conduit à
la patrie ; celles que les *sages et les prudents* des
siècles se sont tracées, sont des voies détournées
qui égarent. Ils les ont embellies et rendues
spacieuses, la marche y est aisée, mais elles
aboutissent à un terme fatal, la perdition ; moi
seule qui connais les destinées de la vie humaine,
je puis proposer les moyens de les remplir.

Je suis la vérité, vérité certaine et complète.
Depuis que la lumière de l'esprit de vérité m'a
illuminée, je suis devenue la lumière du monde ;
j'ai brillé comme un astre radieux au milieu des
ténèbres ; j'ai dissipé la nuit qui couvrait la terre,
et fait apparaître un jour nouveau qui a éclairé

et vivifié les hommes *assis, depuis des siècles, dans les ombres de la mort;* j'ai été établie maîtresse et institutrice du genre humain. La science insensée, la raison superbe n'ont pas voulu recevoir mes leçons : elles m'ont vanté leurs découvertes et leurs conceptions; redoutant l'ascendant qui me venait de l'autorité de mon enseignement, et irritées de la supériorité que je me donnais sur elles, elles m'ont traitée en ennemie; elles ont attaqué tous les points de ma doctrine; il m'a fallu combattre sans cesse, et j'ai renouvelé sur la terre le spectacle de cette grande lutte qui eut lieu à l'origine des choses, entre les esprits de lumière et les esprits de ténèbres, et qui finit par le triomphe du Dieu incomparable de la lumière et de la vérité; j'ai toujours été victorieuse et les erreurs que j'ai combattues et condamnées sont devenues des souvenirs de l'histoire; mais chaque siècle a fait surgir de nouveaux ennemis; je combats encore, je combattrai jusqu'à la fin des temps et le repos qui doit suivre la lutte ne m'est réservé qu'après tous les temps; je reste, en attendant, le phare lumineux qui doit éclairer et conduire les hommes; malheur à ceux qui travaillent à obscurcir son éclat, ou qui détournent les yeux pour ne pas voir! heureux ceux qui le contemplent, et qui marchent à ses bienfaisantes clartés !

. . . .

Que fait-elle, aujourd'hui, cette Eglise, organe inaltérable de la vérité? Elle voit le monde devenu semblable au chaos primitif de la création; mélange informe et monstrueux de notions incohérentes circulant dans les esprits comme les rêves de la nuit; obscurcissements des intelligences; altération de tous les principes;

amoindrissement de toutes les vérités; déviation des règles les plus droites, les plus inflexibles; compromis sacrilège entre l'iniquité et la justice; confusion et déplacement du bien et du mal; le triomphe de la force transformé en droit; le succès toujours glorifié; création nouvelle de la justice et de la vérité; découverte et apparition d'un monde nouveau, ordonné selon des lois nouvelles, et enfin, enchantement et fascination surnaturelle des esprit s'applaudissant de ces merveilles et le décorant du nom fastueux de progrès et d'émancipation glorieuse. A la vue de ces lamentables ruines de la raison humaine, de ce prodigieux affaissement des âmes, l'Eglise dit la vérité et proclame les vieilles et éternelles lois du monde. L'on se scandalise de l'imprudence de son langage, l'on s'irrite de l'obstination de ses croyances, et l'on dénature et l'on calomnie sa doctrine; on la représente elle-même comme une sombre et ridicule apparition des temps d'ignorance et de servitude; on lui attribue une stupide immobilité; on l'accuse de se constituer en état de lutte avec les progrès de la science et de la civilisation, et de vouloir, d'une main débile, faire remonter à sa source le torrent des siècles. Elle ne s'émeut pas de toutes ces clameurs et, avec le calme de la force que lui donne le Dieu qui la soutient, elle continue de dire la vérité et, au milieu des sarcasmes de ses ennemis et des risées de la multitude, elle montre les signes avant-coureurs de l'orage, met à nu les écueils contre lesquels la société va se briser et indique la voie où elle doit entrer pour se donner une vie heureuse et durable.

Mandement pour le Carême de 1866, sur la condition de l'Eglise dans ce monde.

C'est dans les ignominies, les souffrances et les délaissements de la croix que Jésus-Christ a créé son Eglise. Elle est sortie, non pas d'un rayon de sa gloire, mais de son cœur percé, de son sang répandu. Elle a été enfantée, non dans les splendeurs de sa majesté et dans les joies inénarrables de son éternelle béatitude, mais dans les angoisses de son agonie et dans les horreurs de la mort. Tout est riant, tout est joyeux au jour d'une alliance humaine ; ici, tout est sombre et lamentable, tout y présage de tristes destinées. Le premier homme, dans un sommeil mystérieux, dans une extase de bonheur, avait senti son épouse sortir de sa propre substance, pleine alors de joie et de vie ; et l'homme nouveau, Jésus-Christ, fait sortir l'Eglise de sa vie qui s'éteint et de la mort qui approche. Pour opérer ce grand œuvre, il attend le moment le plus désolant et le plus désespéré de son existence terrestre.

Voilà la naissance de l'Eglise et les circonstances dans lesquelles Jésus-Christ se l'est donnée pour épouse. Elle a donc reçu, dans sa conception et dans sa première apparition dans le monde, le sceau de l'humiliation et de la douleur. Son époux a laissé sur elle l'empreinte du lugubre appareil du Calvaire. Elle est le produit mystérieux d'un dernier soupir exhalé dans les horreurs du délaissement poussées jusqu'à l'apparence du désespoir. Elle fut abreuvée d'amertume et baignée dans le sang. Il convient donc que cette

condition lui soit assurée pour toujours sur la
terre et que, dans le cours des siècles, elle apparaisse au monde, non dans la gloire du Thabor,
mais dans les humiliations et les souffrances du
Calvaire.

Mandement pour le Carême de 1869, sur les avantages de la Foi.

La foi, comme la piété, *a les promesses de la vie présente et celles de la vie future*. Elle élève
et ennoblit l'homme, enrichit son intelligence
d'éclatantes lumières, lui donne la solution de
tous les problèmes de la vie, le rassure contre
les hésitations et les incertitudes de son esprit,
le console par l'espérance et le réjouit par
l'amour. Plus fidèle à sa promesse que ne le fut,
au commencement, l'esprit de mensonge, elle
donne à l'homme la science universelle des
choses ; elle lui raconte toute l'histoire du passé,
lui révèle les mystères du présent, et lui dévoile
les secrets de l'avenir. Enfin, l'animant et le
grandissant sans cesse par la perspective de ses
destinées futures, elle affermit dans son âme le
sentiment de sa haute dignité, lui enlève le goût
des choses de la terre et ne lui laisse que celui
des biens éternels. Avec les puissantes ressources
de la foi, le chrétien, dédaignant ce qu'il voit dans
le·temps, n'ambitionne que ce qui est au-delà
du temps, poursuit paisiblement sa carrière et,
après avoir su trouver des douceurs dans les
larmes, des délices dans la souffrance, de la joie

dans la tristesse, un renouvellement de force
dans sa faiblesse, et quelquefois un soudain et
sublime redressement dans ses chutes, il arrive
au terme du voyage, ravi déjà des charmes de la
patrie.

Les ennemis de la foi lui reprochent de retré-
cir l'esprit de l'homme, d'opposer une barrière
aux élans de son génie, de réduire dans d'étroites limites le domaine de la science. Ils se vantent
d'avoir brisé les langes par lesquelles on voulait
retenir l'essor de l'intelligence humaine et, par
cette émancipation glorieuse, d'avoir offert un
plus vaste champ à ses investigations, et de
l'avoir enrichie d'immenses richesses. Esprits
orgueilleux et aveugles, s'ils voulaient considérer
avec attention et cette science dont ils se vantent,
et les ambitieuses prétentions qu'ils se donnent,
ils verraient qu'ils méritent eux-mêmes le reproche fait à la foi chrétienne, et qu'au lieu de
donner à l'esprit humain plus d'étendue et, surtout, plus d'élévation, ils l'ont comprimé et
abaissé en le forçant d'exercer son activité dans
une étroite sphère, en sorte que cette liberté,
cette indépendance qu'ils ont voulu lui assurer,
n'a servi qu'à resserrer ses liens.

. . . .

Interrogez ces faux savants sur la science dont
ils se glorifient. Ils vous parleront avec une
fastueuse complaisance des phénomènes de la
nature et des lois auxquelles ils obéissent, de la
constitution intérieure du globe que nous habi-
tons et des révolutions dont il porte les traces
irrécusables, du mécanisme merveilleux de la
plante et de l'animal et du fonctionnement de
leurs organes; puis, s'élevant plus haut, ils
s'applaudiront d'avoir surpris le secret des cieux,

d'avoir calculé la marche des astres et même, par des moyens ingénieux inconnus jusqu'à nos jours, d'avoir assigné à chacun les éléments qui le composent. Ils exalteront les inventions et les découvertes de notre temps, qui semblent destinées à changer la face du monde et à transformer la nature. Enfin, s'enivrant eux-mêmes dans leurs discours, ils proclameront avec une sorte de délire les bienfaits, les progrès de la science, et ils n'auront sur leurs lèvres que le nom retentissant de la science.

Vaines et puériles déclamations qui attestent la pauvreté et l'étroitesse de ces superbes esprits ! Car, ils ne se sont pas aperçus qu'ils n'ont appliqué l'activité de leur intelligence qu'aux formes de la matière, et qu'ils lui ont donné le corps pour pâture. Ils ont beau la promener tour à tour des entrailles de la terre jusqu'à la hauteur incommensurable des cieux : cet espace auquel on la réduit, tout immense qu'il apparaisse, la tient à l'étroit· et la gêne, et l'occupation qu'on lui donne l'énerve et la dégrade. Pour qui ne voit rien au-delà de la matière, ce domaine offert aux investigations de l'esprit humain semble étendu, illimité; mais pour celui qui se sent destiné à parcourir des régions autrement spacieuses et à contempler des merveilles d'un ordre plus élevé et plus magnifique, il n'est qu'une tente exiguë et modeste qui a, sans doute, ses beautés, mais qui ne saurait épuiser son admiration, ni arrêter ses espérances. Lorsqu'on voit ces prétendus savants exalter les bienfaits et les progrès de la science, ne parler que de la science et n'entendre par la science que la connaissance des merveilles de ce monde, on ne peut se défendre d'un sentiment de profonde pitié, et,

volontiers, on les comparerait au prisonnier qui
croirait avoir fait des excursions lointaines, parce
qu'il a parcouru et mesuré l'étendue de sa prison,
ou à l'insecte qui se vanterait d'avoir visité toutes
les régions de l'univers, parce qu'il a voltigé quelques instants autour de sa demeure.

La foi révèle Dieu à l'homme et lui dit ce qu'il
est. Elle l'invite à pénétrer dans le sanctuaire de
la majesté divine, pour y discerner et y contempler avec ravissement la puissance infinie, la
grandeur infinie, la beauté infinie, l'amour infini,
en un mot, la plénitude de l'être et de la perfection.

La foi lui expose ensuite l'ordre admirable des
œuvres de Dieu. L'homme peut les suivre depuis
leur première origine, dans leur développement
successif à travers les siècles, jusqu'à leur dernière consommation. Il connaît l'histoire du
temps et l'histoire de l'éternité, aussi merveilleuse par les événements qu'elle raconte que par
le lien mystérieux qui les unit. Il voit tour à
tour les terribles manifestations de la justice, les
touchantes condescendances de la miséricorde et
les ravissantes effusions de l'amour.

La foi, après avoir donné au chrétien la science
de Dieu, lui communique la science de l'homme.
Elle lui commande surtout de tourner ses regards
sur la partie la plus noble de lui-même, de son
âme, et, à l'éclat de sa lumière, de considérer les
états divers par où elle a passé, son origine
céleste, sa déchéance et tous les maux qu'elle a
traînés à sa suite, puis sa réhabilitation et les
glorieuses destinées qu'elle lui assure; et dans
cette histoire de ses malheurs et de ses espérances,
le chrétien trouve l'histoire même du monde qui
se confond avec celle de Dieu. Il n'est pas

étonné de l'intervention de la divinité dans la restauration et la glorification de son âme; il en connaît l'excellence et la valeur, il en admire la grandeur et la beauté. Il sait qu'à l'origine de tout, elle est sortie des mains de Dieu toute resplendissante de sa lumière, ornée de justice et de sainteté, qu'elle porte dans son fond et dans ses opérations des traits admirables de ressemblance avec Dieu, et que sa gloire comme son bonheur est de rayonner et de reproduire dans le temps et dans l'éternité ses perfections infinies.

Mais la foi nous assure un autre bienfait, sans lequel ses promesses seraient illusoires et nos espérances vaines : nous voulons parler de l'assurance ferme qu'elle nous donne de la vérité de son enseignement, en sorte que si notre foi est une grande science, elle est aussi une inébranlable certitude. La certitude est un besoin impérieux de la nature humaine. Rien ne la fatigue et ne la tourmente comme ces lumières indécises et incomplètes qui engendrent le doute. En toutes choses, elle veut affirmer et se rendre le témoignage de posséder la vérité, et la loi qui l'y incline est si puissante, que souvent elle préfère des affirmations téméraires à l'aveu de son ignorance. Dire avec assurance et justifier son discours, est la plus douce jouissance d'un esprit cultivé, et aussi la plus flatteuse récompense de ses travaux.

Mandement pour le Carême de 1871 sur la Providence.

. . . .

Parce que la Providence divine doit un jour venger la justice méconnue, et rétablir l'ordre troublé par la malice des hommes, elle est niée par ceux qui n'ont rien à espérer de la justice, et qui ne veulent pas être troublés par la perspective de ses jugements. Un Dieu sage et vigilant qui est attentif à ce qui se passe sur la terre, qui se propose de révéler aux yeux de tous jusqu'aux plus secrètes pensées des cœurs, et de rendre à chacun, souvent dès cette vie, la part de récompense et de châtiment qui lui est due, leur inspire trop de terreur. Ils aiment mieux faire dépendre leurs destinées d'une fatalité aveugle, et courir des chances que leur offrent les lois inévitables de ce qu'ils appellent la nature. Ces esprits qui se piquent de suivre les lumières de la raison, récusent un juge éclairé et équitable dans ses jugements, et préfèrent se livrer à tout hasard aux caprices du destin.

. . . .

Nier la Providence, c'est nier Dieu. Car, s'il y a un Dieu comme l'attestent à la fois l'enseignement de la Religion, le témoignage de la raison et la croyance des peuples, c'est lui qui a donné l'être à sa créature, qui, par l'action incessante de sa puissance, lui continue et lui entretient la vie, et comme son Créateur, et comme son Maître, la tient sous sa dépendance. S'il l'a estimée assez pour le tirer du néant, pour

imprimer en elle à des degrés divers le sceau de sa
ressemblance, et la faire participer à quelques-
unes de ses perfections infinies, il n'a pu l'abandonner à elle-même et, en détournant dédaigneu-
sement ses regards de dessus son œuvre, la livrer
aux caprices de la fatalité et du hasard. Elle est
restée l'ouvrage de ses mains, et lui, il a continué
d'être son bienfaiteur et son Dieu.

De plus, il a destiné ses créatures à publier sa
gloire, celles qui seraient capables de reconnaître
ses bienfaits, à jouir de sa béatitude. C'est là
la fin qu'il leur a assignée, et, tout Dieu qu'il est,
il ne pouvait pas la leur refuser. Sa sagesse lui
imposait cet ordre magnifique, seul digne de lui,
Dieu est donc intéressé non seulement à l'existence de sa créature, mais encore à la place que
chacune occupe dans la grande merveille de la
création et à l'usage des dons qu'il leur a départis ;
et comme elles ont tout reçu de lui, qu'elles ne
peuvent rien par elles-mêmes, il est nécessaire
qu'il intervienne, qu'il leur prête son concours
pour leur faire observer les lois qu'il leur a données pour accomplir ses desseins.

Enfin, Dieu n'est pas seulement Créateur et
Maître, il est encore le père de sa créature. Il a,
au suprême degré, la prérogative de la paternité ;
paternité infiniment féconde, mais féconde par
une infinie expansion d'amour, en sorte que la
créature est moins le fruit de la puissance du
Créateur que celui de l'amour d'un père. Or un
père abandonne-t-il ceux à qui il a donné la vie ?
Ils sont une représentation, une continuation
de lui-même, et le même sentiment qui l'invite à
pourvoir à ses besoins, le force à veiller sur
ceux de ses enfants. Il est à la fois le Père et la
Providence de la famille. La Providence divine

ne sera donc que le perpétuel exercice d'une divine paternité. Aussi est-il écrit : *O Père, votre providence gouverne tout* [1], et encore : *Vous aimez, Seigneur, tout ce qui est et vous ne haïssez aucune des choses que vous avez faites* [2].

. . . .

Il ne faut pas en douter. C'est de sa main que sortent et les biens qui nous réjouissent et les maux qui nous désolent. La nature, c'est-à-dire l'ensemble des créatures qui composent le monde, ne peut rien par elle-même ; elle est à ses ordres et toutes les transformations qu'elle subit et tous les aspects qu'elle prend, c'est Dieu qui les lui donne. Ecoutez ce qu'il nous dit : *C'est moi qui forme la lumière et qui forme les ténèbres, qui fais la paix et qui crée les maux. Je suis le Seigneur qui fais toutes ces choses.* (Is. XLV, 7). *Terre, écoutez-moi, je ferai fondre sur ce peuple toute sorte de maux* [3].

Mais gardons-nous de penser que notre Dieu se réjouisse des calamités qu'il nous envoie. Nous devons dire que ce n'est pas lui qui a fait la mort, ni les autres fléaux dont il frappe la terre. Il obéit à un dessein de sa sagesse qui le force à rétablir l'ordre troublé par les iniquités des hommes. Il fait sentir à ses ennemis la verge de sa justice, pour leur apprendre qu'ils ont un maître, et même quelquefois il éprouve la fidélité de ses serviteurs par des traitements sévères, afin de les affermir et de les purifier davantage par la crainte de ses jugements, et de les garantir contre les défaillances de leur cœur.

1. Sap. XIV, 3.
2. Sap. XI, 5.
3. Jerem. VI, 19.

C'est donc nous qui sommes la cause des maux que nous souffrons. C'est nous qui provoquons dans la nature ces désordres apparents qui sèment la désolation, la misère et la mort, c'est nous qui obligeons les créatures à devenir les instruments de la justice de Dieu; c'est nous qui forçons Dieu à changer son premier dessein, qui était pour nous un dessein de joie, de paix et de bonheur, en un dessein de colère et de vengeance. Nos malheurs sont des châtiments et nous sommes les artisans de notre infortune.

Si nous écoutons les ennemis de notre foi, ils nous diront que ni la justice de Dieu, ni la violation de ses lois, ni la nécessité pour l'homme coupable d'un châtiment, et d'une épreuve pour le juste, ne servent à expliquer les événements malheureux de la vie, encore moins ces désastreuses perturbations des éléments qui jettent des contrées entières dans la désolation et le désespoir. Il faut y voir, ajoutent ils, le produit fatal d'un ordre primitivement établi, des accidents fâcheux sans doute, mais inévitables, et suffisamment compensés d'ailleurs par les biens dont nous jouissons.

. . . .

Insensés! Et qui donc a fait ces terribles lois de la nature qui amènent des calamités? Dieu sans doute. Voilà donc votre Dieu dont vous exaltez la bienfaisance et la bonté, qui porte des lois désastreuses et cruelles. Sera-t-il bon, parce qu'il nous frappera par les lois aveugles et inévitables qu'il a posées, et cessera-t-il de l'être parce qu'il voudra nous châtier et nous rendre meilleurs? Est-ce donc plus digne de Dieu d'établir dans l'univers un ordre qui doit, de temps en temps, tourmenter sans raison sa créature, que de ménager à cette créature infidèle des afflictions durant sa vie, pour lui rappeler ses égarements et la ramener dans la voie? Ils ne comprennent pas, ces vains discoureurs, que, pour sauver la bonté de Dieu, ils en font un maître capricieux, aveugle et injuste, puisqu'il frappe sans motif et sans dessein, au lieu que nous, nous en faisons un père attentif à nos besoins, qui châtie ses enfants pour les corriger, qui les frappe pour les guérir, qui semble leur donner le coup de la mort pour leur rendre la vie.

. . . .

Si donc nous prions Dieu de nous accorder les biens temporels et d'éloigner les malheurs qui nous viennent de l'ordre de la nature, nous ne lui demandons pas des miracles ni une violation de ses lois, nous lui demandons plutôt, à cause de l'action exercée par l'ordre moral sur celui de la nature, le cours régulier des lois qu'il a établies. Ne peut-il pas, ce Dieu puissant et souverainement sage, faire concorder ces deux ordres, de telle sorte que la série des phénomènes qui se déclare dans l'un réponde aux états divers où l'autre s'est placé? Faudrait-il même que, pour exaucer nos vœux, il fît des miracles, qui oserait lui en refuser le pouvoir et la volonté? Il lui est aussi facile et quelquefois plus digne de lui, de suspendre les lois qu'il a librement établies, que de les maintenir.

. . . .

Mandement pour le Carême de 1872, sur le moyen de restaurer la société.

. . . .

Que veulent-ils, les prétendus sages du siècle? Ils veulent fonder et organiser la société sans Dieu sans le concours de son enseignement et de sa loi. Leur sagesse leur suffit; ils se croient et ils se disent assez éclairés et assez forts pour gouverner leurs semblables. Les uns ont voué une haine implacable et féroce à Dieu. Ils le prennent, pour ainsi dire, à partie, et le poursuivent avec acharnement dans toutes les traditions et les institutions qui en rappellent le souvenir. Leurs discours et leurs actes semblent inspirés par une rage de Satan. Quel spectacle avons-nous sous les yeux! Rien de pareil ne s'était vu au milieu des égarements et de la perversité du paganisme, rien de semblable ne se voit parmi les sauvages eux-mêmes. Qu'ils soient fiers maintenant de leur siècle de lumière et de progrès, qu'ils savourent avec orgueil les fruits de leur civilisation. Et qu'on ne dise pas que ces hideux excès ont provoqué l'indignation des âmes honnêtes et qu'on ne saurait les mettre sur le compte de la civilisation de notre temps. Nous affirmons au contraire qu'une société qui a chassé Dieu de son gouvernement, de ses institutions et de ses lois, verra tôt ou tard sortir de son sein une multitude d'êtres dépravés qui l'épouvanteront par des monstruosités inouïes; et la raison en est qu'on a enlevé la barrière qui peut seule contenir les mauvaises passions. On ne doit pas être étonné de voir un torrent impétueux dont on a rompu les digues, porter partout la dévastation et la mort.

Les autres ne repoussent pas Dieu ni la Religion. Ils ne se permettent pas les attaques directes contre l'Eglise et ses institutions; mais obéissant, d'une part, à une confiance excessive en leur propre sagesse, et voulant, d'autre part, ménager des adversaires redoutables, ils se tracent avec habileté une voie qui les éloigne également et des tendances chrétiennes qu'ils redoutent et des instincts sauvages qu'ils voudraient comprimer. Ils se défendent, disent-ils, de tout excès, et ils se proposent de fonder l'ordre dans un milieu indécis dont il leur sera toujours impossible d'assigner les limites et qui n'offrira ni sécurité pour le présent ni espérance pour l'avenir. Ces esprits dévoyés veulent réprimer avec mesure les désordres et les crimes, mais ils s'abstiennent d'invoquer la justice qui peut seule les flétrir et les châtier, la justice de Dieu. Encore tout meurtris des terribles catastrophes où l'intervention de Dieu a été si manifeste, ils s'étudient à ne pas même prononcer son nom. Si on nous demandait laquelle de ces deux classes d'hommes est la plus coupable, nous n'oserions le décider. Les uns, après avoir dépouillé tout sentiment de foi, ont suivi logiquement les conséquences de leur impiété, et les autres, par ambition ou par lâcheté, ont trahi la vérité connue, et préparé, par un imprudent compromis, de nouveaux déchirements à la nation qu'ils devaient restaurer.

Au reste, l'expérience qu'ils ont faite devrait les instruire. Depuis que, il y a près d'un siècle, il leur a été donné de façonner la société, selon le modèle qu'ils avaient conçu, de lui appliquer leurs nouvelles théories, qu'est-il arrivé ? L'édifice social remanié dans toutes ses parties, a été ébranlé ! Les efforts qu'on a faits, pour le consolider ont été stériles. Quelque reste de son ancienne constitution a résisté, pendant un certain temps, à ce travail de démolition ; mais à la fin il a chancelé sur sa base, et aujourd'hui, tous les éléments qui le composent étant désagrégés, il peut devenir chaque jour une immense ruine.

. . . .

D'où nous est venue cette lamentable condition? De l'oubli qu'on a fait des principes constitutifs de la société, ou plutôt du dessein réfléchi qu'on a conçu de les répudier comme des éléments inutiles et surannés de la félicité des peuples. Hommes téméraires et coupables, sans doute, mais aussi aveugles et ignorants!

Car la société est fondée sur des droits et des devoirs réciproques qui unissent les membres divers qui la composent en un seul corps. Une réunion d'hommes qu'aucun lien de l'ordre moral ne rattacherait les uns aux autres, serait une agglomération d'êtres semblables et non une société. Vouloir unir les hommes et les maintenir dans l'ordre seulement par la satisfaction de leurs intérêts et de leurs convoitises, serait les assimiler aux animaux qui savent aussi s'associer dans le dessein de pourvoir à leurs besoins et d'assouvir leurs appétits. Mais où est le principe générateur du droit et du devoir? en Dieu seul, parce que lui seul est la justice qui fait le droit et la suprême autorité qui impose le devoir.

La raison humaine s'est beaucoup tourmentée pour trouver en dehors de Dieu la source du droit et du devoir. Elle n'a pas cru avoir besoin de Dieu pour se faire une morale, comme pour découvrir la vérité. La vérité, ainsi que les lois de la morale, a-t-elle dit, subsiste sans Dieu, et est indépendante de son existence comme de sa volonté. Orgueilleuse et stupide prétention!

En effet, en dehors de Dieu, nous n'avons que l'homme, l'homme isolé ou réuni à d'autres hommes. Or, quel droit un homme peut-il avoir sur son semblable qui est son égal et quel devoir pourrait-il lui imposer? La notion du droit et du devoir emporte celle d'une autorité supérieure qui confère l'un et qui impose l'autre, mais entre égaux,

il ne peut y avoir de supériorité. Il y a, sans doute,
parmi les hommes, des inégalités de forces, d'intelligence, de talents, mais il ne saurait sortir de là
ni un droit ni un devoir. L'homme, malgré ces
avantages, laisse toujours son semblable dans sa
liberté et son indépendance natives, et les qualités qui le distinguent ne sont pas des titres
légitimes qui lui donnent le droit de gêner cette
liberté et de lier cette indépendance.

. . . .

Ces hommes réunis, qui sont-ils? Nos égaux,
incapables de justifier et le droit qu'ils s'attri-
buent et le devoir qu'ils veulent imposer. Il en
résultera, il est vrai, une force supérieure qui
pourra contraindre, et non une autorité qui ait le
droit de se faire obéir.

Eh quoi, nous dira-t-on, sera-t-il donc permis
de ne pas accepter la volonté de tout un peuple
et de lui résister? Certes, ce n'est pas nous qui
vous apprendrons à dédaigner les suffrages de
vos concitoyens. Nous savons que plus d'une fois
ils ont consacré les principes d'ordre et de
justice, qu'ils ont fait triompher le bon sens
public de la lutte des intérêts privés et des
passions des partis. Mais nous affirmons que ce
qu'un peuple veut n'est pas bon et juste, par cela
seul qu'il le veut, parce qu'il y a au-dessus de lui
des principes de justice indépendants de sa
volonté, auxquels il est tenu de conformer ses
actes.

Ensuite, un peuple s'égare quelquefois comme
un individu, et soit par ignorance, soit par
entraînement, soit par passion, il peut se livrer
à des excès déplorables, et sanctionner des mesures injustes, cruelles et désastreuses pour l'ordre
public.

. . . .

Par quels principes devra-t-on gouverner les peuples, assurer la stabilité et l'ordre dans la société? Quelle sera la loi suprême de la paix et de la prospérité publiques? Il n'est pas d'autre loi que la loi de Dieu : Dieu a fondé la société humaine et c'est lui seul qui peut la conserver et la régir. Il faut chercher en dehors de l'homme les principes organisateurs et conservateurs des nations, et, nous osons le dire, c'est le ciel qui doit commander à la terre et la gouverner.

Parmi nos sages, il en est qui acceptent l'intervention de Dieu et réclament son concours pour le bon gouvernement des peuples, c'est de lui qu'ils font découler les droits et les devoirs sociaux. Ils reconnaissent que l'obéissance aux lois et le respect des pouvoirs constitués sont une loi divine, et que, sans la notion de Dieu, il n'est pas possible de concevoir des liens qui unissent les hommes en liant la conscience. Au besoin ils feront de beaux discours sur le devoir en le rattachant à la volonté de Dieu et à l'ordre qu'il a établi.

Mais ce Dieu qu'ils invoquent est un produit de leur raison ou un emprunt fait au christianisme. C'est un Dieu qu'ils veulent faire parler, et qui ne parle pas, qui ne contredit jamais leurs desseins, ne condamne pas leurs erreurs, ni ne rectifie les déviations de leur esprit; c'est un Dieu qu'ils mettent à leur service pour éblouir et tromper la multitude, pour voiler la pauvreté ou l'impiété de leur doctrine, qui ne leur sert en définitive, qu'à se passer de lui. C'est une brillante image, qu'ils font passer sous les yeux des simples, pour les besoins du moment, mais image morte, sans vertu, qu'ils ont encore soin d'effacer aussitôt après. C'est une vaine et trompeuse représentation qu'ils ont eu le dessein de faire, une hypocrite scène qu'ils ont voulu jouer. De quelque manière qu'ils l'entendent, leur Dieu, par cela seul que leur raison toute seule l'a conçu, sera un Dieu impuissant à régler la vie humaine; il pourra être le Dieu du ciel, mais il restera sans autorité et sans action sur la terre.

Que faut-il donc, Nos très chers Frères? Il nous faut un Dieu qui parle, qui proclame ses lois, qui défende ses droits, qui impose des devoirs, qui manifeste ses volontés souveraines. Mais quel sera ce Dieu? Il ne peut pas être le Dieu de la raison humaine, parce que cette raison orgueilleuse et débile a toujours tenu tous les langages et que la parole de Dieu est immuable et inaltérable comme lui. Ce Dieu qui donnera la vie à l'homme, qui restaurera et réorganisera la société et lui assurera des destinées glorieuses, sera le Dieu de la Religion chrétienne.

Mandement pour le Carême de 1873, sur l'Esprit de mal.

.   .   .   .

Voyez cette conjuration générale savamment organisée contre Dieu, contre ses œuvres, contre tout ce qui le représente, c'est-à-dire contre l'Eglise catholique, son enseignement, ses institutions, ses ministres. Tout est entré dans cette conjuration, princes, pouvoirs publics, toutes les classes de la société. En ce moment, presque tous les desseins, tous les efforts conspirent vers un même but : affaiblir l'influence de la Religion catholique, la détruire s'il se peut. Nous avons sous les yeux un spectacle semblable à celui que nous offre Jérusalem aux derniers jours de la vie de Notre-Seigneur. On l'accuse dans la personne de ses ministres, comme lui, ils sont calomniés, outragés, signalés à la fureur populaire. Ils séduisent, dit-on, et abrutissent le peuple, ils le tiennent sous le joug de la superstition et de l'ignorance. Aussi sont-ils l'objet d'une haine aveugle et insensée. Si on dit à leurs ennemis : mais quel mal ont-ils donc fait? ils entrent en fureur et profèrent au besoin des cris de mort. Enfin, ils n'en veulent plus, et ils déclarent hautement que si, comme ils l'espèrent, ils arrivent au pouvoir, ils purgeront la société de cette race maudite et en débarrasseront le monde.

Or, ne discernez-vous pas dans cet entrainement des esprits, dans cette disposition des âmes l'action d'un esprit mauvais? Car, pourquoi concentrer cette haine sur la Religion catholique et ses ministres? pourquoi contre eux seuls diriger ces menaces? Et les autres religions et leurs ministres, et jusqu'à la religion et aux disciples de Mahomet, que leur disent nos ennemis? rien, ils les laissent en paix; au besoin il les entoureront d'égards et de respect. Nous sommes convaincus que si, de ces contrées lointaines livrées encore aux superstitions du paganisme, il nous arrivait une colonies d'infidèles qui voulût se réunir pour se livrer aux cérémonies de son culte, pour adorer les idoles, les astres et les productions de la nature, ces mêmes ennemis qui se proposent de débarrasser la société du prêtre catholique ne manqueraient pas d'invoquer, en faveur de ces infidèles, le grand principe de la liberté de conscience, et de les faire participer aux bienfaits de la tolérance religieuse. Nous serions honnis et ils seraient protégés.

Eh bien, l'esprit mauvais, l'esprit du démon ne se manifeste-t-il pas dans cette étrange conduite? Comment? La Religion catholique et ses ministres qui ont couvert de bienfaits la France et l'Europe, les poursuivre d'une haine implacable! la religion la plus repoussante et la plus abjecte, la tolérer et la protéger! Est-ce concevable? Oui, Nos très chers Frères, cela est très concevable. C'est un mystère qu'il est facile de pénétrer. La Religion catholique a un caractère particulier que les autres religions n'ont pas, et c'est ce caractère qui provoque la haine de nos ennemis : seule elle a le privilège d'enseigner la vérité et de parler au nom de Dieu. Ah! s'ils pouvaient se persuader qu'elle n'est qu'une invention humaine qui mérite l'indifférence ou le mépris, ils la laisseraient jouir en paix de la liberté de se produire; au lieu de l'accuser et de l'insulter, ils la défendraient contre les attaques, ils estimeraient même qu'on lui doit des égards, parcequ'elle serait une conviction sincère. Ainsi, sans le savoir, nos ennemis nous démontrent la vérité de la Religion catholique, et l'esprit mauvais qui les inspire contribue à affermir notre foi.

. . . .

Hélas pour la plupart, vous considérez d'un œil indifférent les épreuves de la Religion. Le sort que les méchants font à l'Eglise vous touche peu. Cette œuvre merveilleuse que Dieu a fondée sur la terre, que Notre-Seigneur Jésus-Christ a cimentée de son sang, qui est le témoignage le plus touchant de l'amour de Dieu pour nous, et le grand moyen inventé par sa sagesse pour assurer nos destinée immortelles, cette œuvre qui est l'Eglise, ne vous inspire pas un bien vif intérêt, n'arrête même pas votre attention. Vous avez d'autres soins à vous donner et d'autres intérêts à défendre, ce sont les soins de la vie présente et les intérêts de la terre. Vous réservez votre ardeur pour ce qui satisfait les sens ou flatte votre ambition. Vous êtes tout de feu lorsqu'il s'agit de vos jouissances ou de votre fortune, et vous restez froids et insensibles au triste spectacle que vous offre l'état présent de la Religion et l'avenir qu'on lui prépare. Vous êtes étrangers à ses douleurs comme à ses joies, et, à l'exception de quelques âmes que Dieu s'est réservées et qu'il a pénétrées de son esprit, vous passez devant elles comme des voyageurs insouciants, sans vous laisser toucher par ses gémissements et ses souffrances, sans vous occuper de ses besoins.

. . . .

Si le démon enflamme quelquefois les âmes et leur inspire une ardeur violente pour le mal, il a aussi la puissance de les engourdir pour le bien. Il sait souffler tantôt le feu dévorant de toutes les convoitises, tantôt le vent glacial de l'insensibilité et de la mort. Il révèle ainsi sa présence, non pas seulement dans ces excès monstrueux, inexplicables sans son action, mais encore dans cet état général de torpeur et d'insouciance où vivent la plupart des chrétiens; en sorte qu'ils subissent cette action, et lorsqu'ils attaquent ouvertement la Religion, et lorsqu'ils négligent de la défendre, car s'il y a le démon audacieux et blasphémateur, il y a aussi le démon sourd et muet.

. . . .

Mandement pour le Carême de 1874, sur la Liberté.

Il n'est pas dans notre langue de mot plus souvent répété et plus mal compris que celui de liberté. Depuis près d'un siècle on invoque et on réclame la liberté, liberté toujours plus étendue et plus entière pour tout et pour tous. Elle est considérée comme la glorieuse conquête des temps modernes des peuples civilisés. Jusque là l'homme a gémi, dit-on, sous le joug de la servitude, ses aspirations ont été comprimées, son activité arrêtée, ses droits méconnus. Au lieu de se perfectionner par la libre expansion de lui-même, il a été retenu dans les langes et il n'a pu se donner que l'action et les mouvements qui devaient servir aux convoitises et à l'ambition de quelques-uns de ses semblables. Les lois, les institutions, les mœurs, avaient consacré l'exploitation de l'homme par l'homme, sans pitié comme sans mesure, et l'esclavage ancien semblait être revenu sous des formes adoucies, avec tous ses caractères d'avilissement et d'oppression. Une ère nouvelle s'ouvre donc devant nous. Elle est avant tout l'ère de l'affranchissement et de la liberté.

Voilà l'enseignement que l'on donne au peuple, voilà les doctrines qui se répandent dans toutes les classes de la société. On se passionne pour la liberté, on n'aspire qu'à la liberté. La liberté est le bien suprême qu'il faut réclamer et conquérir à tout prix.

Or, le croirait-on, cette liberté dont on a sans cesse le nom sur les lèvres, qui préoccupe tous les esprits, on ne sait pas ce qu'elle est, ou l'on s'en fait des notions fausses, exagérées, extravagantes. On ignore et le fondement sur lequel elle repose et le domaine dans lequel elle doit s'exercer, et les limites qu'elle est forcée de respecter et les règles qu'elle doit suivre. On s'anime, on s'échauffe, on s'exalte au nom seul de la liberté, on la demande avec menace et avec empire; mais la passion aveugle, et pour embarrasser ces fougueux partisans de la liberté il suffit de leur poser cette question : qu'est-ce que la liberté et quelle liberté voulez-vous? ou ils seront interdits et vous laisseront sans réponse, ou ils vous feront des réponses ineptes ou terribles qui annonceront l'incohérence et le trouble de leurs pensées ou la profonde perversité de leurs desseins. C'est pour cela que nous avons voulu vous donner sur la liberté des notions précises et saines, vous la présenter sous son véritable point de vue, et vous faire surtout apprécier ce mouvement tumultueux, irréfléchi et menaçant des peuples qui la réclament.

On a dit que l'homme a droit à la liberté, que ce droit est inhérent à sa nature, parce qu'il est né libre. C'est là une extravagance et une ineptie. Qui a jamais contesté que l'homme fût libre en ce sens qu'il a le pouvoir de choisir ce qu'il veut et de faire ce qui lui plaît? Cette liberté, il n'a pas besoin de la réclamer, il l'a toujours possédée et on ne pourrait la lui ravir. Il est intelligent et libre, maître souverain de ses actes, capable, par conséquent, de mériter récompense et châtiment.

Mais de ce que l'homme est libre, s'en suit-il qu'il ait le droit d'user de sa liberté comme il l'entendra, selon ses passions et ses caprices, sans se soucier de la moralité de ses actes ni de la loi qui les règle ? Il n'est pas d'esprit tant soit peu sensé qui ose le dire. La raison, d'accord en ceci avec la Religion, nous fait voir que si la liberté humaine n'était pas dans son exercice, contenue dans certaines limites, elle jetterait la perturbation dans la société toute entière, et ferait de la terre le théâtre d'une lutte acharnée des hommes entre eux.

La liberté illimitée serait donc un désastre social et une impossibilité. Il faut par conséquent que l'homme use de sa liberté conformément à la loi. Et si on entend la liberté dans le sens d'un droit, il faut dire que l'homme n'a que la liberté de faire le bien : il n'est pas possible, en effet, de lui reconnaître le droit de faire le mal. Pourrions-nous nous attribuer le droit de commettre des injustices, d'attenter à l'honneur de nos semblables, de nous approprier leur fortune ou de compromettre leur vie? Nul ne pourra le dire. Ce sont là des notions si élémentaires qu'on n'oserait pas les proposer, si l'on n'y était forcé par la perversion générale des esprits, et par un trouble profond survenu dans la raison humaine. Les vérités les plus éclatantes se sont obscurcies.

Il est donc certain que l'homme, parce qu'il est libre, n'a pas le droit de tout faire, et qu'il doit régler l'exercice de sa liberté selon les prescriptions de la loi. Mais qu'elle sera cette loi régulatrice de la liberté humaine? D'abord la loi de Dieu, et ensuite la loi humaine en ce qui n'est pas opposé à la loi de Dieu. Ici, nous rencontrons d'ardents contradicteurs, nous entendons les clameurs des sages du siècle qui nous accusent de vouloir mêler la Religion à la politique et de subordonner l'ordre temporel à l'ordre divin. Esprits aveugles et dévoyés ! La loi de Dieu n'est-elle pas aussi acceptable que celle de l'homme ? A-t-elle moins d'autorité ? Contribue-t-elle moins à assurer la paix publique ? Ne mérite-t-elle pas davantage d'être la règle des actions humaines et, par conséquent, de l'usage que nous devons faire de notre liberté ? Vous regardez comme sacrée la loi que les hommes ont faite, vous ne voulez pas qu'on la viole, vous l'imposez comme une barrière infranchissable, que la liberté humaine doit respecter, et vous refusez d'accepter la loi de notre Dieu, source de toute justice et de tout bien, d'où toutes les lois humaines tirent leur autorité et leur sanction !

Il en est ainsi ; on ne veut pas que Dieu intervienne dans le gouvernement de la société, et que son enseignement et sa loi soient la règle de la conduite des peuples dans l'ordre temporel. Ainsi, on promulguera des lois, pour faire respecter un chef d'Etat, une assemblée nationale, une simple classe de citoyens, l'honneur et le bien d'un seul homme, et on pourra impunément outrager la majesté de Dieu, sa Religion et ses ministres. La créature deviendra plus sacrée que le Créateur, et aura plus que lui le droit de commander à la liberté humaine le silence et la réserve. C'est là une anomalie, disons le mot, une monstruosité qu'aucun peuple n'eût pu soupçonner, et qui n'est explicable que par une intervention manifeste de l'esprit de mensonge et de mal.

Soyez persuadés que toutes ces aspirations qu'on étale partout pour les libertés publiques, que ces séduisantes doctrines sur l'affranchissement des peuples viennent d'un mauvais principe : car on veut être plus libre, non pas dans le dessein d'avoir moins de gêne pour remplir son devoir, mais pour se débarrasser de plus en plus du joug de la loi de Dieu.

D'après ces superbes et ridicules apôtres de la liberté, Dieu ne doit plus apparaître dans les affaires humaines. Il n'a plus sa place sur la terre et le gouvernement des sociétés se passe de lui, de l'autorité de son nom et de la sagesse de ses enseignements. Pour tout dire en un mot : ils veulent être libres de Dieu. Dieu est le grand embarras de la vie, le tourment de l'âme humaine, à cause de cette vigilance incessante qu'il exerce sur eux et de la terrible perspective de ses jugements. Ils supportent la loi des hommes parce qu'elle vient de l'homme, qu'elle en a souvent les faiblesses et qu'elle pourrait en avoir les injustices, et surtout parce qu'elle n'a pas la majesté importune de Dieu, mais on ne peut pas supporter la loi de Dieu. Ils disent comme ceux dont parle le prophète : *Brisons les liens* qu'il veut nous imposer et *rejetons son joug loin de nous*, ou comme le rebelle audacieux : *Je n'obéirai pas.* La liberté qu'ils réclament, c'est l'indépendance absolue vis-à-vis de Dieu, c'est la liberté des révoltés.

Ne pensez-vous pas qu'ils se font une condition pire que celle des démons; ceux-ci sont, sans doute, dans un état permanent de haine et de blasphème contre Dieu, mais ils rendent une sorte d'hommage à sa souveraineté, ils reconnaissent sa grandeur et les droits qu'il a sur sa créature; car ils souffrent, ils tremblent sous les coups de sa justice, mais ils croient : *Dæmones credunt et contremiscunt.*

Ne vous laissez pas tromper par tous ces prédicateurs de doctrines prétendues libérales. La liberté n'est que sur leurs lèvres, dans leurs discours. Ils sont au fond les plus despotes des hommes. S'ils parviennent à fasciner et à tromper les peuples et à s'emparer du pouvoir, la liberté promise se change bientôt en licence et en tyrannie pour eux, et en servitude pour les autres. C'est là un des signes auxquels il faut les reconnaître, selon la règle que nous donne Notre-Seigneur Jésus-Christ : *Vous les connaîtrez à leurs fruits.*

Mandement pour le Carême de 1875, sur l'altération du sens moral.

Dans tous les temps les hommes se sont étudiés à dénaturer la notion du bien et du mal, du vrai et du faux. En se livrant à cette œuvre de désorganisation intellectuelle ils ont pu obéir à un sentiment de sotte vanité, se proposer de se distinguer par la hardiesse de leur doctrine, mais ils ont eu aussi le dessein d'échapper aux conséquences pratiques de la distinction essentielle du juste et de l'injuste, de la vérité et de l'erreur. Cette distinction, ils l'auraient admise sans répugnance, si elle n'eût été qu'une notion de l'esprit, une simple affirmation spéculative, mais ils ont vu qu'en l'acceptant, il fallait en faire la règle de la vie, la grande loi imposée à l'homme pour inspirer et diriger ses actes. Il en est toujours ainsi. Les grandes erreurs dans l'ordre religieux et moral ont pour principe l'esprit de révolte et d'indépendance. L'homme s'égare et déraisonne parce qu'il ne veut pas obéir. Il ne reculera pas même devant l'extravagance, si elle doit le soustraire à la gêne du devoir ; il se fera une doctrine absurde, pourvu qu'elle le dispense d'être vertueux. D'où il faut conclure, Nos très chers Frères, que les passions sont la source principale des aberrations de l'esprit humain.

L'altération du sens moral a subi, selon les circonstances, des phases diverses, mais elle a suivi constamment cette loi, à savoir : qu'elle a été plus étendue et plus profonde à mesure que le sentiment religieux s'affaiblissait parmi les hommes. Ce qui fait voir que l'homme ne saurait se respecter lui-même et conserver sa dignité, sans respecter en même temps l'autorité de Dieu, sans accepter son enseignement.

En effet, considérez les mœurs des païens. Quelle dépravation ! Quel débordement de passions immondes ! Quel raffinement, quelle monstruosité dans les moyens de les assouvir ! Les vices les plus hideux s'étalaient aux yeux de tous sans retenue et sans voile. Et, ce n'étaient pas seulement le peuple, aux instincts plus grossiers, qui donnait le spectacle de cet avilissement de la nature humaine ; les esprits cultivés, les philosophes eux-mêmes se repaissaient de cette souillure, se traînaient dans cette fange.

. . . .

Malgré les séduisants dehors de culture littéraire dont ils se prévalaient, malgré leurs belles maximes sur la beauté et le prix de la vertu, l'homme, au point de vue des mœurs ne se distinguait de l'animal que par des monstruosités dont l'animal n'est pas capable.

Rendons grâces, Nos très chers Frères, à la miséricorde de Dieu. Notre-Seigneur Jésus-Christ est venu restituer à l'homme le sentiment de sa dignité. Il a épuré par ses exemples et par son enseignement, le sens de l'honnête et du juste, et l'a élevé à une perfection que la vanité des philosophes n'avait pas même soupçonnée. Il a purifié la terre de ses souillures, et jeté dans son sein un germe de vertu qui fera briller l'homme de la pureté des anges et de la sainteté même de Dieu.

. . . .

Aveugles, conducteurs d'aveugles! Dans vos systèmes de gouvernement vous ne voulez pas accepter la souveraineté de Dieu, ni puiser dans son enseignement les principes qui doivent vous diriger. Vous ne voulez voir que des hommes, n'accepter comme règle du vrai et du bien que la volonté de l'homme. Ne voyez-vous pas que vous vous condamnez à l'impuissance de fonder jamais un droit, de créer un devoir ? Car parler à l'homme au nom de l'homme, c'est lui parler au nom de son égal, et, par conséquent, lui proposer ce qu'il a le droit de ne pas accepter. N'allez pas lui dire que c'est la volonté de la nation : cette volonté n'a pas plus de valeur que la sienne, parce que la nation n'est qu'une collection d'hommes comme lui, et il ne comprend pas, il ne peut pas comprendre que plusieurs, plus qu'un seul, puissent s'attribuer un droit, ni imposer un devoir. Il reste donc libre et indépendant des lois de la multitude comme de la volonté de son semblable. Il pourra plier sous la force qui l'opprime, mais il n'obéira pas et il travaillera sans cesse à se soustraire à cette odieuse contrainte, pour se venger de la tyrannie de ses maîtres et des humiliations de sa servitude.

. . . .

Enfin l'altération du sens moral parmi les hommes de notre temps s'est manifestée par un enseignement aussi absurde qu'impie qu'on a eu le dessein de substituer à l'enseignement de la Religion. On a voulu détacher la morale de toute doctrine, la déclarer indépendante de toute vérité dogmatique. La morale ne découlant plus alors de principes immuables et inaltérables, c'était le moyen de la changer, de l'adapter à volonté aux prétendus besoins des temps, à la disposition générale des esprits, aux aspirations des peuples, c'est-à-dire de la livrer à toutes les convoitises et à toutes les bizarreries des passions. Morale indépendante! quelle monstrueuse association de termes! Elle dénote, non seulement une altération du sens moral, mais encore une stupide aberration de la raison. En effet, qu'est-ce la morale? Evidemment une collection de lois destinées à régler les actions humaines. Or, qui dit loi, dit en même temps et nécessairement un législateur, c'est-à-dire, une autorité supérieure qui a le droit de se faire obéir. Mais, où est donc cette autorité souveraine qui possède le privilège de faire plier la volonté de l'homme et de la soumettre au joug de la loi? Elle est ou Dieu ou l'homme. Si c'est l'homme, nous lui demanderons les titres qu'il invoque pour établir le droit qu'il s'arroge de disposer de la volonté et des actions de ses semblables. Que cet homme soit un individu ou une nation, comme nous l'avons déjà dit, il est évident qu'il ne peut s'attribuer une supériorité quelconque qui lui donne le pouvoir de commander. Il pourra nous écraser sous le poids du nombre, nous contraindre à l'obéissance, mais il sera toujours dans l'impuissance de créer un devoir.

Que si cette autorité est Dieu, et elle ne peut être que lui, nous comprenons alors que nous avons un législateur et un maître qui, non seulement, a le droit de porter des lois et de les faire respecter, mais encore la puissance de récompenser ceux qui les observent et de châtier ceux qui les violent. Ce grand Dieu nous apparaît alors comme la source unique du droit et du devoir, comme la règle suprême et universelle à laquelle tout doit se conformer, comme la loi première, principe et modèle de toutes les lois, et sans laquelle il n'y aurait dans toutes les sociétés humaines, comme dans tout l'univers, que désordre, confusion, ruines et mort.

Savez-vous pourquoi les hommes travaillent avec tant d'ardeur et de persévérance à altérer l'enseignement religieux? Ne l'oubliez pas. C'est qu'ils ont peur de Dieu. Dieu les embarrasse et les fatigue. Ils veulent se passer de lui et l'écarter des événements et des actes de la vie, et, lors même qu'ils consentent à le reconnaître, ils estiment qu'il doit rester étranger aux affaires de ce monde et permettre à l'homme d'être l'arbitre indépendant de sa destinée. Aussi l'ont-ils chassé de partout et relégué, pour ainsi dire, dans les profondeurs inaccessibles de son sanctuaire. Ils ont chassé Dieu et effacé son nom des institutions, du gouvernement, des lois, de l'enseignement, du foyer domestique comme des délibérations publiques, et il a fallu regarder comme un phénomène surprenant et comme un acte de courage le recours que les représentants de la nation ont eu à sa protection et à sa miséricorde. On refuse à Dieu jusqu'à la liberté de se produire et de prendre place dans la société. À cette fin, on ne lui permet pas d'enseigner, sans aucune gêne, par l'organe de ses ministres, dans la crainte que, par la confiance qu'il inspirerait, il n'attirât tout à lui et n'exerçât une sorte de prépondérance sur les esprits; ce qui serait sans doute une calamité publique. Le croiriez-vous, Nos très chers Frères; non seulement les méchants, ennemis de la Religion, mais encore un grand nombre de ceux qui se disent chrétiens redoutent aussi le règne de Dieu. Dieu les gênerait trop et ils ne veulent pas la gêne. C'est pourquoi ils limitent son action et lui distribuent avec mesure la part qu'il doit prendre dans les choses de ce monde.

. . . .

Mandement pour le Carême de 1876, sur la Foi.

. . . .

Pour nous, chrétiens, qu'est-ce que la Foi? Elle est la révélation de la nature de Dieu et de ses attributs, la manifestation des œuvres qu'il a opérées sur la terre, c'est-à-dire de l'ordre admirable de ses desseins sur nous. Mais qu'y a-t-il de plus raisonnable que Dieu lui-même, la raison souveraine, l'auteur et l'illuminateur de la raison humaine, de plus raisonnable que l'histoire des merveilles de sa sagesse et de son amour?

Notre raison toute fière qu'elle est de ses lumières doit reconnaître qu'elle est souvent environnée de ténèbres et que la vérité ne lui apparaît qu'à travers un épais nuage, ce qui a fait dire aux anciens philosophes qu'elle est enfouie dans les entrailles de la terre, et qu'il faut désespérer de la trouver jamais. C'est alors que la foi vient en aide à cette raison troublée et infirme, et que, par un surcroît de lumière qu'elle lui apporte, elle lui fait discerner la vérité qu'elle ne voyait pas, et ajoute un nouvel éclat aux vérités qu'elle avait aperçues. Que d'égarements elle se fût épargnés, si elle avait voulu suivre les enseignement de la foi.

. . . .

Sans le secours de la foi, sans les lumières qu'elle nous fournit pour la solution des questions qui intéressent notre condition présente et notre avenir, l'esprit humain est capable des plus étranges aberrations. Il s'égare non pas seulement dans cet ordre d'idées plus ou moins entouré de mystères qui touche au domaine de la foi, mais encore lorsqu'il s'agit des principes les plus fondamentaux du raisonnement, de ces vérités primordiales qui constituent le fond de la raison humaine.

. . . .

Mandement pour le Carême de 1877, sur la haine du monde pour l'Eglise.

. . . .

Ecoutez les clameurs des ennemis de la foi. Le clergé envahit toutes les carrières, enveloppe dans son action tous les âges, toutes les conditions, la société toute entière. Au moyen d'une savante et forte organisation, il tient les peuples sous sa main et les façonne à son image. Il s'insinue partout, se répand partout, domine partout. Tout subit son influence, est pénétré de son esprit. Eh bien, ces accusateurs éhontés ne croient pas le premier mot de ce qu'ils disent. Ce sont là des doléances et des alarmes simulées. Eh quoi ! on nous écarte de partout, on limite notre action, on suspecte notre influence : les lois, la jurisprudence, les actes administratifs, les circulaires, les règlements, tout le fonctionnement du régime gouvernemental élèvent autour de nous des barrières infranchissables qui, loin de nous permettre de nous étendre sur un domaine étranger, ne nous laissent pas même la liberté de parcourir notre domaine propre. En sorte que dans un temps où l'on ne met plus de mesure au développement des libertés publiques, lorsque tous les liens se relâchent ou se brisent, que la liberté acquise n'est plus qu'une licence sans pudeur et sans frein ; lorsque le gouvernement des peuples n'est qu'une émancipation universelle, où l'on revendique des droits sans accepter le devoir ; lorsque la société est un torrent qui n'est plus contenu dans son lit et qui menace de tout ravager, c'est alors qu'on impose des liens au clergé, qu'on le retient sous le joug ou qu'on lui mesure avec une indigne parcimonie la part de liberté qu'on n'a pu lui refuser, et qu'on vient ensuite l'accuser de tout envahir.

Croiriez-vous qu'on regarde l'action du clergé comme le plus grand danger que les gouvernements puissent courir, et son enseignement comme un obstacle au perfectionnement de la société ? Sur de pareilles accusations, on déchaîne contre nous les passions de la multitude et on renouvelle l'accusation dont on chargeait les premiers chrétiens d'être les ennemis du genre humain. Et voilà la part qu'on nous fait, à nous qui avons rempli le monde de nos bienfaits, qui avons fécondé l'Europe de nos sueurs, civilisé les barbares, éclairé les peuples, fondé le règne de la justice et de la liberté, à nous qui, d'après un historien protestant, avons fait la France comme les abeilles font leur ruche.

Mandement pour le Carême de 1878, sur l'altération dans les esprits des vérités chrétiennes.

.   .   .   .

Depuis l'apparition de la vérité sur la terre, c'est-à-dire depuis l'établissement de la Religion chrétienne, l'erreur a revêtu un caractère particulier qu'elle n'avait pas eu jusque là : elle a conçu une haine profonde et implacable contre la vérité. Il fallait qu'il en fût ainsi. Tant que cette vérité était plus ou moins obscurcie ou ne jetait qu'une lumière incertaine, l'esprit de mensonge n'avait pas un grand intérêt à lui susciter des ennemis. Il voyait que ce reste de vérité allait s'affaiblissant chaque jour et finirait par s'effacer entièrement dans les esprits. De plus, cette faible lumière, n'ayant pas la puissance d'arrêter la corruption des mœurs, n'empêchait pas les hommes de se perdre.

Mais depuis que, par la prédication de l'Evangile, la vérité se fut montrée au monde avec un éclat qui ne permit plus de la méconnaitre: depuis surtout qu'elle se fut imposée avec autorité aux hommes comme la lumière de leur intelligence et la règle de leurs mœurs, le démon souffla dans les cœurs la haine de cette vérité destinée à ébranler son empire, souleva le monde contre la nouvelle doctrine, et commença une série non interrompue de persécutions tantôt ouvertes, tantôt cachées, pour en arrêter la propagation ou en affaiblir la vertu. Avant l'établissement du christianisme, nous ne voyons pas qu'il y ait eu contre la vérité une lutte aussi ardente et aussi haineuse. En effet, nous pourrions partager en deux classes les philosophes anciens qui s'appliquaient à la recherche de la vérité. Les uns avaient retenu et professaient dans leur enseignement les quelques vérités de la révélation primitive que la tradition avait conservées et transmises jusqu'à leur temps. Ils estimaient que les croyances anciennes étaient plus exemptes d'erreur que les nouvelles. Etant plus rapprochées de la source elles devaient être plus pures. Les autres refusant d'accepter ces vérités traditionnelles, voulaient conserver l'indépendance de leur esprit et n'avoir pour règle que leurs propres conceptions. Mais nous ne voyons pas que ceux-ci combatissent avec acharnement ceux qui ne partageaient pas leurs convictions, encore moins qu'ils fussent animés de haine contre eux. Ils pouvaient, les uns et les autres, mettre une certaine ardeur dans la lutte, mais ils professaient une grande tolérance pour les opinions qu'ils ne partageaient pas, et tout en se combattant les uns les autres, ils savaient se renfermer dans les limites d'une simple discussion. Au reste la vérité de leur enseignement avait à leurs yeux une importance médiocre; il ne servait qu'à les faire valoir auprès de leurs disciples et à les distinguer du vulgaire; mais, encore une fois, tout en donnant un libre cours aux pensées de leur esprit, et en soutenant souvent les opinions les plus étranges et les plus absurdes, ils supportaient sans trop de peine la contradiction et ne se permettaient pas vis-à-vis de leurs adversaires le sentiment de la vengeance et de la haine.

. . . .

Mandement sur le Carême de 1879, sur les avantages de la Foi, dans la vie présente.

. . . .

Que dirons-nous, de la lumière qui éclaire le chrétien? Il sait tout ce qui peut l'intéresser; il connaît son passé, son origine, l'histoire des merveilles que Dieu a opérées pour lui; il sait ce qu'il est, ce qu'il sera et les moyens d'assurer sa destinée; sa vie n'est pas livrée au hasard des accidents qu'il peut rencontrer sur ses pas; il connaît avec certitude la fin de son existence sur la terre et le chemin qui doit l'y conduire. Y a-t-il pour une créature intelligente, qui se sent appelée à une haute destinée, une plus triste et plus désolante condition que d'ignorer ce qu'elle est et ce qu'elle deviendra, d'où elle vient et où elle doit aller, surtout lorsque cet avenir qui se dérobe à ses yeux, enveloppé qu'il est de ténèbres épaisses, peut recéler d'effroyables malheurs? Tel est l'état de tous ceux qui n'ont pas la foi ou qui vivent comme s'ils n'en avaient pas.

Le chrétien éclairé des lumières de la foi et docile aux enseignements de l'Eglise, est en pleine sécurité sur sa condition présente et sur sa destinée future. Il sait avec certitude ce qu'il doit croire, ce qu'il doit faire et l'avenir qui l'attend, et il vit en paix sous les yeux de Dieu, rassuré par sa bonté infinie, fortifié par sa grâce et appuyé sur l'espérance chrétienne, et ainsi il attend avec confiance le dernier jour de sa vie et le jugement qui doit le suivre.

. . . .

Ce qu'il y a de plus étrange, c'est que ces nouveaux docteurs décorent leur enseignement de nom fastueux de la science : parce qu'ils ont imaginé des conceptions audacieuses, démenties à la fois par l'autorité des faits et le témoignage des siècles, parce qu'ils ont le triste courage de heurter de front ce qu'il y a au monde de plus vénérable et de plus sacré, et de se distinguer ainsi du vulgaire, ils se disent savants.

. . . .

Lettre au clergé sur la situation présente de l'Eglise (1860).

Les épreuves de l'Eglise continuent et s'aggravent. L'*homme ennemi*, après avoir semé l'ivraie, à la faveur des ténèbres, dans le champ du père de famille, recueille le fruit de ses œuvres, et s'applaudit de l'abondance de sa moisson. Il a étouffé le bon grain, il voudrait l'arracher. Le spectacle que présente aujourd'hui le monde est celui qu'il offrait surtout dans les temps primitifs : une conjuration de la terre contre le ciel, une guerre acharnée des enfants des hommes contre les enfants de Dieu. Cette conjuration revêt toutefois un caractère qu'elle n'avait pas

pris, du moins au même degré, dans les siècles
passés, celui d'une profonde et séduisante hypocrisie. On veut développer et épurer l'œuvre de
Dieu qu'on démolit, on entoure d'hommages,
de respect le chef de l'Église qu'on laisse insulter,
qu'on dépouille et qu'on se propose de réduire
en servitude. Et telle est la sagesse profonde avec
laquelle l'esprit du mal a dressé ses plans d'attaque et travaille à les exécuter, qu'il trompe et
égare des esprits droits et les fascine au point de
s'en faire des défenseurs et des instruments
puissants pour l'accomplissement de ses desseins.
Il s'opère, sous nos yeux, ce qu'on verra au
dernier jour : un grand mystère de séduction.
Il semble que, si cela était possible, les élus
même n'y échapperaient pas.

. . . .

Ne rencontrons-nous pas encore de ces âmes
serviles qui, contre les lumières de leur raison,
contre le témoignage de leur conscience, comme
au temps de la Passion de Notre-Seigneur, abandonnent lâchement et trahissent le parti de la
justice, par la crainte même imaginaire de déplaire
à César. Ils ont cru entendre cette menace : *non
es amicus Cæsaris*, et ils ont tremblé, et ils ont
composé à la hâte leurs discours sur cette vaine
terreur; peut-être même les alarmes qu'ils ont
conçues leur ont tellement renversé le sens, ont
si profondément altéré la rectitude naturelle de
leur esprit, qu'ils sont parvenus à se faire des
convictions contre les droits les plus sacrés, et à
se donner des sympathies pour les plus révoltan-
tes entreprises de l'hypocrisie, de l'astuce et de
l'ambition. Il est des hommes qui livrent aisément leur intelligence au service de toute cause
profitable. Ce sont ceux surtout qui demandent,

avec des airs d'indépendance, la liberté de la pensée. Elle est, pour eux, le droit d'en disposer, au gré de leur fortune, ou la liberté de leur servitude.

Notre-Seigneur a aussi entendu autour de sa croix les applaudissements de ses ennemis et leurs chants de triomphe. *Vah! qui destruis templum Dei, salva teipsum!* : il sauve les autres, et il ne peut se sauver lui-même! Selon les apparences, aux yeux de la sagesse humaine, la cause du divin Sauveur était perdue, son entreprise avait échoué; tant de prodiges, tant de vertus, tant de travaux avaient abouti à une fin dérisoire. Il n'avait recueilli de tout l'éclat de sa vie publique que l'ignominie d'une défaite. Les grands, les sages, les puissants de la nation ne doutaient pas que le jugement des princes des prêtres, sanctionné par le Gouverneur romain, n'eût fait justice de la crédulité du peuple et des prétentions du novateur. Il était constaté que Jésus-Christ n'avait été qu'un imposteur. Les disciples eux-mêmes semblaient être revenus comme d'une brillante illusion : et, des espérances qu'ils avaient conçues et auxquelles les événements les avaient forcés de renoncer, il ne leur restait que l'épanchement secret de leur douleur et la tristesse de leur âme : *qui sunt hi sermones quos confertis ad invicem?... nos sperabamus...*

Certes, Nos très chers Coopérateurs, en ces jours de lugubre mémoire, lorsque le corps du Sauveur était scellé du sceau public dans le tombeau, et que les gardes étaient autour pour prévenir les audacieuses entreprises de l'imposture, il se déclara, dans Jérusalem, une grande joie parmi les ennemis de Jésus-Christ. Leur haine et leur jalousie alarmées et irritées de la

sainteté de sa vie et de l'éclat de ses miracles
jouissaient avec sécurité de la consommation de
leur œuvre. Et les disciples et les amis? Ils
étaient consternés, abattus. Plusieurs se reprochaient peut-être l'entraînement de leur crédulité
et se dédommageaient de leur bonne foi trompée
par une lâche et honteuse défection. Le mensonge
triomphait pleinement de la vérité, l'hypocrisie
de la droiture et de la simplicité, l'iniquité de la
justice et la force de la faiblesse, et ce triomphe,
sanctionné par l'autorité publique et par l'assentiment de la multitude, avait toutes les conditions
désirables de durée. Nul doute que si on eût
alors fait appel au vote populaire, il n'eût consacré la sentence des juges et légitimé, par l'unanimité des suffrages, la condamnation de l'accusé.
Et toutefois, ce succès obtenu devant le tribunal
de la justice humaine aux applaudissements des
grands de la nation et de tout un peuple passa
vite, et fut le prélude d'une humiliante défaite.
Arriva bientôt le jour où ce qu'on pouvait appeler
le parti du séducteur se releva et par des prodiges
de la toute-puissance divine, attesta aux yeux de
tous qu'on n'étouffe pas longtemps le cri de
l'innocence et la voix du ciel.

Puissiez-vous, Nos très chers Coopérateurs,
vous fortifier et vous consoler par ces souvenirs
qui sont des avertissements de la sagesse de Dieu
et une révélation de ses desseins. Aujourd'hui
l'Eglise est attaquée et condamnée dans son Chef.
Tout se réunit contre lui : la sagesse des sages,
la défection des lâches, les moqueries et les
sarcasmes de l'impiété, la politique et l'ambition
des princes et jusqu'à la volonté égarée ou violentée des peuples. Les ennemis triomphent et
les défenseurs qui lui sont restés fidèles sont

réduits à le consoler par les stériles protestations
de leur dévouement et par les accents de leur
douleur. Mais le ciel se lassera de ce mystère
d'iniquité et s'irritera de cette joie de l'enfer.

. . . .

Dieu voit aujourd'hui une conjuration froide-
ment et savamment ourdie, une œuvre préparée,
organisée depuis longtemps dans la nuit des
complots ; il voit les esprits ou fascinés ou sciem-
ment pervertis ; il voit les puissances de la terre
impassibles ou impuissantes en présence du torrent qui a rompu ses digues. Il voit surtout un
prince qui, après avoir répudié les pieuses et
saintes traditions de sa famille, souille l'éclat de
son nom par l'audace des attentats et par le
sacrilège de ses usurpations. Ce Dieu juste
pourrait-il être indifférent à un pareil spectacle ?
Lorsque les hommes s'applaudissent de l'avoir
vaincu, d'avoir fait mentir ses promesses, pourrait-il accepter cette défaite, consentir au renver-
sement de ses desseins, à l'avortement de son
œuvre ? Ah! il n'est pas semblable à cet insensé
qui bâtit sur le sable et qui voit ensuite sa
construction emportée par le torrent et la tempête ; il a édifié sur la pierre ferme, et son
ouvrage peut défier toutes les forces et toute la
malice de ses ennemis. Ou serait-il comme cet
imprudent qui, négligeant de calculer ses ressources pour les fondements de son édifice, et
ne pouvant continuer, s'attire la dérision et le
mépris ? Non, le Dieu puissant saura, au jour
marqué par sa sagesse, déjouer les complots des
méchants et les arrêter au milieu de leurs triom-
phes. Le ciel et la terre passeront, les trónes
pourront tomber, les sceptres se briser, les
institutions des peuples changer, les nations se

transformer ou périr, sa parole ne passera pas. Il a des voies secrètes mais sûres par lesquelles il parvient à ses fins, et souvent il attend que la sagesse humaine soit poussée à bout et se désespère pour se montrer avec éclat et restaurer son œuvre.

Son œuvre, est aussi le pouvoir temporel du Chef de l'Eglise. Bien qu'il ne l'ait pas garanti par une promesse formelle, il le maintiendra comme une loi de sa Providence. Aujourd'hui ce pouvoir est ébranlé et amoindri, demain peut-être il sera détruit, et les puissances de la terre et les peuples se le partageront ou en sanctionneront la ruine, et dans les calculs de leur sagesse, dans les savantes combinaisons de leur politique, ils trouveront que cela va bien, que cette sacrilège usurpation importe à la paix des peuples, à l'équilibre du monde et même à la prospérité de la Religion et à la gloire de l'Eglise. Mais Dieu a marqué un temps où il soufflera sur cet ouvrage de l'homme et où l'Eglise reprendra la condition qu'il lui a faite.

Combien de jours s'écouleront jusqu'à cette restauration providentielle ? Nul ne le sait. L'épreuve pourra être longue. Le monde a besoin d'une grande leçon et les grandes leçons, pour être comprises, ont besoin de temps. Dieu pourrait aussi abréger cette épreuve et par des coups terribles et décisifs, par une lumière soudaine et éclatante, instruire subitement les rois et les peuples. Laissons-lui le secret de ses desseins et appelons par nos prières une action prompte et efficace de sa sagesse et de sa puissance.

.   .   .   .

Le monde nous offre toujours les mêmes scènes. Il peut changer de théâtre, il nous présente les mêmes spectacles. Pour nous, nous vénèrerons comme des martyrs, comme des témoins de Dieu, de la vérité, de la justice, ceux qui sont morts pour une si sainte cause. Nous penserons que le nombre ne donne pas la gloire et qu'on n'est pas vaincu toutes les fois qu'on est défait. La victoire qui honore et qui profite n'est pas toujours celle qui se déclare sur le champ de bataille. Elle est, au contraire, funeste et honteuse lorsque, redoutant la valeur de l'ennemi, on le surprend et on l'écrase sous le poids de la force. C'est l'avantage que se donnent les assassins qui se réunissent en nombre, tombent à l'improviste sur le voyageur et le dépouillent à l'aise, en lui rendant la résistance impossible. La victoire n'est glorieuse que lorsqu'elle est le fruit du courage et le triomphe de la justice.

. . . .

Mandement au sujet du Jubilé accordé par Pie IX (1854).

. . . .

Qu'avez-vous pensé, Nos très chers Frères, en ces jours de deuil et d'alarmes?[1] Avez-vous levé les yeux au ciel pour y discerner les desseins de la justice de Dieu? N'auriez-vous pas considéré ces coups redoublés de la mort comme des accidents funestes produits fatalement par des causes aveugles? Il est en effet des esprits qui ne veulent pas comprendre l'ordre établi, qui, dominés par les sens, ne savent pas s'élever jusqu'au Régulateur suprême des choses d'ici-bas, qui refusent

1. Le choléra, qui avait sévi dans le diocèse.

de faire intervenir sa sagesse dans le gouvernement du monde, brisent ainsi les liens qui unissent toutes les parties de son ouvrage et, comme les philosophes de la gentilité, abandonnent aux caprices du hasard ou à un destin inflexible, les événements de la vie.

Ceux-là ne croient pas en Dieu. Au sein du christianisme, ils ont perdu la notion de cet Etre suprême. Car, n'est-il pas le Créateur et l'Ordonnateur de tous les éléments qui composent l'univers ? Y a-t-il un seul être, si vil et si petit qu'il soit, qui puisse se soustraire à son domaine et contrarier les desseins de sa sagesse ? Tout lui est assujetti. Lui seul a donné l'existence, lui seul en fixe la mesure, le lieu et la durée. Il assigne à l'atome, qui échappe à notre vue, comme à l'astre qui brille au firmament, la place qu'ils doivent occuper, et le jour où ils se donneraient un mouvement qu'il n'aurait pas ordonné, il cesserait d'être Dieu.

C'est donc lui qui distribue les principes de la vie et ceux de la mort, et les envoie là où il veut. Mais il est infiniment bon. Il ne saurait de lui même faire du mal à sa créature. *Il n'a pas fait la mort, et il ne se réjouit pas de la perte des vivants.* Il faut donc chercher, hors de lui, la raison des calamités qui affligent la terre. Nous ne pouvons la trouver que dans les hommes, dans les iniquités qu'ils commettent et qui forcent Dieu à venger son nom méconnu et outragé. Si vous voyez un père frapper de verges son enfant, vous dites : ou cet enfant est coupable et a mérité le châtiment qui lui est infligé, ou ce père est un père dénaturé qui se laisse aller aux emportements d'une colère injuste. Mais Dieu est un père qui n'agit pas par passion ni par caprice, ses enfants qu'il châtie sont donc coupables. Il n'est pas possible d'échapper à la rigueur de ces principes, de contester la vérité de cette doctrine.

Maintenant, pourquoi frappe-t-il dans telle mesure et porte-t-il des coups sur telles contrées, dans telles directions ? Pourquoi les éléments de mort auxquels il commande suivent-ils telle marche ? Ce sont là des secrets qu'il s'est réservés et nul homme ne pourra donner la raison de sa conduite. Les châtiments qu'il nous inflige dans ce monde tiennent à la fois de sa miséricorde et de sa justice, et sa sagesse règle cette association mystérieuse. Pour expliquer son action, il faudrait donc pénétrer les abîmes de cette sagesse. Ils sont insondables. Ce grand Dieu est un *Dieu caché*. Les voies qu'il suit ne sauraient être explorées. Il veut être incompréhensible dans ses œuvres comme dans sa nature. Il nous suffit de savoir que tout vient de lui, les maux comme les biens de la vie, et qu'il les distribue selon un profond et adorable dessein.

Gardez-vous donc de prêter l'oreille aux discours de ceux qui ne voient dans les calamités publiques que les lois de la nature ou les caprices du hasard. Ils obéissent à un sentiment qu'ils ne comprennent pas. Ils ne veulent pas que tout soit réglé par la sagesse de Dieu, parce qu'ils ont à redouter sa justice. Ils préfèrent dépendre du concours fortuit des éléments qui ne leur demandent, pour se soustraire à leur action, aucun changement de mœurs, que de l'ordre d'une Providence vigilante et juste qui les traite selon leurs mérites. Ils craignent le gouvernement d'un Dieu sage. Ils aiment mieux la marche fatale d'un destin aveugle. Ecoutez plutôt Notre-Seigneur

Jésus-Christ : *N'est-il pas vrai que deux passe-reaux ne se vendent qu'une obole, et cependant il n'en tombe aucun sur la terre sans l'ordre de votre père. Tous les cheveux de votre tête sont comptés.*

. . . .

Lettre au clergé à l'occasion de l'Ency-clique de Pie IX, du 18 juin 1859.

. . . .

Un esprit de vertige s'est emparé du monde. Il n'est plus aujourd'hui question des devoirs des peuples, mais seulement de leurs droits. On ne veut pas voir qu'il y a deux principes essentiels à l'ordre social : l'autorité et la liberté. Sans l'autorité la liberté devient licence, sans la liberté, l'autorité est tyrannie. Le bon état de la société consiste dans une juste pondération de l'un par l'autre. Or la sagesse demande que l'on maintienne cette sorte d'équilibre et que si l'un des deux éléments tend à prendre une prépondérance préjudiciable pour l'autre, on travaille à fortifier celui-ci dans la crainte que, l'équilibre étant rompu, les fonctions du corps social ne soient embarrassées et l'ordre public compromis. Mais lequel des deux principes, de l'autorité et de la liberté, menace de prévaloir sur l'autre, lequel des deux aurait donc besoin d'être soutenu et fortifié? C'est là une question qu'on se pose et qu'on résout sagement au jour d'une révolution, et lorsque l'abîme est ouvert sous nos pas ; mais, en temps de paix, on est ressaisi de l'esprit d'erreur qui nous avait autrefois dévoyé, et la sécurité nous altère le sens. Si demain nous éprouvions une de ces commotions terribles qui mettent tout en péril, le cri que la frayeur arracherait à notre âme ne serait certes pas celui de cette liberté et de cette indépendance des peuples qui foule aux pieds les droits sacrés des Souverains.

On se garderait bien, alors, de justifier, de considérer même avec indifférence, les attentats commis contre le plus doux, le plus paternel des Gouvernements, les attaques dirigées contre le Chef de l'Eglise et contre ses ministres. On verrait, sans aucun doute, dans la souveraineté temporelle du Pape, la plus haute représentation de l'autorité des princes, et dans les coups qu'on lui porte, une menace pour l'édifice social. Mais, nous osons le dire, l'esprit de plusieurs est frappé de vertige, et parce que la fortune et la vie leur paraissent en sûreté, ils laissent outrager à l'aise cette figure vénérable, et, au besoin, lui jettent eux-mêmes l'insulte, lui donnent des conseils comme on impose des lois, l'accusent d'incapacité et d'imprévoyance, et lui demandent enfin, dans l'intérêt de sa gloire, de déposer sa couronne aux pieds des peuples insurgés.

Mais de quel droit dépouillerait-on le Pape de sa puissance temporelle? N'est-elle pas la mieux établie, la plus ancienne, la plus respectable et, par conséquent, la plus inviolable de l'univers? S'il y a dans le monde une loi de justice, elle doit être invoquée pour elle. Ces grands politiques qui en disposent fièrement ne souffriraient pas qu'on leur ravit la moindre parcelle de leurs domaines. Ils réclameraient contre cette violation du droit, et appelleraient toute la rigueur de la loi contre l'usurpateur du bien d'autrui. Or, bien qu'un Souverain ne soit pas propriétaire de ses États comme le maître d'un champ, ses droits

sont aussi sacrés, et d'autant plus inviolables
qu'ils reposent sur des principes qui établissent
l'ordre même de la société et assurent la paix du
monde. Nous n'hésitons pas à vous le dire, Nos
très chers Coopérateurs, si on prétend que
l'insurrection peut légitimement dépouiller le
Pape d'une partie de ses Etats, tous les peuples
peuvent se révolter à leur tour contre leurs
princes, et démontrer, par le succès, la justice de
leur cause.

. . . .

Ce qui est remarquable, c'est que ce sont
surtout des puissances hérétiques et schisma-
tiques, naturellement ennemies du catholicisme,
qui relèvent les prétendus abus des Etats pontificaux. Hypocrites, pourrions-nous leur dire avec
notre Sauveur : Vous voyez une paille dans l'œil
de votre frère, et vous ne voyez pas la poutre qui
est dans le vôtre. Vous parlez d'abus et vous
opprimez des peuples entiers sous votre sceptre
de fer, ou vous saturez votre cupidité de leur
substance. Vous les immolez comme corps de
nation, et, pour les façonner plus aisément à la
servitude, vous leur arrachez du cœur le dernier
titre de leur noblesse, le dernier germe de leur
indépendance, la foi de leurs pères ; vous les
faites mourir de faim, et les forcez à fuir, comme
une terre maudite, le sol qui les a vus naître, et à
chercher aux extrémités du monde des contrées
moins inhospitalières que leur propre patrie.
Vous croyez avoir dans votre force le droit de
ne pas songer à cette violation flagrante de la
première loi de l'humanité, et de jeter la pierre,
avec le calme et la sérénité d'une conscience sans
reproche, contre un vénérable accusé qui n'a
pour se défendre que son innocence et sa
faiblesse. Mais ignorez-vous qu'il y a au-dessus

de la force deux choses terribles qui dévoileront au grand jour et châtieront cruellement l'astuce et les turpitudes de la politique avec les attentats de la puissance : la justice de Dieu et la justice de l'homme?

. . . .

Lettre au clergé, sur son voyage à Rome (1862).

. . . .

... Elle (Rome) porte écrite sur ses monuments l'histoire du monde, on y lit les annales des peuples et les vicissitudes de leurs destinées, on y entend comme un écho du bruit qu'ils ont fait sur la terre. Elle est toujours la reine des nations, et cette royauté lui est si naturelle qu'elle ne l'impose pas avec empire : elle se contente d'étaler ses grandeurs présentes et d'évoquer la majesté de ses souvenirs...

. . . .

Nous l'avons vue, cette représentation du Sauveur sur la terre (le Souverain Pontife), nous avons joui de sa présence, nous avons entendu sa parole. A son aspect, une vive et insurmontable émotion nous a saisi, notre âme s'est remplie de sentiments que nous ne saurions décrire, nos yeux se sont mouillés de larmes, notre bouche est restée muette. Nous pensions que les convenances et même le devoir nous commandaient de maîtriser la vivacité de nos impressions, et toutefois nous goûtions en secret les douceurs de l'impuissance de parler. Nous voulions qu'elle nous fût pardonnée et nous ne pouvions la regretter. Il est de ces moments dont il serait imprudent de composer la vie : la terre aurait trop peu de tristesse, et peut-être le ciel moins de charme.

. . . .

Tout s'est passé avec cet abandon et cette simplicité qu'on trouve au sein de la famille, et cependant tout était grand et solennel. Nous nous disions : voilà celui sur lequel reposent les destinées du monde, la stabilité des trônes et l'avenir des peuples.

. . . .

Lui seul est le conservateur intègre et inébranlable du droit. Il est immobile et intraitable comme la justice de Dieu, comme les principes essentiels de la vie sociale, comme les lois de l'existence humaine. L'homme qui met sa sagesse au service de ses intérêts peut croire à l'empire des circonstances et à la puissance des événements et y voir la règle de ses jugements et de sa conduite ; mais le représentant de celui qui s'est dit la vérité, et qui l'a proclamée, aux dépens de sa vie, en présence des puissances de la terre, puise plus haut la lumière qui l'éclaire et la sagesse qui le conduit ; il a constamment devant lui deux grandes choses qui l'inspirent et le fortifient : Dieu et les siècles. Aujourd'hui il est accusé et condamné ; mais il ne s'en étonne pas. Il laisse passer d'un œil tranquille les flots tumultueux du torrent qui l'environne ; aux conseils qui voudraient le servir, il répond avec sérénité par le regret de ne pouvoir les suivre, et, se confiant en la puissance de Celui qui semble dormir, en ce moment, sur la faible nacelle qui porte l'espérance du monde, il attend avec sécurité la justice de Dieu et celle de l'histoire.

Lettre circulaire annonçant son départ pour Rome (1875).

. . . .

Nous pouvons le dire, sans l'enseignement du Chef de l'Eglise, la vérité serait encore un problème à résoudre, une question à livrer aux vaines disputes des hommes. Qui donc pourrait nous en assurer la possession? La sagesse? la science? Mais les sages du siècle sont dans l'impuissance d'affirmer leurs propres conceptions, encore moins de les imposer à leurs semblables. Reconnaît-on les caractères de la vérité, qui est une et immuable, dans cette multitude de doctrines diverses qui les divisent, dans cette fluctuation perpétuelle de leurs propres pensées aussi mobiles et changeantes que les nuages du firmament et les flots de la mer? Les intérêts, les passions et jusqu'au souffle capricieux de son propre esprit imposent à l'homme un changement perpétuel. Quel est le sage qui, nous ne dirons pas durant toute sa vie, mais pendant une courte période de temps, est demeuré ferme dans ses convictions? La vérité ne tient pas dans la pensée humaine toutes les fois qu'elle est le produit de cette pensée.

La science pourrait-elle nous enseigner la vérité? Hélas, elle nous dira ce qui frappe nos yeux, ce que nous pouvons toucher de nos mains, mais elle ne pourra jamais s'élever, d'un vol assuré, dans les hautes régions où la vérité habite. Elle se glorifie même de ne savoir et de n'apprendre que ce qui se passe dans le monde des corps, et elle regarde comme de brillants fantômes tout ce que nous concevons au-delà.

Il ne faut pas être surpris de l'impuissance où est l'homme de nous faire connaître la vérité. La vérité ne vient que de Dieu et lui seul peut nous l'enseigner. C'est pourquoi il est venu lui-même dans le monde pour nous la révéler ; et, afin que cette révélation se répandît en tout lieu et se perpétuât jusqu'à la fin des temps, il a établi sur la terre son Eglise et l'a chargée d'enseigner les nations, lui promettant une assistance permanente qui devait la garantir de toute erreur. Mais l'Eglise, dispersée dans tout l'univers, avait besoin d'un organe qui pût parler toujours, qui, lui aussi, eût reçu l'assurance de dire toujours la vérité et de ne l'altérer jamais.

Or, cet organe, c'est Notre Saint-Père le Pape. C'est lui sur qui Jésus-Christ a bâti son Eglise, à qui il a promis une foi qui n'aura ni défaillance ni déclin. C'est lui surtout qui est chargé d'enseigner les peuples, de leur signifier les vérités qu'ils doivent croire et les lois qu'ils doivent observer.

A cause des privilèges qu'il a reçus de Notre-Seigneur Jésus-Christ, et, en particulier, de celui de l'infaillibilité en matière de foi, il peut dire aux hommes, non pas, sans doute, à cause d'une prérogative qui lui soit naturelle, mais en vertu d'une assistance divine : Je suis la voie, la vérité et la vie.

Oui, le Pape est la voie dans laquelle il faut entrer et qu'il faut suivre pour arriver au terme de notre voyage sur la terre. Les hommes ignorants et aveugles se tracent, sous l'inspiration de la passion ou de l'intérêt, des voies diverses pour la conduite de la vie. Les peuples et ceux qui les gouvernent veulent puiser dans leur propre sagesse les règles à suivre pour assurer la paix et la prospérité publiques; mais les uns et les autres s'engagent dans des voies qui n'ont point d'issue ou qui conduisent à des abîmes. Ils s'éloignent du but qu'ils veulent atteindre, ils font fausse route. Et pourquoi? Parce qu'ils ont dédaigné d'écouter celui qui était chargé de leur montrer le bon chemin, la grande voie royale tracée de la main de Dieu, et qui conduit à la félicité de la vie présente comme à celle de la vie future.

Le Pape est la vérité en ce que son enseignement est toujours véritable. Il est la lumière qui éclaire le monde. Il a les paroles de la vie éternelle. Que peuvent enseigner les hommes, si ce n'est le mensonge volontaire ou l'erreur ou le doute? Non seulement, il enseigne la vérité, mais il sait encore discerner les perfides manœuvres de l'esprit des ténèbres et montrer le venin de l'erreur là où des esprits prévenus ou inattentifs voulaient voir une salutaire doctrine. Et comme la vérité seule a la puissance de régénérer et de sauver le monde, le monde se débattra entre la vie et la mort, sera dans les angoisses de l'agonie, tant qu'il s'obstinera, nous osons l'affirmer, à ne pas accepter les enseignements du Chef de l'Eglise.

Le Pape est encore la vie, parce que la vérité qu'il enseigne est la vie véritable, la vie des individus et la vie des peuples. L'homme ne vit pas seulement de pain et de l'abondance des biens d'ici-bas, mais de toute parole qui sort de la bouche de Dieu. La vie sur la terre est comme celle du ciel. Or, dans le ciel, la vie c'est la connaissance et la possession de la vérité. Si sur la terre, la vie s'affaiblit et menace de s'éteindre, c'est qu'on la cherche hors de la vérité, c'est que, pour la plupart des hommes, la vérité est une condition ou secondaire, ou même superflue de la vie des peuples, c'est que, pour plusieurs, elle est même une question oiseuse à laquelle, comme Pilate, ils ne donnent pas le temps qu'on réponde. Le Pape est encore la vie parce qu'il est le canal principal et même, après Dieu, la source première de la vie. La vie ne nous est-elle pas communiquée par le ministère des prêtres et des évêques? Mais le sacerdoce et sa vertu d'où découlent-ils, si ce n'est du suprême Pontificat du Chef de l'Eglise?

.   .   .   .

Lettre pastorale annonçant son retour de Rome (1875).

.   .   .   .

Oh! que nous sommes heureux d'être chrétiens! La foi chrétienne, qui semble nous condamner à la tristesse et à la souffrance, a la vertu d'accroitre et de multiplier ici-bas les jouissances de la vie, elle verse sur la terre un avant-goût des joies du ciel. Nous pouvons dire au chrétien qui n'a pas éteint dans son âme les sentiments de la foi : Voulez-vous vous donner des joies que vous n'avez jamais goûtées? Allez à Rome, contemplez d'abord dans les monuments la grandeur et les splendeurs de la foi catholique : un nouvel horizon s'ouvrira devant vous, un rayon de lumière venu d'en-haut brillera à vos regards et donnera à ces chefs-d'œuvre qui couvrent le sol de la ville éternelle, une teinte, des couleurs qui ne sauraient venir de la main de l'homme. Vous vous sentirez porté dans une région supérieure. Les objets sembleront revêtir des formes inespérées et mystérieuses, et s'offrir sous un aspect nouveau. Ce ne seront plus les magnificences de l'art qui solliciteront votre admiration, ce sera une représentation de merveilles plus hautes que le génie de l'homme ne peut pas opérer. Votre regard a percé un voile qui cache des mystères.

Mais, pour que cette révélation arrive à sa plénitude, il faut que vous alliez contempler l'image vivante de la merveille que vous avez pressentie, et, lorsque vous l'aurez vue et entendue, vous me direz vous-même quelle est la merveille que cette image représente. Le voilà ce chrétien revenu de ce sanctuaire de la grandeur et de la sainteté. Il a vu cette figure qui n'est pas de l'homme, il l'a vue rayonnant la bonté, la majesté, la douceur, et, sous le charme de cette vision, il est tombé à genoux, et là il a entendu cette voix que les accents de la parole humaine ne peuvent pas rendre, cette voix solennelle et rassurante, pleine de bénédictions et de grâces, et dans ce moment il a entrevu la merveille dont on lui avait parlé et qui, seule, lui rend compte des émotions de son âme. Et quelle est donc, Nos très chers Frères, cette merveille qui apparaît en ce moment? Cette merveille, nous n'hésitons pas à vous le dire : c'est Dieu, c'est Notre-Seigneur Jésus-Christ représenté par Notre Saint-Père le Pape, son vicaire sur la terre; c'est lui qui émeut et attendrit les âmes pieuses et leur arrache des larmes d'une douceur ineffable; c'est lui qui remue les âmes froides et indifférentes et leur fait éprouver des impressions étranges dont elles ne se croyaient pas capables, et qui restent dans le cœur comme un majestueux souvenir; c'est lui qui fait baisser la tête et fléchir le genou à ces esprits superbes qui avaient le dessein de se raidir contre le prestige de cette majesté et qui n'osèrent jamais s'accuser de faiblesse pour avoir subi son irrésistible ascendant. Oui, c'est Dieu qui est là, c'est sa présence qui explique cet élan universel des chrétiens, leur admiration, leur joie, leur ravissement en présence de Pie IX. L'on peut dire que la transformation des élus, qui doit se faire dans l'autre vie, commence dès celle-ci pour celui qui est sur la terre l'image la plus parfaite de Jésus-Christ. La foi participe à la vertu de la glorification future, elle a une grande puissance de transfiguration.

. . . .

Et cependant, comme Dieu se joue des desseins des hommes! Pour mieux assurer leur domination sur l'Eglise et l'acheminer vers sa fin, ils ont entrepris d'amoindrir et d'humilier son chef, et il en est devenu et plus grand et plus fort. Ils ont voulu lui enlever le prestige dont il jouissait parmi les chrétiens, le dépouiller de cette auréole lumineuse qui brillait autour de sa personne et qui était un reflet de la majesté même de Dieu, et ce prestige a grandi, et cette auréole a resplendi d'un nouvel éclat. On a posé sur sa tête une couronne d'épines, et cette couronne s'est changée en un brillant diadème. En signe de sa puissance évanouie on a mis dans sa main un fragile roseau, et ce roseau est devenu un sceptre plus redoutable et plus respecté que celui des rois. Le voilà donc ce grand Pontife, tel que ses ennemis nous l'ont fait, plus beau, plus puissant, plus magnifique, plus vénéré, plus obéi, plus aimé.

Pauvre sagesse humaine! Dieu permet souvent qu'elle s'éloigne du but qu'elle poursuit, et que les mesures les mieux concertées qu'elle prend pour assurer son triomphe tournent à son humiliation et à sa défaite.

. . . .

... Lorsque nous aurons appris à espérer contre toute espérance, que nous nous serons donné la joie de discerner au milieu des ombres de la mort de puissants éléments de résurrection et de vie; alors, mais alors seulement, Dieu dissipera les projets des méchants et préparera le triomphe de son Eglise. Nous verrons qu'il cachait son action sous le voile des événements les plus contraires à ses desseins et qu'il arrivait à ses fins, par les moyens mêmes qui paraissaient l'en éloigner.

. . . .

Lettre circulaire aux fidèles sur la mort de Pie IX (1878).

L'Eglise est en deuil, elle pleure l'auguste Pontife et le bien-aimé Père que la mort vient de lui ravir. Pourrions-nous ne pas nous associer à sa tristesse et à sa douleur, et ne pas déplorer avec elle la perte immense qu'elle vient de faire! Il y a deux jours, il nous était permis de concevoir de nouvelles espérances. Nous nous en réjouissions, et voilà que tout à coup le mal s'est aggravé et ces espérances se sont évanouies.

Qui pourra nous dire le vide que la mort de Pie IX fait au sein de l'Eglise? Il faut le mesurer à la place qu'il occupait depuis tant d'années dans le monde. Ce grand Pontife était devenu le centre vers lequel se dirigeaient tous les regards et d'où partait cette parole puissante qui instruisait les princes et les peuples, et dévoilait les desseins des méchants. Par son éminente sainteté, par sa bonté inépuisable, par la multitude de ses bienfaits, par l'importance de ses entreprises, par la longueur merveilleuse de son Pontificat et, enfin, par le retentissement incessant de son enseignement, il avait conquis, avec l'affection de ses enfants, l'admiration et la vénération de toute la terre. Sa grande voix, puissante et intrépide comme celle de Dieu, avait la vertu de dissiper les ténèbres de l'erreur, de signaler les projets de nos ennemis, de se répandre avec la rapidité de l'éclair, sur tous les points de la terre, et de conserver partout le même éclat et la même fécondité.

Nous aurons tout dit en affirmant que le Pontificat de Pie IX est incomparable non pas seulement par sa durée exceptionnelle, mais encore par les tristes et lamentables vicissitudes qu'il a traversées, par les amertumes dont l'injustice et la noire ingratitude des hommes l'ont abreuvé. Il est encore incomparable par l'action prodigieuse que ses douleurs et ses humiliations lui ont donné d'exercer dans le monde. Les humiliations ont fait sa gloire et ses douleurs l'ont transfiguré. Sur le visage outragé et abattu du Pontife a brillé une beauté divine qui a attiré et charmé les peuples.

. . . .

Lettre au clergé sur la mort de Mgr Sibour, archevêque de Paris (1857).

Vous savez tous la mort à jamais lamentable de Monseigneur l'Archevêque de Paris. Nous ne vous dirons pas notre douleur; vous l'avez comprise et partagée. Mais nous devons vous rappeler qu'il fut notre évêque. Durant plusieurs années, nous avons été l'objet de ses soins et de son affection. Vous avez connu la bonté de son cœur, l'aménité et le charme de son commerce, l'ardeur et la persévérance de son zèle. Nous qui l'avons vu de plus près, qui avons été honoré de sa vieille et douce amitié, nous pouvons lui rendre ce témoignage, qu'il a été constamment préoccupé du bien de son diocèse. Esprit appliqué, laborieux, nous pourrions dire opiniâtre dans le travail, il consacrait toutes ses journées et ses veilles aux devoirs de sa charge pastorale. Doué par la nature aussi bien que par la grâce d'une grande droiture d'intention, il avait en vue dans ses desseins les intérêts de l'Eglise et la gloire du sacerdoce. Sa pensée féconde et toujours en action lui présentait sans cesse de nouveaux moyens d'atteindre le but de ses efforts. Nature bonne, droite et confiante il ne soupçonnait pas la duplicité, ne croyait pas à l'hypocrisie; il espérait beaucoup des hommes. Les esprits les plus éloignés de la vérité ne le décourageaient pas. Il leur tendait avec confiance une main amie, croyant pouvoir les ramener dans la voie aussi aisément qu'il se serait laissé ramener lui-même. Si après avoir conçu un dessein, sa conscience lui faisait un devoir de le poursuivre, il ne savait plus reculer devant les obstacles. Les difficultés semblaient lui donner une nouvelle ardeur et lui garantir le succès de son entreprise. Lorsqu'il était obligé de sévir, son zèle savait prendre de la fermeté, mais une parole de repentir lui touchait le cœur et le forçait au pardon. Toutes ces heureuses qualités, qui auraient pu être employées durant de longues années encore pour consolider et étendre le bien qu'il avait opéré, la mort les a emportées.

Ce vertueux et vénéré Pontife a acquis des droits à nos prières. Nous venons donc vous inviter à célébrer un service pour le repos de son âme. Vous l'annoncerez aux fidèles le dimanche qui suivra la réception de cette lettre et le fixerez au premier jour libre. Vous le ferez précéder, pour l'expiation du sacrilège attentat, de la récitation du *Miserere*. Vous remplirez en tout cela un devoir de charité et de reconnaissance.

. . . .

Lettre de Mgr Meirieu à Mgr Ginoulhiac, évêque de Grenoble. [1]

Digne, 16 septembre 1867.

Très cher et vénéré Seigneur,

Je vous pardonne l'accusation que vous vous permettez contre moi. Je ne la mérite pas. Que de fois j'ai désiré de vous voir! Nous vivons trop

---

1. Nous devons la communication de cette lettre à M. l'abbé Martel, vicaire général de Digne, qui la tient de Mgr Servonnet, mort archevêque de Bourges, et ancien secrétaire intime de Mgr Ginoulhiac.

isolés les uns des autres. En cette circonstance surtout, il faudrait mettre les lumières et les conseils en commun. Mgr l'Archevêque d'Aix nous arrive la semaine prochaine pour notre retraite pastorale. Je me propose bien de lui faire comprendre la nécessité de nous concerter, d'abord pour répondre aux questions qui ont été envoyées et que je n'ai pas reçues, ensuite pour voir quelles matières il serait utile de soumettre aux appréciations et aux décisions du futur concile. Quelle gigantesque et savante lutte contre Dieu et son Eglise, cher Seigneur! L'état de la Société est une séduisante et infernale organisation contre l'ordre divin. Dieu lui-même est enlacé dans les fils d'une trame savamment ourdie. Il n'a que les mouvements qu'il plaira aux hommes de lui permettre. La situation est humainement désespérée. Mais l'œuvre de Dieu ne peut être réduite au désespoir. Nous avons des paroles pleines de vertu qui relèvent et affermissent nos espérances : *Confidite, ego vici mundum.* Vous avez raison de recourir au puissant préservatif de la prière. L'enfer, qui ne se trompe pas, soupçonne une grande vie et un grand avenir en nous puisqu'il fait de si grands efforts pour éteindre cette vie et pour ruiner cet avenir.

Le curé à qui vous avez adressé le billet de cinq cents francs est un excellent prêtre. Je vais lui adresser trois cents intentions de messe, je garderai les autres pour nos œuvres et surtout pour celle des vocations ecclésiastiques. Croiriez-vous que les prêtres nous manquent? J'ai en ce moment cinquante paroisses vacantes. Si nous voulons avoir des élèves au grand et au petit séminaire, il faut, pour ainsi parler, les acheter, c'est-à-dire payer une partie plus ou moins considérable de leur pension. La pauvreté du pays est cause de

cette triste condition qui nous est faite. Les
prêtres sont venus à mon secours au moyen d'une
souscription annuelle que je me fais payer par
des intentions de messe. J'en réclame partout.
J'allais vous écrire pour vous en demander. Il
faudrait, très cher et vénéré Seigneur, m'en
assurer pour chaque année un nombre déterminé,
par exemple quatre mille, ou mille chaque tri-
mestre. Vous vous garderez bien de me les refuser; faudrait-il vous mettre à la gêne, vous
n'hésiteriez pas. J'ose y compter.

Veuillez agréer, très cher Seigneur, l'assurance
de ma respectueuse et affectueuse amitié.

† M. JULIEN,
Evêque de Digne.

Pensées diverses

LES ennemis de l'Eglise ne gagneront rien, et ils bouleverseront le monde, en s'attaquant à une puissance que le ciel et les siècles ont rendue invincible, et qui est la sauvegarde de tous les droits, la lumière et le salut du monde.

❊

Si le monde dont nous contemplons la merveilleuse harmonie brisait tout à coup les lois qui lui sont propres, il périrait à l'instant et retomberait dans le chaos. Penserions-nous que les lois qui gouvernent les esprits soient moins inviolables et moins nécessaires pour les maintenir dans l'ordre? Au contraire, Dieu veut qu'elles soient dans des conditions plus rigoureuses d'harmonie et de paix, parce qu'elles intéressent davantage et sa sagesse et sa bonté et sa justice.

❊

Les passions peuvent se concentrer et se replier, pour ainsi dire, sur elles-mêmes lorsqu'elles sont contraintes dans leurs manifestations; mais elles conservent toujours, au fond, la même ardeur, et elles s'alimentent de la résistance qu'on leur oppose. Aussi ne vit-on jamais l'empire de la force arrêter la décadence des nations préparée de loin par la corruption des mœurs.

❉

En paraissant dans ce monde pour apprendre aux hommes la véritable grandeur et la décerner à ses amis, le Fils de Dieu n'a pas voulu des jouissances des riches ni de leurs trésors. Il a pris avec eux un ton sévère, et sa parole, qui fait trembler la créature, a été rassurante et pleine de douceur pour le pauvre.

❉

L'autorité dont nous sommes revêtus (les prêtres), toute divine qu'elle est, n'a d'action que par la confiance que nous savons inspirer. La force, dominant les hommes et les faisant plier malgré eux, supplée souvent à l'imprudence des conseils qui la dirigent, au lieu que les âmes n'obéissent qu'à la sagesse du commandement.

❉

Rien ne nous déprécie davantage, dans l'opinion des hommes, comme la facilité avec laquelle nous arrêtons nos résolutions et nous voulons les réaliser. Ce mouvement subit de l'âme et cette confiance que nous mettons dans nos conseils à peine formés annoncent l'estime de soi, l'ignorance et la légèreté.

❉

On se place au-dessus des hommes lorsqu'on sait échapper à leurs passions.

❉

A cause, soit de la division survenue dans les esprits, soit de l'instabilité des institutions sociales, nous vous invitons (les prêtres) à vous donner la seule politique qui vous convienne. Elle est, à la fois, la plus simple et la moins compromettante de toutes : appréciez les gouvernements de la terre par le bien qu'ils font à l'Eglise et par la mesure de liberté qu'ils lui laissent, et abandonnez tout le reste aux soins de la Providence.

*

Le peuple mesure l'estime qu'il accorde à ceux qui sont en rapport avec lui sur la culture de leur esprit. La science est à ses yeux une qualité suréminente qui commande son respect et quelquefois son admiration. Il la suppose même beaucoup plus étendue qu'elle n'est. Il suffit de lui montrer de temps en temps des connaissances supérieures aux siennes pour lui persuader qu'on n'ignore rien. C'est un enfant qui grossit à l'excès ce qui le dépasse.

*

On soulève les peuples contre l'Eglise, on dénature ses enseignements, on dénigre ses intentions, on travestit ses actes ; les grands et les puissants du siècle entrent dans cette conjuration. Mais voyez : les Scribes et les Pharisiens, les princes des prêtres, les dépositaires de l'autorité publique, soulevaient aussi la foule contre le Sauveur : *concitabant turbas.*

*

Nous avons les yeux attachés sur le théâtre du monde, et nous ne les élevons pas vers celui qui tient en ses mains les destinées du monde.

*

La vie humaine, telle que les passions l'ont faite, est l'art de surprendre son semblable et de se garantir de ses pièges.

*

Les juifs, parlant de Jésus-Christ, disaient à Pilate : *nous ne voulons pas que celui-là règne sur nous.* Ils consentaient à être esclaves des hommes, pourvu qu'ils fussent libres vis-à-vis de Dieu. Que d'hommes de notre temps verraient avec peine, avec regret, avec un secret dépit, la Religion s'étendre et prospérer dans le monde, Dieu régner en maître dans les cœurs ! Le gouvernement de Dieu serait trop juste pour eux ; leur vie, leur conscience, leur disent assez qu'ils n'ont rien à attendre de sa justice.

❀

Accoutumez-vous à donner à la présence de Dieu au moins autant qu'à celle des fidèles.

❀

Comme la vérité, dans sa plus haute et sa plus complète expression, n'est que l'enseignement de l'Eglise, c'est contre cet enseignement que l'esprit de mensonge dirige ses efforts et toutes les inventions d'une fureur que des défaites cruelles et incessantes n'ont pu ni calmer ni lasser. Il a entrepris d'arracher du symbole chrétien chacun des articles qui le composent. Il a parcouru toute la série des vérités de la foi, et, arrivé au terme, il revient à ses premières attaques auxquelles il donne seulement une marche et une forme nouvelles.

❀

La raison humaine a tout pris dans l'enseignement de la Religion; elle s'est approprié ce qu'elle avait emprunté. Nous l'embarrasserions beaucoup si nous la sommions de nous dire une vérité que nous ne connaissions déjà sans elle et mieux qu'elle. Pour savoir ce qu'elle peut dans la recherche de la vérité, il faudrait éteindre dans les esprits toutes les lumières de la foi chrétienne, et l'abandonner ensuite à elle-même. Que Dieu nous préserve des ténèbres qu'elle accumulerait dans l'intelligence humaine, et des ruines qu'elle y ferait !

❀

Malgré tout le soin que nous mettons à vivre de la vie de Dieu, nous recevons toujours sur nos âmes un peu de la poussière du siècle. Elles en sont souillées quelquefois à notre insu. Il faut épurer notre vue pour l'apercevoir, et dans une retraite on voit mieux, et parce qu'on a plus de lumière, et par ce qu'on regarde de plus près.

❀

Malgré le *frémissement des nations*, malgré les sophismes des sages, malgré la *conjuration des princes de la terre* et leurs exécutions barbares, l'Eglise s'étend, s'affermit dans la constitution divine qu'elle a reçue, et devient, aux yeux de l'univers, le plus sanglant défi jeté au scandale hypocrite des juifs, à la dédaigneuse sagesse des philosophes, et la plus belle vengeance que Dieu puisse tirer des insultes et des outrages des hommes.

❉

Malgré les assurances données, malgré les conventions signées par la France, la Révolution marche à visage découvert vers le but qu'elle s'est toujours proposé d'atteindre. Elle veut frapper le catholicisme à la tête et lui ravir l'élément humainement nécessaire de son indépendance et de son action dans le monde. Elle veut s'emparer de Rome et en chasser le Pape, ou, mieux encore, l'y retenir captif.

Selon les prévisions de la sagesse humaine l'iniquité va donc être consommée, et nous verrons l'abomination de la désolation dans le lieu saint. Peu importe les moyens qui seront employés pour amener le dénouement de ce drame lamentable. On pourra les revêtir des apparences menteuses du prétendu droit moderne, leur enlever la violence qui soulèverait la conscience publique, les accompagner même d'hypocrites protestations de dévouement et de respect. Ceux-là seuls qui ne veulent rien voir et qui ne savent rien comprendre y seront trompés. Mais la justice éternelle, incorruptible, dont nous seuls, catholiques, conserverons le sentiment et défendrons les droits, élevant sa voix terrible, condamnera cette violation flagrante de tous les principes d'ordre public, et vouera à l'opprobre et à l'anathème et les auteurs et les fauteurs de cette immense iniquité sociale (1866).

❉

Il est une vie supérieure, immortelle, divine, dont la vie du temps n'est que l'ombre : vie glorieuse puisée dans le sein de Dieu, qui commence ici-bas et va se continuer dans les splendeurs du ciel; vie véritable pleine et pure, que rien n'attriste ni n'altère ; vie impérissable qui défie la succession des siècles ; vie immuable qui ne connaît ni affaiblissement ni vicissitudes. Voilà la vie du chrétien, et qui répond aux aspirations de son âme et satisfait l'insatiabilité de ses désirs, vie du chrétien qui lui apportera un tel éclat de lumière et un tel excès de béatitude, qu'il sera dans l'impuissance de croire ce qu'il possède et d'espérer un complément de bonheur.

*

Il faut le recueillement de la Retraite, pour démêler les dangereuses illusions qu'engendre l'habitude, pour raviver en nous la flamme sacrée, régler d'une manière qui nous inspire une pleine confiance les comptes du passé, et nous préparer un meilleur avenir.

*

Ce n'est pas seulement la main du temps qui a mutilé ou détruit ces beaux ouvrages (les monuments de la Rome antique) ; la main vengeresse de Dieu a voulu se mêler dans ce châtiment infligé à l'orgueil de l'homme. Cependant, ces grandes ruines rappellent un grand peuple. Dans leur majesté, elles imposent l'admiration, elles remplissent, en même temps, l'âme de tristesse et de regrets, et on se résigne avec peine à cette terrible vengeance du ciel. Ces restes, qu'on dirait foudroyés et maudits, sont superbes.

*

Ne saurions-nous pas par quelles voies secrètes et mystérieuses Dieu se rend propice à nos supplications, cette vérité resterait toujours à l'abri de toute contestation et de tout doute.

*

Dieu connaît nos intérêts et il apprécie nos besoins autrement que nous, et souvent, pour nous assurer un plus grand bien, il désole notre impatience par de longs délais, et déconcerte nos espérances par des retours inattendus. Nous ne voyons pas, d'abord, la fin qu'il veut atteindre, mais ensuite cette fin se déclare d'une manière éclatante, et nous sommes forcés, alors, de confesser la témérité de nos désirs, et d'admettre les profondes dispositions de sa Providence et les merveilleuses ressources de son amour.

*

Êtres d'un jour, nous voudrions renfermer dans les limites de notre existence l'entier accomplissement de nos destinées, nous voudrions l'inévitable et éclatante application d'une prompte et complète justice. Ce serait prêter à Dieu notre précipitation et notre impatience. Il agit avec lenteur, selon les profonds desseins de sa sagesse, et comme dit Tertullien : *il est patient, parce qu'il est éternel*.

*

Le Dieu qui nous est nécessaire n'est pas un Dieu muet que nous faisons parler selon nos caprices, nos rêveries ou nos passions; un Dieu complaisant qui se prête à toutes nos extravagances et à toutes nos aberrations; mais un Dieu qui a parlé, et qui parle encore par l'organe.de ses ambassadeurs et de ses ministres; un Dieu dont on ne peut fausser la volonté ni altérer l'enseignement.

*

Faudra-t-il donc que le mal exerce sur vous une irrésistible séduction? On vous dit le mensonge, et vous le croyez; nous vous disons la vérité, et vous ne nous croyez pas; on nous calomnie, et vous restez indifférents, ou vous vous faites complices; nous nous justifions, et vous ne nous écoutez pas, ou ne recevez notre parole qu'avec réserve.

*

La passion aveugle les impies; la haine qu'ils ont vouée à la croyance chrétienne leur fait oublier leurs principes; ils proclament avec emphase le règne de la liberté, et ils imposent la servitude ; ils se glorifient d'être les défenseurs de l'égalité, et ils décrètent la proscription.

*

Les ennemis du Sauveur l'accusaient de refuser le tribut à César, de soulever le peuple, de séduire la multitude et de s'attribuer le titre de roi. Dans le temps où nous sommes, il serait accusé d'usurpations et d'empiétements dans le domaine de la politique. Pauvre puissance temporelle, soupçonneuse et envieuse, tu commences bientôt tes violences et tes perfidies!

*

Il suffit qu'une accusation soit dirigée contre les prêtres pour qu'elle soit favorablement accueillie. Quelque absurde qu'elle puisse être, elle prendra un caractère de vraisemblance, et trouvera créance auprès de plusieurs. Plus d'une fois ils auront été détrompés, et les accusateurs seront convaincus de mensonge; n'importe, on les verra toujours disposés à ajouter foi à des accusations nouvelles plus absurdes peut-être que celles dont ils ont été forcés de reconnaître la fausseté.

Nous ne demandons pas aux laïques de nous traiter avec indulgence. Nous savons que la sainteté de notre vocation nous oblige à être plus irréprochables que les meilleurs d'entr'eux; mais qu'ils respectent, au moins, à notre égard, les lois de la justice. La sévérité de leurs jugements, que semble justifier la perfection de notre état, ne peut les dispenser des règles de l'équité. Il est nécessaire de respecter avant tout les droits de la vérité.

*

La prière est la reconnaissance et l'expression authentique des droits de Dieu sur l'homme et des devoirs de l'homme envers Dieu; c'est un acte essentiel de religion, se confondant avec la Religion elle-même, dont elle est la forme la plus pratique et la plus populaire. C'est un devoir sacré imposé à l'homme par les rapports nécessaires qui l'unissent à Dieu, une obligation rigoureuse et douce à la fois, qui découle naturellement des relations étroites qui doivent rattacher la créature à son auteur, le serviteur à son maître, et l'enfant à son père.

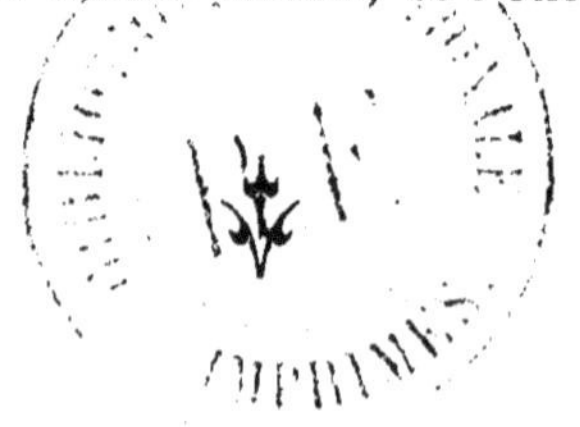

TABLE DES MATIÈRES

Dédicace à Monseigneur Castellan, évêque de Digne....   v

Lettre de S. G. Monseigneur D. Castellan, évêque de Digne...   VII

Lettre de S. Em. le Cardinal de Cabrières, évêque de Montpellier..   IX

Introduction...   XXIII

CHAPITRE PREMIER

Premières années. — L'abbé Meirieu, professeur au grand séminaire de Nimes   I

CHAPITRE II

L'abbé Meirieu, vicaire général de Digne...............,.......   10

CHAPITRE III

Monseigneur Meirieu, évêque de Digne. — Ses œuvres..   23

CHAPITRE IV

Les derniers jours...   91

CHAPITRE V

Le théologien. — Le savant. — L'homme privé...........   104

LETTRES PASTORALES DE Mgr MEIRIEU

Lettre pastorale à l'occasion de la prise de possession de
son siège...   121
Mandement pour le Carême de 1850, sur la Nécessité de
la Religion dans le temps présent........   129
—   pour le Carême de 1851, sur les avantages de
la Religion, surtout dans le temps présent.   139
—   pour le Carême de 1853, sur le Bon Exemple
comme moyen de régénérer la société....   147
—   pour le Carême de 1854, sur l'Education des
enfants   157
—   pour le Carême de 1856, sur la Famille....   160
—   pour le Carême de 1857, sur la Sagesse
humaine................................   164
—   pour le Carême de 1858, sur les Vertus
humaines   171
—   pour le Carême de 1859, sur la Fin surnaturelle de l'homme.......................   177
—   pour le Carême de 1860, sur l'Eglise.......   190
—   pour le Carême de 1861, sur la Confiance en
Dieu   192
—   pour le Carême de 1862, sur le Monde.....   197
—   pour le Carême de 1863, sur l'Eglise comme
moyen de salut pour la société..........   205
—   pour le Carême de 1863, sur l'Eglise comme
moyen de salut pour la société..........   210
—   pour le Carême de 1865, sur l'Eglise considérée comme organe de la vérité........   214
—   pour le Carême de 1866, sur la condition de
l'Eglise dans ce monde.................   218
—   pour le Carême de 1869, sur les avantages de
la Foi   219
—   pour le Carême de 1871, sur la Providence.   224

Mandement pour le Carême de 1872, sur le moyen de restaurer la société............................ 228

— pour le Carême de 1873, sur l'Esprit de mal.   234

— pour le Carême de 1874, sur la Liberté.....   238

— pour le Carême de 1875, sur l'altération du sens moral...............................   243

— pour le Carême de 1876, sur la Foi.........   248

— pour le Carême de 1877, sur la haine du monde pour l'Eglise.....................   249

— pour le Carême de 1878, sur l'altération dans les esprits des vérités chrétiennes........   251

— pour le Carême de 1879, sur les avantages de la Foi, dans la vie présente..............   253

Lettre au clergé sur la situation présente de l'Eglise (1860).   254

Mandement au sujet du Jubilé accordé par Pie IX (1854).   260

Lettre au clergé à l'occasion de l'Encyclique de Pie IX, du 18 juin 1859.............................   263

— au clergé, sur son voyage à Rome (1862)..........   266

Lettre circulaire annonçant son départ pour Rome (1875).   268

Lettre pastorale annonçant son retour de Rome (1875)...   271

Lettre circulaire aux fidèles sur la mort de Pie IX (1878).   274

Lettre au clergé sur la mort de Mˢʳ Sibour, archevêque de Paris (1857)..   276

Lettre de Mˢʳ Meirieu à Mˢʳ Ginoulhiac, évêque de Grenoble...   277

Pensées diverses   281

1-592   AVIGNON. IMP. AUBANEL FRÈRES.